Falko Heinz
Robert E. Lee und Ulysses S. Grant

1) Südöstliches Virginia. Zeitgenössische Landkarte.

Falko Heinz

Robert E. Lee und Ulysses S. Grant

Eine Gegenüberstellung
der bedeutendsten Generale
des amerikanischen Bürgerkriegs

Wissenschaftliche Prüfungsarbeit
im Fach Geschichte an der
Johannes Gutenberg-Universität Mainz

Verlag für Amerikanistik
Wyk auf Föhr
Germany

Abbildungen: Smithsonian Institution, Washington D. C., Verlag für Amerikanistik

ISBN 3-89510-091-9

1. Auflage 2003

Copyright © 2003 by VERLAG FUER AMERIKANISTIK D. Kuegler,
P. O. Box 1332, D-25931 Wyk auf Foehr, Germany

Satzherstellung: Druckerei R. Knust GmbH, 38104 Braunschweig
Druck und Reproarbeiten: Druckerei R. Knust GmbH, 38104 Braunschweig
Buchbinderische Verarbeitung: Industriebuchbinderei Bratherig GmbH,
38118 Braunschweig

Alle Rechte der Verbreitung, in jeglicher Form und Technik, vorbehalten!

Printed in Germany

Inhaltsverzeichnis

Vorbemerkung 6

1. Entwicklung und Persönlichkeit des Robert E. Lee 10
1.1. Jugend und Ausbildung bis zum Krieg gegen Mexiko 10
1.2. Werdegang bis zum Ausbruch des Sezessionskriegs 12
1.3. Verwendungen bis zur Übernahme des Oberbefehls in Virginia 14
1.4. Lee als Oberbefehlshaber der Nord-Virginia-Armee bis 1864 17

2. Entwicklung und Persönlichkeit des Ulysses S. Grant 29
2.1. Jugend und Ausbildung bis zum Krieg gegen Mexiko 29
2.2. Ein schwieriges Jahrzehnt 30
2.3. Verwendungen auf dem westlichen Kriegsschauplatz 32
2.4. Grant als Oberbefehlshaber im Westen bis 1864 37

3. Die Generale Lee und Grant als Gegenspieler 1864/1865 52
3.1. Militärische Potentiale 52
3.1.1. Bevölkerung, Wirtschaft und Industrie 52
3.1.2. Streitkräfte 53
3.1.3. Personalersatz und Nachschub 56
3.2. Strategische Planungen 59
3.3. Die Schlachtenfolge des Frühsommers 1864 65
3.3.1. Die Oberbefehlshaber und ihre Armeen 65
3.3.2. Von der Wilderness nach Cold Harbor 68
3.4. Der Stellungskrieg vor Petersburg bis März 1865 76
3.5. Kapitulation 85

4. Entwicklung von Lee und Grant nach Ende des Sezessionkriegs 127
4.1. Robert E. Lee als Direktor des Washington College 127
4.2. Ulysses S. Grant als Politiker und Präsident der Vereinigten Staaten .. 130

Schlußbetrachtung 138

Bibliographie 140

Vorbemerkung

Kaum ein Ereignis hat die Geschichte der Vereinigten Staaten von Amerika derart geprägt und das Antlitz dieses Landes so tiefgreifend verändert wie der von 1861 bis 1865 auf dem nordamerikanischen Kontinent tobende amerikanische Bürgerkrieg. Die Spuren, die diese im Bewußtsein vieler Amerikaner noch immer präsente Auseinandersetzung im historischen wie auch politischen Selbstverständnis des ältesten Staatswesens der Neuzeit hinterlassen hat, lassen sich bis zum heutigen Tag in der amerikanischen Gesellschaft ausmachen. Trotz der inzwischen mehr als einhundertunddreißig Jahre überschreitenden zeitlichen Distanz zu den damaligen Geschehnissen übt der vierjährige Waffengang zwischen den Nord- und Südstaaten auf den interessierten Betrachter eine ungebrochene Anziehungskraft aus und vermag es bis in die Gegenwart, die Gemüter der Zeitgenossen zu erregen und zu faszinieren.

Nach Einschätzung des preußischen Generalfeldmarschalls und Generalstabschefs Helmuth Graf von Moltke (1800-1891) handelte es sich beim amerikanischen Bürgerkrieg um eine Auseinandersetzung zweier zusammengerotteter, einander durchs Land jagender Haufen, aus der man nichts lernen könne. Daß sich aus diesem Konflikt allerdings sehr wohl manch aufschlußreiche wirtschaftliche, politische und militärische Lehre ziehen läßt, zeigt die Gegenüberstellung der beiden bedeutendsten Truppenführer dieses Krieges; des Südstaatengenerals Robert E. Lee auf der einen sowie des Unionsgenerals Ulysses S. Grant auf der anderen Seite. Deren Lebensweg, Persönlichkeit und Einfluß auf den Verlauf der Kampfhandlungen insbesondere im direkten Gegenüber während der letzten beiden Kriegsjahre nachzuzeichnen, soll Aufgabe dieser Arbeit sein.

Vorgeschichte, Verlauf und unmittelbare Folgen des amerikanischen Bürgerkriegs stellen in ihrer Gesamtheit eines der besterschlossensten und -erforschten Kapitel der neuesten Geschichte dar. Über die Schilderung ereignisgeschichtlicher Abläufe und die Beschreibung einzelner Schlachten hinaus bietet der Sezessionskrieg nicht nur dem interessierten Militärhistoriker, sondern längst auch dem alltags-, sozial- oder mentalitätsgeschichtlich orientierten Wissenschaftler einen idealen Forschungsgegenstand, um die vielfältigen Nuancen des wechselhaften Verhältnisses zwischen Krieg, Militär und Gesellschaft erkenntnis- und gewinnbringend auszuleuchten.

Um den Rahmen der vorliegenden Darstellung nicht zu sprengen, sollen letztgenannte Aspekte ebenso wie die politischen Voraussetzungen, die gesellschaftlichen Rahmenbedingungen und auch der genaue Verlauf einzelner Schlachten des Sezessionskriegs allerdings nur relativ kurz skizziert und nur dann näher beleuchtet werden, wenn dies von unmittelbarer Bedeutung und somit unverzichtbar für die im Mittelpunkt der Arbeit stehende Darstellung und Analyse von Person und Wirken des Robert E. Lee beziehungsweise des Ulysses S. Grant ist. Geschichtliche Ereignisse können und dürfen indes niemals isoliert betrachtet werden; eine zumindest rudimentäre Einbettung in den historischen Kontext zur besseren Nachvollziehbarkeit und Verständlichmachung derselben bleibt stets unabdingbar. Nicht zuletzt aus diesem Grund ist den kriegswirtschaftlichen und organisatorisch-administrativen Aspekten des Sezessionskriegs, die sachbedingt eine nicht zu vernachlässigende Rolle bei der Untersuchung militärischer Vorgänge spielen, im Rahmen dieser Abhandlung ein eigenständiger Abschnitt gewidmet.

Hinsichtlich der Quellen- und Literaturbasis, auf der diese Arbeit fußt, ist anzumerken, daß die enorme Fülle an im Zusammenhang mit dem amerikanischen Bürgerkrieg publizierten Schrifttums es als unausweichlich erscheinen ließ, die Auswahl der für das Erstellen dieser Darstellung erforderlichen Literatur auf einen zwar umfangreichen, aber insgesamt eher als repräsentativ zu betrachtenden Querschnitt aus der neueren Fach- und Forschungsliteratur zu beschränken. Trotz mehrerer überaus voluminöser und qualitativ hochwertiger, die beiden Feldherrn betreffender Biographien sucht man vergleichbare deutschsprachige Werke leider vergebens. Die trotz der hervorragenden Quellenlage eher eingeschränkte Zahl veröffentlichter Primärquellen zwang überdies dazu, neben der Auswertung edierter Originalschriftstücke und Dokumente hauptsächlich die Kriegserinnerungen und Memoiren hochrangiger Kriegsteilnehmer heranzuziehen, welche unter Berücksichtigung des jeweiligen Standpunkts des Verfassers wie auch vor dem Hintergrund der zwischen den Ereignissen und der Niederschrift derselben oftmals verstrichenen Zeit stets mit der gebotenen Zurückhaltung zu betrachten sind.

2) Ulysses S. Grant

3) Robert E. Lee

1. Entwicklung und Persönlichkeit des Robert E. Lee

1.1. Jugend und Ausbildung bis zum Krieg gegen Mexiko

Robert Edward Lee wurde am 19. Januar 1807 als fünftes und letztes Kind von Ann Hill Carter Lee und Henry "Light-Horse Harry" Lee in Stratford, Virginia, geboren. Sein Vater war während des amerikanischen Unabhängigkeitskriegs (1775-1783) erfolgreicher Kavalleriebefehlshaber und Kampfgefährte George Washingtons, des späteren ersten Präsidenten der Vereinigten Staaten, ehemaliger Kongreßabgeordneter und einstmaliger Gouverneur von Virginia. Sein direkter Einfluß auf den jungen Robert war allerdings sehr gering, da Henry Lee seine Zeit vornehmlich mit waghalsigen finanziellen und politischen Abenteuern verbrachte und nach langen Phasen der Abwesenheit bereits 1818 verstarb. Auf Betreiben seiner Mutter Ann Lee genoß der junge Robert eine umfassende, an klassischen Idealen orientierte Bildung[1]. Zusammen mit dem Geburtsprivileg, einer der ältesten, wohlhabendsten und angesehensten Großfamilien Virginias anzugehören[2], war diese Erziehung wohl grundlegend für Lees Persönlichkeitsentwicklung.

Als sich kurz nach seinem siebzehnten Geburtstag die Frage stellte, welchen Weg der junge Robert nun einschlagen sollte, entschied seine Familie, eine Aufnahme in der renommierten, unweit von New York gelegenen Militärakademie West Point zu erreichen. Lees Einstellung zu dieser Entscheidung ist nicht belegt[3], doch kam für einen Sohn aus der reichen Südstaatenaristokratie traditionell ohnehin nur eine Karriere als Plantagenbesitzer, Priester, Jurist oder eben als Offizier in Frage[4]. Obwohl die Nachfrage nach den pro Jahr in West Point vergebenen einhundert Ausbildungsplätzen außerordentlich hoch war - alleine aus Virginia wurden fünfundzwanzig Mitbewerber abgelehnt - wies Kriegsminister John C. Calhoun dem jungen Lee 1824 einen Platz an der Militärakademie zu[5], woraufhin dieser dort im Juli 1825 seinen Dienst als Kadett aufnahm.

Während seiner vierjährigen Ausbildungszeit glänzte Lee nicht nur in den allgemeinmilitärischen und militärfachlichen Wissensgebieten, sondern auch in den parallel dazu unterrichteten schulischen Fächern. Sehr wahrscheinlich zahlte sich hier die klassische, weitumfassende Bildung aus, die der junge Lee als Heranwachsender genossen hatte. So fand er sich in Mathematik, Französisch, Chemie und allen weiteren Fächern stets unter den ersten Fünf, wofür er 1826 und 1827 als Auszeichnung in die Liste der "distinguished cadets" aufgenommen wurde. Für seine herausragenden Leistungen auf militärischem Gebiet, namentlich für gutes Betragen und beste Leistungen auf dem Exerzierplatz, wurde Lee 1828 und 1829 zum "adjutant of the corps" ernannt, einer gegenüber allen anderen Kadetten hervorgehobenen Dienststellung. Zudem war

Lee innerhalb von vier Jahren trotz des strengen Reglements nicht ein einziges Mal für Fehlverhalten jedweder Art getadelt worden[6] . Weil Lee 1829 die Ausbildung in West Point schließlich als zweiter von 46 erfolgreich abschloß[7] , konnte er für sich das Privileg in Anspruch nehmen, einen Verwendungswunsch für seine weitere militärische Laufbahn zu äußern. Da für die Klassenbesten die Versetzung zur Pioniertruppe geradezu obligatorisch war - was Lees persönlichen Neigungen vermutlich ohnehin am ehesten entsprach - ließ er sich nach seiner Ernennung zum Leutnant im Juli 1829 dorthin versetzen.

Die folgenden siebzehn Jahre bis zum Ausbruch des Krieges gegen Mexiko erlebte Robert E. Lee in wechselnden Verwendungen an verschiedenen Standorten. Im Juni 1831 ehelichte er Mary Ann Randolph Custis, eine Urenkelin Martha Custis, der Ehefrau von George Washington. Aus dieser Ehe gingen zwischen 1832 und 1846 sieben Kinder hervor[8] , darunter drei Söhne. Nachdem der von Mexiko erhobene Anspruch auf das 1845 von den Vereinigten Staaten annektierte Texas Anfang 1846 von Präsident James K. Polk mit einer Kriegserklärung beantwortet worden war, nahm Lee, inzwischen zum Hauptmann befördert, während des Vormarsches ins Landesinnere an zahlreichen Gefechten teil und zeichnete sich mehrfach durch gekonnte Spähtruppunternehmen aus. Während des Vormarsches von Vera Cruz nach Mexiko-Stadt 1847 diente er zudem im Stab des angesehenen Armeeoberbefehlshabers General Winfield Scott. Dieser Wechsel von Frontverwendung und Stabstätigkeit gewährte Lee einen ersten allumfassenden Einblick in das militärische Handwerk. So eignete er sich wesentliche Führungsgrundsätze in Strategie, Taktik und Truppenführung an, was für seine spätere eigene Führungstätigkeit von Großverbänden im Bürgerkrieg von nicht zu unterschätzender Bedeutung war[9] . Am Beispiel General Scotts sah Lee, daß ein Oberbefehlshaber zwar für die allgemeine Planung und Koordination von Operationen verantwortlich sein muß, die Umsetzung der Details aber von einem gutfunktionierenden Stab und den einzelnen Kommandeuren vor Ort abhängig sein sollte - eine bei der Führung der Nord-Virginia-Armee fünfzehn Jahre später besonders akute Problematik. Desweiteren erkannte Lee nicht nur die Bedeutung des Einsatzes von Feldbefestigungen sowie einer sorgsam angesetzten Feind- und Gefechtsaufklärung, sondern auch die erweiterten taktischen Möglichkeiten durch das Ansetzen von Flankenangriffen. Von Scott sowie nicht zuletzt auch aus eigener Anschauung lernte Lee, daß eine kleinere, aber besser ausgebildete und motivierte Armee durchaus in der Lage sein kann, einen stärkeren Gegner zu schlagen[10] . Scott lehrte Lee weiterhin, Risiken einzugehen, diese aber unter Berücksichtigung hinreichender Aufklärungsergebnisse sehr sorgfältig abzuschätzen. Das schnelle Handeln aus eigenem Entschluß, und zwar ohne Bedenken von Untergebenen Beachtung zu schenken, war eine weitere grundlegende Lektion, die der General Lee erteilte[11] .

Bis zum Kriegende im Februar 1848 wurde Lee zweimal höchst lobend in den schriftlichen Meldungen des Oberbefehlshabers erwähnt; seine persönliche Tapferkeit brachte ihm gleich drei vorläufige Beförderungen, sogenannte "brevet ranks"[12], bis hin zum Obristen, ein. Kein anderer Offizier wurde im Mexikokrieg derart hoch ausgezeichnet. Nach dem Ende der Auseinandersetzung mit Mexiko ließ General Scott verlautbaren, daß der nunmehr zu einem der anerkanntesten Offiziere der Unionsarmee avancierte Robert E. Lee im Falle eines neuen Krieges für fünf Millionen Dollar jährlich versichert werden müsse[13]. Im Jahre 1858 schrieb er in einer offiziellen Mitteilung, Lee wäre für ihn *"the very best soldier that I ever saw in the field"*[14].

1.2. Werdegang bis zum Ausbruch des Sezessionskriegs
Nichtsdestotrotz schien sich Lees öffentliche Popularität sehr in Grenzen gehalten zu haben, da seine Beiträge zu Scotts Siegen nur armeeintern bekannt waren. Sicherlich dürfte seine Berufung zum nunmehr neunten Direktor von West Point im September 1852 aber auf seine Leistungen im Mexikokrieg zurückzuführen sein. Im Verlauf seiner dreijährigen Amtszeit beschäftigte sich Lee hauptsächlich mit der Straffung der Disziplin sowie der Erhöhung der akademischen Standards der Militärakademie, die sich in den letzten zweieinhalb Jahrzehnten nicht unbedingt zum Besseren hin entwickelt hatte[15]. Seine strengen Maßstäbe hinderten Lee allerdings nicht daran, dem ihm anvertrauten Kadettenkorps ein hohes Maß an Fürsorge zukommen zu lassen. So nahm er sich der privaten wie auch schulischen Problemfälle an, lud diese zu persönlichen Gesprächen vor und verfolgte aufmerksam deren Leistungsentwicklung. In mehreren Fällen führte er sogar Korrespondenz mit betroffenen Eltern und bot diesen an, ihre Söhne von der Akademie zu nehmen, um letzteren die Erniedrigung des Scheiterns zu ersparen. Andererseits bestand Lee stets darauf, Kadetten im Falle schwerwiegender Verfehlungen vor einem Militärgericht aburteilen und aus dem Dienstverhältnis entfernen zu lassen.
Dies tat seinem Ruf jedoch keinen Abbruch; nach wie vor war Lee in der Armee weithin als einer der besten Offiziere anerkannt. 1855 ordnete Jefferson Davis - von 1853 bis 1857 Kriegsminister unter Präsident Franklin Pierce - die Aufstellung zweier neuer Kavallerieregimenter zur Sicherung der texanischen Westgrenze an und wies Lee, der mittlerweile den regulären Rang eines Oberstleutnants bekleidete, mit dessen Einwilligung einen der beiden Kommandeursposten zu[16]. Offenbar hatte Davis, der bald darauf als Präsident der Konföderierten Staaten von Amerika zu einiger Berühmtheit gelangen sollte, schon zu dieser Zeit eine hohe Meinung von Lee und dessen Fähigkeiten.
Im November 1857 übernahm Lee den ihm von seinem verstorbenen Schwiegervater hinterlassenen, mit hohen Schulden belasteten Landsitz in Arlington,

Virginia. Um das heruntergewirtschaftete Anwesen zu sanieren, ließ er sich - protegiert von seinem Gönner Winfield Scott - bis Oktober 1859 mehrfach Sonderurlaub gewähren und verwandelte Arlington in ein selbsttragendes, wohl organisiertes Mustergut[17]. Die jüngeren und älteren der rund zweihundert zum Gutsbesitz gehörigen Sklaven verwendete Lee zur Instandsetzung der maroden Gebäude sowie zur Kultivierung und Bewirtschaftung der umliegenden Felder, während das Gros der Schwarzen im besten Arbeitsalter an kleinere Plantagen und zum Eisenbahnbau vermietet wurde[18]. Gegenüber den zu seinem Besitz gehörigen Sklaven verhielt sich Lee sehr human und verantwortungsbewußt, obgleich er nicht davor zurückschreckte, entflohene Schwarze wieder einfangen und einsperren zu lassen. Noch vor Beginn der kriegerischen Auseinandersetzungen entließ er die meisten seiner Sklaven in die Freiheit und verkaufte diejenigen, für die er keine Verwendung mehr fand, an andere Plantagenbesitzer[19].

Hinsichtlich der Sklavenfrage war Lees Grundhaltung eher gespalten. Als Vertreter der alten, gebildeten Südstaatenaristokratie verabscheute er die Abolitionisten und deren heftige Kritik an der "peculiar institution". Dessen ungeachtet betrachtete er die Sklaverei grundsätzlich als moralisches und politisches Übel[20], konnte sich aber wie die meisten Südstaatler keine bessere Gesellschaftsordnung vorstellen. Einer der wenigen, zur Sklavenfrage überlieferten Kommentare Robert E. Lees stammt aus dem Jahre 1856, als er seiner Frau Mary in einem Brief seinen Standpunkt mitteilte: *"The blacks are immeasurably better off here than in Africa, morally, socially, & physically. The painful discipline they are undergoing is necessary for their instruction as a race, & I hope will prepare & lead them to better things. (...) Their emancipation will sooner result from the mild & melting influence of Christianity, than the storms & tempests of fiery Controversy"*[21].

Als Lee im Oktober 1859 gerade seinen Heimaturlaub in Arlington verbrachte, wurde er von Kriegsminister John B. Floyd unverhofft mit dem Befehl über eine Kompanie Marineinfanterie beauftragt, um zusammen mit dem noch unbekannten Oberleutnant James E. B. Stuart den dilettantischen Aufstandsversuch des militanten Abolitionisten John Brown in Harpers Ferry, Virginia, niederzuschlagen, was Lee auch mühelos gelang[22]. In seinem offiziellen Abschlußbericht bezeichnete Lee die Erhebung Browns als das Werk eines verrückten Fanatikers[23].

Schon bald nach Lees Rückkehr auf seinen Armeeposten in Texas im Februar 1860 gewann der schon seit Jahren schwelende Konflikt zwischen den beiden gegenseitig entfremdeten Landesteilen an Intensität und weitete sich scheinbar unaufhaltsam zur Sezessionskrise aus[24]. Nach dem Austritt South Carolinas aus der Union am 20. Dezember 1860 als Reaktion auf die sklavereifeindliche

Haltung des Nordens und die im November erfolgte Präsidentenwahl Lincolns[25] sowie der Sezession weiterer sechs Bundesstaaten im Januar 1861 legte Lee seinem Sohn William Henry Fitzhugh in einem Brief vom 23. Januar seine Beurteilung dieser bedenklichen Entwicklung offen dar: "*The South, in my opinion, has been aggrieved by the acts of the North. (...) Secession is nothing but revolution. (...) Still, a Union that can only be maintained by swords and bayonets, and in which strife and civil war are to take the place of brotherly love and kindness, has no charm for me. (...) If the Union is dissolved, and the Government disrupted, I shall return to my native State and share the miseries of my people*"[26]. Bereits in dieser als einer der ersten überlieferten Stellungnahmen Lees zur Sezessionskrise wird seine ambivalente Haltung in dieser Angelegenheit sehr deutlich. Obwohl Lee das Recht eines Staates zum Austritt aus der Union grundsätzlich in Frage stellte und das Auseinanderbrechen der Vereinigten Staaten bedauerte, stellte er in einem Brief an einen seiner Vettern klar heraus, daß sein persönliches Schicksal untrennbar mit dem seines Heimatstaates Virginia verbunden sein würde. Lee schrieb, daß er nicht in der Lage wäre, seine Hand gegen den Staat zu erheben, in dem sein Haus stünde und in dem seine Eltern und Kinder geboren worden wären[27]. Für Lee war die Sache Virginias eine Herzensangelegenheit; die Union, ja selbst die Sache des Südens waren der Loyalität gegenüber seinem Heimatstaat nachgeordnet.

1.3. Verwendungen bis zur Übernahme des Oberbefehls in Virginia
Mit der Gründung der Konföderierten Staaten von Amerika am 4. Februar 1861 als unabhängiger, selbständiger, von der Union losgelöster Staatenbund mit eigener Verfassung[28] gerieten viele Offiziere in einen Gewissens- und Loyalitätskonflikt, da sich das Offizierkorps der alten Armee zum größeren Teil aus Angehörigen der südstaatlichen Oberschicht zusammensetzte. Da mit Beginn der neuen Zweistaatlichkeit naturgemäß ein extrem hoher Bedarf an Offizieren für die neu aufzustellenden Truppenverbände beider Seiten bestand, lag es im vitalen Interesse der Nord- wie auch der Südstaaten, sich für das kommende Ringen insbesondere der Blüte des Führerkorps der alten Armee zu versichern.
Bereits am 15. März 1861 erhielt Lee ein schriftliches Angebot des konföderierten Kriegsminister Leroy P. Walker, den bis dahin höchsten Rang eines Brigadegenerals in der neugebildeten Konföderationsarmee anzunehmen. Da hierzu keine Antwort Lees belegt ist, ist davon auszugehen, daß dieser die Offerte ausschlug. Sicher ist hingegen, daß Lee statt dessen seine am 28. März durch Lincoln ausgesprochene Beförderung zum Oberst annahm[29]. Augenscheinlich hatte Lee zu diesem Zeitpunkt seinen Loyalitätskonflikt noch nicht vollends überwunden. Mit der Beschießung von Fort Sumter am 12. April 1861 - dem

militärischen Beginn des amerikanischen Bürgerkriegs - und der kurz darauf folgenden Sezession Virginias am 17. April 1861 sollte sich dies jedoch grundlegend ändern. An jenem Tag erhielt Lee zwei Einladungen. Erstere erging durch einen gewissen Francis P. Blair, der als enger Vertrauter von Präsident Abraham Lincoln und dessen Kriegsminister Simon Cameron von diesen ersucht worden war, Lee den Oberbefehl über die am 15. April ausgerufene 75.000 Mann starke Freiwilligenarmee zur Niederschlagung der "Rebellion" anzubieten[30]. Die zweite Einladung kam vom Oberkommandierenden der Unionsarmee, dem mittlerweile 75jährigen Generalmajor Winfield Scott. Nachdem sich Lee nur mit Blair getroffen hatte, um das Angebot schlichtweg abzulehnen, begab er sich zu dem ihm nach wie vor verbundenen Scott, dem es aber ebensowenig gelang, Lee von der Kommandoübernahme zu überzeugen[31]. Statt dessen reichte Lee mit einem an Kriegsminister Cameron gerichteten Schreiben vom 20. April 1861 seine Entlassung aus der Unionsarmee ein[32].
Nur zwei Tage später fand sich Lee auf Bitten des Gouverneurs von Virginia, John Letcher, bei diesem ein, um das Kommando über die neuaufzustellenden Streitkräfte Virginias sowie die Übernahme in die konföderierten Freiwilligenverbände mit dem Rang eines Generalmajors angetragen zu bekommen. Am 23. April nahm Robert E. Lee das Angebot an, und zwar noch bevor über seinen Abschied aus der Unionsarmee überhaupt offiziell entschieden worden war[33].
Für dieses Verhalten Lees war vermutlich seine bereits erwähnte Treue zu Virginia ausschlaggebend. Sehr wahrscheinlich überschnitt sich die Offerte Letchers ohnehin mit seiner Absicht, sich seinem Heimatstaat zur Verfügung zu stellen. Alleine der Gedanke, sich als Offizier der Unionsarmee zusammen mit den verabscheuten Abolitionisten aus dem Norden gegen seinen Heimatstaat wenden zu müssen, muß für Lee unerträglich gewesen sein. Der Austritt Virginias aus der Union beseitigte die grundlegende Ursache für Lees Loyalitätskonflikt und erleichterte es diesem, reinen Gewissens binnen kürzester Zeit die Fronten zu wechseln.
Unmittelbar nach seiner Entscheidung übernahm Lee seinen neuen Aufgabenbereich und ließ - am 14. Mai 1861 als Brigadegeneral in die regulären Streitkräfte übernommen - während des Sommers in Virginia eine Vielzahl von in die Konföderationsarmee einzugliedernder Freiwilligenregimenter aufstellen, ausbilden und ausrüsten, um diese dann an strategisch wichtigen Punkten zu konzentrieren[34]. Unterstützt wurde er dabei von hochrangigen und fähigen Offizieren, darunter sein Jahrgangskamerad aus West Point, Joseph E. Johnston, die meistenteils wie er aus der alten Unionsarmee stammten. Im übrigen war Robert E. Lee nicht der einzige Soldat in seiner Familie; alle drei Söhne folgten dem Vorbild ihres Vaters nach[35].
Im August 1861 beorderte Präsident Jefferson Davis Lee nach West Virginia[36],

wo er sein erstes reines Truppenkommando übernahm, um die dort vorgehenden Unionstruppen zum Stillstand zu bringen. Die in ihn gesetzten hohen Erwartungen äußerten sich nicht zuletzt in der Tatsache, daß das Kriegsministerium Lee vor seiner Abreise durch die Ernennung zum Vier-Sterne-General mit einigen Vorschußlorbeeren bedacht hatte[37]. In West Virginia erwartete ihn die schwierige Aufgabe, das Vorrücken dreier kleiner, schlecht ausgebildeter und ausgerüsteter Verbände unter dem Kommando des halsstarrigen Brigadegenerals William W. Loring und der beiden unerfahrenen, aus politischen Gründen zu Generalen ernannten ehemaligen Gouverneure Virginias, Henry A. Wise und John B. Floyd, zu koordinieren. Alle drei waren sich höchst suspekt und obendrein nur wenig gewillt, aus persönlicher Rivalität heraus sowohl miteinander als auch mit ihrem Vorgesetzten zu kooperieren. Daß Lees komplizierter, in Absprache mit Loring entwickelter Plan, die Nordstaatler Mitte September in einem Flankenangriff mit fünf getrennt marschierenden Kolonnen aus ihren Stellungen zu vertreiben, am Unvermögen und der Unerfahrenheit seiner Untergebenen, der hohen Zahl krankheitsbedingter Ausfälle sowie dem äußerst unwegsamen Gelände scheiterte, war nachgerade vorprogrammiert. Mitte Oktober 1861 war General Lee gezwungen, die Operationen endgültig und ergebnislos abzubrechen[38].
So blieb es nicht aus, daß Lee nach seiner Rückkehr nach Richmond Ende Oktober 1861 und der Abspaltung West Virginias[39] von der enttäuschten Südstaatenpresse ob seines Mißerfolgs und seiner zurückhaltenden operativen wie auch taktischen Vorgehensweise heftig kritisiert und mitunter gar verhöhnt wurde[40]. Trotz der Anfeindungen der Journaille, die von den Verhältnissen vor Ort wohl allenfalls graduelle Kenntnisse gehabt haben dürfte, war Robert E. Lee über jegliche Vorwürfe erhaben und hielt es folglich auch nicht für angebracht, zu diesen öffentlich Stellung zu nehmen[41]. Aus dem fehlgeschlagenen West Virginia-Feldzug zog er vermutlich die Lehre, daß sich seine vor dem Bürgerkrieg in Mexiko und an der Westgrenze gemachten, durchaus lehrreichen Erfahrungen nicht alle zwingend auch auf die Kampfbedingungen im Virginia der 1860er Jahre übertragen ließen. Möglicherweise als direkte Folge dieses Mißerfolgs wurde Lee Anfang November 1861 von Davis nach South Carolina versetzt, um für die kommenden vier Monate die Verstärkung und den Ausbau der dortigen Küstenbefestigungen und Häfen voranzutreiben.
Am 13. März 1862 berief das konföderierte Staatsoberhaupt General Lee zu seinem persönlichen Militärberater, dessen Hauptaufgabe im wesentlichen darin bestand, dem Präsidenten als Ratgeber ohne Befehlsgewalt zur Seite zu stehen. Lee wurde von Davis, der sich in vielen Fällen an den Empfehlungen des Generals orientierte, zwar regelmäßig konsultiert, erhielt aber nur in kleineren Angelegenheiten direkte Einflußmöglichkeiten auf militärische Strukturen und Führungsvorgänge[42]. Obgleich Lee seinen Dienst auch in dieser neuen

Verwendung sehr gewissenhaft versah, schien er an seiner Tätigkeit von Anfang an nur wenig Gefallen zu finden[43].
Als sich für Lee am 31. Mai 1862 plötzlich und unerwartet die Gelegenheit bot, seine Führungsqualitäten erneut unter Beweis zu stellen, sollte sich dies jedoch schlagartig ändern. Mit der schweren Verwundung des Generals Joseph E. Johnston, der die konföderierten Streitkräfte in Virginia nach langem Zögern angesichts der unmittelbar vor Richmond stehenden Potomac-Armee unter dem Unionsgeneral George Brinton McClellan bei Seven Pines in die Schlacht geführt hatte, stellte sich binnen kürzester Zeit die Frage, wer nun die praktisch führungslosen Truppen übernehmen sollte. Angesichts dieser Krise übertrug Präsident Davis General Lee, der in seinen Augen die einzige brauchbare Alternative zu Johnston darstellte, am 1. Juni das Kommando über dessen verwaiste Armee. Durch glückliche Umstände war Robert E. Lee nun wieder in ein Truppenkommando gelangt; eine Position, in der er für fast drei Jahre die Geschicke der Konföderation entscheidend mitbestimmen sollte.

1.4. Lee als Oberbefehlshaber der Nord-Virginia-Armee bis 1864
Als Lee im Juni 1862 den Oberbefehl in Virginia übernommen hatte, standen die Südstaaten kurz vor dem Kollaps. Der Verlust von New Orleans im April 1862, etliche militärische Niederlagen auf dem westlichen Kriegsschauplatz, vor allem aber die Tatsache, daß die Potomac-Armee keine zehn Kilometer vor Richmond stand; all dies war eine denkbare schwierige Ausgangslage für den siegreichen Abschluß des Krieges und die außenpolitische Anerkennung der Konföderation. In dieser prekären Lage machte sich Lee zügig an die Umgliederung und Reorganisation seiner Armee, die er "Army of Northern Virginia" taufte[44]. Um diesen Vorgang möglichst ungehindert vonstatten gehen zu lassen, ließ er die Verbände in den Einzugsbereich von Richmond zurückverlegen und dort mit dem Bau von Feldbefestigungen beginnen[45].
Bereits in den ersten Tagen von Lees Tätigkeit als Kommandeur der Nord-Virginia-Armee zeigte sich eine grundlegende Übereinstimmung mit seinen persönlichen Vorstellungen und den Ansichten von Präsident Davis. Vom ersten Tag seiner Befehlsausübung an begann Lee, Davis in Form von Depeschen regelmäßig über seine eigenen Absichten und die militärische Lageentwicklung zu unterrichten sowie im Gegenzug Meinung und Vorgaben des Präsidenten bezüglich seiner Vorhaben einzuholen[46]. Dieser Informations- und Gedankenaustausch währte ohne nennenswerte Unterbrechungen bis zum Kriegsende im April 1865.
Seinem ausgeprägten Soldatenethos und Berufsverständnis folgend, fühlte sich Lee politischen Vorgaben gegenüber zu uneingeschränktem Gehorsam verpflichtet und betrachtete sich selbst als verlängerten Arm der konföderierten

Regierung. Hinsichtlich seines militärspezifischen Sachverstands verbat sich Lee allerdings Eingriffe von außen, was Davis auch anstandslos anerkannte. Dieser schien vielmehr sehr an einem herzlichen Verhältnis zu seinem neuen Oberkommandierenden interessiert zu sein. Dahingegen war das Verhältnis von Jefferson Davis zu Lees Vorgänger Johnston schwierig und angespannt, da Johnston den Präsidenten über die Vorgänge an der Front meist im Unklaren ließ und es so zwischen beiden zu unerwünschten Friktionen kam. Infolgedessen konnte oder wollte Davis den Gesuchen Johnstons wohl auch nicht immer im vollen Umfang nachkommen. Um diesem Mißstand abzuhelfen, bat Davis General Lee in einem seiner ersten Briefe, ihn zukünftig über die Ereignisse an der Front regelmäßig auf dem Laufenden zu halten[47]. Dennoch schrieb er noch unmittelbar vor Beginn der Sieben-Tage-Schlacht Ende Juni 1862 - zu einem Zeitpunkt also, als Lee bereits fast vier Wochen als Befehlshaber tätig war - seiner Ehefrau Varina einen Brief, in welchem er zugab, daß er sich wünsche, Johnston möge wieder gesunden und das Kommando übernehmen[48].
Um das Gebiet des Südens vor den Invasoren aus dem Norden wirkungsvoll schützen zu können, entwickelte Lee in Absprache mit Davis ein Konzept der Offensiv-Verteidigung, demzufolge dem Gegner Zeit, Ort und Umstände eines anstehenden Gefechts immer durch den Süden diktiert werden sollten[49]. In diesem Sinne ergriff Lee die Initiative. Zwischen dem 25. Juni und dem 1. Juli 1862 kam es zu einer Reihe blutiger Gefechte zwischen den geschickt gruppierten Verbänden Lees und der vor Richmond liegenden, zahlenmäßig weit überlegenen, aber schlecht geführten Potomac-Armee unter Generalmajor McClellan. Im Zuge dieser ersten, für den Süden seit langem wieder siegreichen Schlacht, bei der die Unionsarmee fast vollständig auf ihre Ausgangsposition vom April 1862 weitab von Richmond zurückgedrängt und die Konföderation damit vor dem Untergang bewahrt wurde, zeigten sich einige gravierende Mängel an Lees Truppenführung. Obwohl dieser grandiose Sieg zu einem allgemeinen Stimmungsumschwung im Süden führte und einen ungeheuren Beitrag zu Lees Popularität leistete[50], war es diesem nicht gelungen, die Unionsarmee wie beabsichtigt vernichtend zu schlagen. Im Sinne des Konzepts der Offensiv-Defensive hatte die Nord-Virginia-Armee jedes einzelne der Gefechte als Angreifer begonnen, was trotz kühner Angriffe auf die gegnerischen Flanken zu unverhältnismäßig hohen Verlusten geführt hatte[51]. Ein weiteres Problem, das infolge der Sieben-Tage-Schlacht klar ersichtlich wurde, war die Lees Anforderungen nicht gewachsene Stabsarbeit. Aufgrund dessen bemühte sich Lee nach der Sieben-Tage-Schlacht, die Mängel in der Kommandostruktur möglichst umfassend abzustellen[52].
Mit der Sieben-Tage-Schlacht begann auf dem östlichen Kriegsschauplatz eine neue Phase des Sezessionskriegs. Für etwas über ein Jahr sollte die Nord-Virginia-Armee unter der Führung General Lees von Sieg zu Sieg marschieren.

Am 29. und 30. August 1862 besiegte er in der Zweiten Manassas-Schlacht die neuformierte Potomac-Armee unter Generalmajor John Pope und drängte die Nordstaatler damit aus Virginia zurück[53]. Anfang September drang Lee nach Maryland auf Unionsgebiet vor, wo es schließlich vom 15. bis 17. September in der Nähe von Sharpsburg zur verlustreichsten Schlacht des Krieges kam, in deren Folge sich die personell und materiell ausgezehrte Nord-Virginia-Armee, nach Virginia zurückziehen mußte[54]. Doch schon am 13. Dezember 1862 bereitete Lee dem abermals auf Richmond vorgehenden Unionsheer unter Generalmajor Ambrose E. Burnside bei Fredericksburg eine weitere, verheerende Niederlage[55]. Gleiches geschah vom 2. bis 4. Mai 1863 bei Chancelorsville, wo Lee die wie immer zahlenmäßig weit überlegene Potomac-Armee, diesmal unter Generalmajor Joseph Hooker, erneut bezwang[56].
Durch diese Reihe von großen Siegen über die Unionsarmee eröffnete sich für Lee die Möglichkeit, ein weiteres Mal nach Norden vorzudringen. Im Juni 1863 marschierte die Nord-Virginia-Armee in Pennsylvania ein und bedrohte Washington[57]. Damit bezweckte Lee, zunächst die Potomac-Armee aus Virginia herauszulocken, um diese dann in einer Entscheidungsschlacht stellen und vernichten zu können[58]. Infolge einer Verkettung unglücklicher Umstände und mangelhafter Feindaufklärung kam es am 1. Juli 1863 bei der Kleinstadt Gettysburg nach kurzem Scharmützel zum Zusammenprall der beiden Armeen, ohne daß sich Lee oder der neue Unionskommandeur George Gordon Meade der anstehenden Entscheidungsschlacht auch nur annähernd bewußt waren. Weder Ort, Zeit noch die Umstände dieser Auseinandersetzung waren durch Lee vorherbestimmt worden, was sein Konzept der Offensiv-Verteidigung bei Gettysburg zur Makulatur werden ließ. Nachdem die verlustreichen Kämpfe zwei Tage lang hin und her gewogt waren, ordnete General Lee am Nachmittag des 3. Juli einen massierten Frontalangriff auf die verschanzten Unionsstellungen an, um dergestalt den entscheidenden Sieg zu erzwingen. Der von drei Infanteriedivisionen über anderthalb Kilometer freies, deckungsloses Gelände vorgetragene Sturmangriff endete als Fiasko[59]. Binnen weniger als einer Stunde starb annähernd die Hälfte der angetretenen 15.000 Mann im Sperrfeuer der feindlichen Artillerie und im Kugelhagel der Unionisten[60]. Die Gesamtverluste der Nord-Virginia-Armee beliefen sich nach dreitägiger Schlacht auf rund 23.000 Mann, was fast ein Drittel der Gesamtstärke ausmachte und die Ausfälle der Potomac-Armee um etwa ein Viertel überstieg. Im Gegensatz zu letzterer sollte sich die Südstaatenarmee von diesem gewaltigen Aderlaß allerdings nie mehr vollständig erholen können.
Lee, der einsah, daß sein Vabanquespiel zu einer verheerenden Niederlage geführt hatte, trat mit den Resten seiner geschlagenen Armee den geordneten Rückzug nach Virginia an. Die Verantwortung für das Desaster in Gettysburg schob Lee

nicht etwa auf nachgeordnete Offiziere ab, nicht einmal die widrigen Umständen oder gar die Union machte er für das Scheitern verantwortlich. Die Schuld an der Niederlage gab Lee einzig und alleine sich selbst. Auch wenn dies nicht hundertprozentig zutraf, bewies Lee hier doch Charakterstärke sowie die sehr bemerkenswerte Fähigkeit zur Selbsterkenntnis, die sicherlich nur wenige Feldherrn in einer vergleichbaren Situation vor oder nach ihm jemals an den Tag gelegt haben dürften. Schon am 3. Juli hatte Lee - den in ihre Ausgangsstellungen zurückflutenden Überresten der Sturmbrigaden eigenhändig eine neue Verteidigungslinie zuweisend - gegenüber dem mit ihm reitenden Gefolge sichtlich betroffen eingeräumt, daß ihn die volle Schuld für das Debakel träfe[61], woraus er wenig später persönliche Konsequenzen zog.

Obwohl sich die öffentliche Kritik an seiner Person in Grenzen hielt[62], bot Lee dem Präsidenten der Konföderation am 8. August 1863 in einem Brief voller Selbstvorwürfe seinen Abschied an: *"The general remedy for want of success in a military commander is his removal. (...) I therefore, in all sincerity, request Your Excellency to take measures to supply my place. I do this (...) because no one is more aware than myself of my inability for the duties of my position. I cannot even accomplish what I myself desire. How can I fulfill the expectation of others? (...) I have no complaints to make of any one but myself"*[63]. Die Entlassung des längst zu seinem Lieblingsgeneral avancierten Lee kam für Davis jedoch überhaupt nicht in Frage. In seinem prompt darauf folgenden Antwortschreiben bezeichnete er es als schlichtweg unmöglich, einen fähigeren, in der Truppe und der Bevölkerung gleichermaßen angesehenen, adäquaten Nachfolger zu finden[64].

Somit blieb Lee auf seinem Posten und verbrachte den Rest des Jahres 1863 bis Anfang 1864 mit der Reorganisation und Neuaufstellung der personell und materiell ausgebluteten Nord-Virginia-Armee, was ihm trotz der schwindenden Ressourcen des Südens auch noch einmal weitgehend gelang. Im Frühjahr des Jahres 1864 jedoch würden die Streitkräfte General Lees vor eine Bewährungsprobe und er selbst vor den schwierigsten Gegenspieler dieses Krieges gestellt werden.

---

[1] FREEMAN, Douglas S.: R. E. Lee. A Biography. Bd. 1. New York, London 1951, 36ff. Indem er sich neben klassischen Bildungsfächern vorrangig dem sorgfältigen Studium der jüngeren Militärgeschichte widmete, gelang es Lee in späteren Jahren, seinen geistigen Horizont beträchtlich zu erweitern und zudem - wenn auch eher unbewußt - eine erstklassige Grundlage für sein künftiges Wirken als Befehlshaber militärischer Großverbände zu schaffen.

[2] Der Stammvater des Lee-Geschlechts, Richard Lee, wanderte 1641 aus England ein und war einer der Gründerväter der britischen Kronkolonie. Seine Ahnenreihe läßt sich bis ins 12. Jahrhundert zurückverfolgen. Die Nachfahren Richard Lees - vornehmlich einflußreiche, meist poli-

tische Ämter bekleidende Aristokraten und Großgrundbesitzer - beeinflußten über Generationen hinweg maßgeblich das wirtschaftliche und gesellschaftliche Leben Virginias. Dowdey, Clifford: Lee. Boston, Toronto 1965, 8f.

[3] Thomas, Emory M.: Robert E. Lee. A Biography. New York, London 1995, 42.

[4] Carocci, Giampiero: Kurze Geschichte des amerikanischen Bürgerkriegs. Der Einbruch der Industrie in das Kriegshandwerk. Berlin 1997, 13.

[5] Thomas, Robert E. Lee, 43.

[6] Freeman, Douglas S.: Lee. An Abridgment in One Volume by Richard Harwell of the Classic Four Volume R. E. Lee. New York 1961, 15ff. Dies war insofern ungewöhnlich, als Entgleisungen unter den Offizieranwärtern des öfteren vorkamen. Immerhin mußten von den insgesamt 87 Kadetten des Jahrgangs 1825 gut die Hälfte wegen mangelhafter Leistungen oder allgemeinen Fehlverhaltens abgelöst werden.

[7] Neben Lees Jahrgangskameraden Joseph Eggleston Johnston sollten es weitere elf Angehörige anderer Offizieranwärterjahrgänge, die mit Lee zeitgleich die Militärakademie besucht hatten, zu Generalen der konföderierten Streitkräfte bringen.

[8] Obwohl sich Lee gerne und oft mit schönen, meist jüngeren Frauen aus der Oberschicht Virginias umgab und diesen gegenüber stets als galanter Südstaatenkavalier auftrat, konnte ihm nicht eine außereheliche Beziehung nachgewiesen werden. Freeman, An Abridgment in One Volume, 114f. Vielmehr war er sehr um seine kränkelnde Gattin und mehr noch um den Werdegang seiner Kinder, denen er in zahllosen Briefen lebenskundliche Ratschläge zu erteilten pflegte, besorgt. Lee gelang es im übrigen geradezu spielend, das Vertrauen und die Zuneigung von Kindern zu gewinnen.

[9] Taylor, John M.: Duty Faithfully Performed. Robert E. Lee and his Critics. Dulles 1999, 27ff.

[10] Taylor, Duty Faithfully Performed, 30f.

[11] Thomas, Robert E. Lee, 140.

[12] Ein "brevet rank" war ein vorläufiger Dienstgrad für besondere Verdienste. Wenn der Titularrang nicht in einen dauerhaften umgewandelt wurde, stufte man den Träger nach einiger gewissen Zeit, beispielsweise nach Kriegsende, wieder in seinen alten Rang zurück.

[13] Connelly, Thomas: The Marble Man. Lee and his Image in American Society. Baton Rouge, London 1977, 194.

[14] Zit. nach: Freeman, An Abridgment in One Volume, 76.

[15] Ebd., 82ff. In der Zeit seines Direktorats graduierten unter anderem der nachmalige Südstaatengeneral John Bell Hood, der bei der Schlacht von Gettysburg einen zerschmetterten Arm davontragen und bei Chickamauga ein Bein verlieren sollte, Lees ältester Sohn George Washington Custis sowie der keine zehn Jahre später als bedeutendster Kavallerieführer des Südens in die Annalen eingegangene James Ewell Brown Stuart mit Auszeichnung.

[16] Woodworth, Steven E.: Davis and Lee at War. Lawrence 1995, 14. Trotz der Versetzung auf diesen nicht unattraktiven Dienstposten befaßte sich Lee scheinbar ernsthaft mit dem Gedanken, die Armee, die ihm langfristig kaum noch weitere Aufstiegsmöglichkeiten bieten konnte - schon seine Beförderung zum Hauptmann hatte in Oberstleutnant hatte nicht weniger als 22 Jahre gedauert - zu verlassen. Seinem Freund Albert Sidney Johnston, der als Befehlshaber der konföderierten Truppen bei der Schlacht von Shiloh sein Leben lassen sollte, vertraute er 1857 in einem Brief folgendes an: "*I have at least to decide the question, which I have staved off for 20 years, whether I am to continue in the Army all my life, or to leave it now*". Zit. nach: Connelly, 181.

[17] Vgl. Thomas, Robert E. Lee, 175ff.

[18] Dowdey, Lee, 113.

[19] Taylor, Duty Faithfully Performed, 39ff. Wie viele andere konföderierte Offiziere, die Sklaven aus ihrem persönlichen Eigentum als Köche oder Burschen mitsichführten, wurde auch Lee von

einem freien Schwarzen namens William T. Evans, welcher ihm als Diener zur Hand ging, sowie mindestens einem seiner Sklaven aus Arlington begleitet. William Mack Lee diente seinem Herrn während des gesamten Sezessionskriegs als Koch und stand, bei Gettysburg verwundet, noch Jahrzehnte nach dem Krieg als gläubiger Anhänger Lees fest hinter der Sache des Südens. JORDAN, Ervin L.: Black Confederates and Afro-Yankees in Civil War Virginia. Charlottesville, London 1995, 193f.

[20] THOMAS, Robert E. Lee, 189.

[21] Zit. nach: TAYLOR, Duty Faithfully Performed, 40.

[22] MCPHERSON, James M.: Für die Freiheit sterben. München ²1995, 196f. Hierzu auch JUNKELMANN, Markus: Der amerikanische Bürgerkrieg 1861-1865. Augsburg 1993, 62. Brown, ein radikaler Psychopath mit religiösem Sendungsbewußtsein, hatte am 17. Oktober versucht, zusammen mit einigen Mitverschwörern das am Potomac gelegene Bundesarsenal zu erobern, um die Schwarzen der Umgebung für die von ihm geplante gewaltsame Erhebung gegen die Sklavenhalter des Südens zu bewaffnen. Zwischen 1856 und 1858 hatte sich Brown bereits im "Blutenden Kansas", wo sich Anhänger und Gegner der Sklaverei einen erbitterten Kleinkrieg lieferten, unter anderem dadurch einen Namen gemacht, daß er fünf Südstaatensympathisanten mit Schwertern bestialisch in Stücke hacken ließ. Wegen Anstiftung der Sklaven zur Rebellion sowie Hochverrats verurteilt, wurde Brown am 2. Dezember 1859 gehängt, woraufhin er von der Presse des Nordens posthum zum Märtyrer stilisiert wurde.

[23] TAYLOR, Duty Faithfully Performed, 43.

[24] Abgesehen von der Verurteilung der Sezession als verfassungswidrigen Akt unternahm der alternde, seit 1856 amtierende US-Präsident James Buchanan nur wenig, um der Loslösung einzelner Staaten aus der Union entgegenzuwirken.

[25] Der angesehene, in bescheidenen Verhältnissen aufgewachsene Provinzrechtsanwalt Abraham Lincoln (1809-1865) wurde am 6. November 1860 mit einfacher Mehrheit zum 16. Präsidenten der Vereinigten Staaten gewählt. Dank des ablehnenden Wählerverhaltens in praktisch allen Staaten des Südens sowie dreier Gegenkandidaten war es ihm nicht gelungen, die absolute Mehrheit der Wählerstimmen auf sich zu vereinen, so daß er lediglich aufgrund der Mehrheit im Wahlmännerkollegium die Wahl hatte gewinnen können. Mit dem Amtsantritt des Minderheitenpräsidenten Lincoln am 4. März 1861 betrat somit einer der partikularistischsten Staatsführer der amerikanischen Geschichte die politische Bühne, in dem der Süden die Personifizierung all jener Kräfte erblickte, die mittels der Sklavenemanzipation die bestehenden sozialen Verhältnisse der Südstaaten aufzulösen drohten.

[26] Zit. nach: THOMAS, Robert E. Lee, 186 und TAYLOR, Duty Faithfully Performed, 46.

[27] CAROCCI, 65. Anfangs noch wankelmütig, wurde Lee schon bald zum vehementen Befürworter und überzeugten Verfechter der Sezession sowie der für ihn nunmehr heiligen Sache des Südens. Nachdem er erste Erfahrungen mit dem Feind aus dem Norden hatte sammeln können, beurteilte Lee 1862 das Vorgehen der Union mit folgenden Worten: "*no civilized nation within my knowledge has ever carried on war as the U.S. Government has against us*". Zit. nach: CONNELLY, 201.

[28] Am 9. Februar 1861 wählten die versammelten Abgeordneten der bis dahin sieben sezedierten Staaten Alabama, Florida, Georgia, Louisiana, Mississippi, South Carolina und Texas in Montgomery, Alabama - bis Mai 1861 die vorläufige Hauptstadt der Konföderation - den ehemaligen West Point-Absolventen und Berufsoffizier, Kriegsminister und US-Senator Jefferson Davis (1808-1889) als herausragenden Vertreter der alten, gebildeten Südstaatenaristokratie zum ersten und zugleich letzten konföderierten Präsidenten, der neun Tage darauf sein Amt antrat.

[29] FREEMAN, An Abridgment in One Volume, 109.

[30] Erst der Fall des den Hafen von Charleston, South Carolina, sperrenden, die Übergabe verweigernden Unionsstützpunkts Fort Sumter in Verbindung mit Lincolns einer Kriegserklärung faktisch gleichkommenden Mobilmachungsanordnung veranlaßte die vier bis zuletzt zögernden Staaten Arkansas, North Carolina, Tennessee und Virginia, in den Folgewochen ihren Austritt

aus der Union zu erklären.

[31] CONNELLY, 194. Scott bedauerte Lees Entschluß und bemerkte resignierend, er habe damit den größten Fehler seines Lebens begangen.

[32] Das Entlassungsschreiben Lees enthielt lediglich diesen einen Satz: "*I have the honor to tender the resignation of my commision as Colonel of the 1st Regt. of Cavalry*". Zit. nach: DOWDEY, Clifford (Hg.): The Wartime Papers of R. E. Lee. New York [o.J.], 8f. Noch am selben Tag verfaßte Lee zwei weitere Schriftstücke. In dem ersten legte er seiner Schwester Anne Marshall in wenigen Sätzen die Begründung für seinen Austritt aus den Unionsstreitkräften dar: "*I have not been able to make up my mind to raise my hand against my relatives, my children, my home. I have therefore resigned my commission in the Army, and save in defense of my native State, (...) I hope I may never be called on to draw my sword*". Zit. nach: COMMAGER, Henry S.: The Blue and the Gray. Indianapolis, New York 1950, 1062. Auch in letzterem, einem an General Scott adressierten, dankbaren Abschiedsbrief mit gleichem Tenor, bemühte Lee erneut die Formulierung, daß er sich wünsche, außer zur Verteidigung seines Heimatstaates niemals wieder zum Schwert greifen zu müssen.

[33] WOODWORTH, 16.

[34] Einer dieser von Lee in weiser Voraussicht gewählten Punkte war Manassas Junction, ein zwischen Washington und der neuen konföderierten Hauptstadt Richmond - der nach New Orleans und Charleston drittgrößten Stadt des Südens - gelegener Verkehrsknotenpunkt, in dessen Nähe am 21. Juli 1861 die erste Schlacht des Sezessionkriegs ausgefochten wurde. Lee selbst saß am Tag des glorreichen Siegs der von Pierre Gustave Toutant Beauregard und Joseph E. Johnston geführten konföderierten Truppen in seiner Dienststelle in Richmond und verrichtete Schreibarbeiten.

[35] Vgl. dazu WARNER, Ezra J.: Generals in Gray. Lives of the Confederate Commanders. Baton Rouge 1959, 179ff. Seine beiden ältesten Söhne, George Washington Custis und William Henry Fitzhugh brachten es bis zum Generalmajor, der jüngste Sohn Robert Edward Jr. immerhin bis zum Hauptmann.

[36] Kurz nach seiner Amtsübernahme hatte Davis die Konföderation in halbautonome, dem Kriegsministerium unterstehende Militärbezirke aufgeteilt, deren Befehlshaber befugt waren, im Falle gegnerischer Bedrohung Truppenkontingente aus den Nachbarbezirken anzufordern. Am 30. September 1861 existierten vierzehn verschieden große Militärbezirke; der Distrikt "Northwest Virginia" stand zu dieser Zeit unter dem Kommando General Lees. Vgl. THOMAS, Emory M.: The Confederate Nation 1861-1865. New York [u.a.] 1979, 108f.

[37] THOMAS, Robert E. Lee, 210. Indem Lee zwei Generalsränge einfach übersprang, war er mit seiner am 31. August 1861 wirksam gewordenen Beförderung innerhalb kürzester Zeit zu einem der führenden Generale der Konföderation aufgestiegen.

[38] DOWDEY, Lee, 166ff. Erschwerend kam für Lee überdies hinzu, daß er nur über eingeschränkte Befehlsgewalt verfügte und somit seine Anordnungen nicht in vollem Umfang durchsetzen konnte. Nichtsdestotrotz ließ er Wise, der fortan fast nur noch in Stabsverwendungen in Erscheinung treten sollte, Ende September 1861 seines Kommandos entheben. Seine beiden anderen Untergebenen würde bald darauf ein ähnliches Schicksal ereilen; Floyd - von 1857 bis Anfang 1861 immerhin US-Kriegsminister - wurde im März 1862 wegen im Zusammenhang mit dem Verlust von Fort Donelson bewiesener Inkompetenz aus den Streitkräften entlassen, Loring keine zwei Monate darauf als Untergebener General Thomas J. Jacksons von diesem wegen Ungehorsams auf einen Dienstposten im Westen strafversetzt.

[39] Im Juni 1863 wurde der der Sklaverei mehrheitlich ablehnend gegenüberstehende Westteil Virginias als eigenständiger Bundesstaat in die Union aufgenommen.

[40] Beliebte, wenig schmeichelhafte Titulierungen waren beispielsweise die Bezeichnungen "Granny Lee", "the Great Entrencher" oder "the King of Spades". WOODWORTH, 85. Edward A. Pollard, Redakteur des angesehenen, auflagenstarken "Richmond Examiner", beschrieb Lees Einsatz in West Virginia etwas sachlicher, aber nicht weniger kritisch: "*The most remarkable circumstance*

of this campaign was that, it was conducted by a general who had never fought a battle, (...) and whose extreme tenderness of blood induced him to depend exclusively upon the resources of strategy to essay the achievement of victory without the cost of life". Zit. nach: FREEMAN, R. E. Lee, Bd. 1, 603.

[41] DOWDEY, Lee, 174.

[42] FREEMAN, An Abridgment in One Volume, 162ff. Im Zuge der Umstrukturierung des konföderierten Kriegsministeriums, in deren Rahmen auch die Schaffung des für Lee vorgesehenen Beraterpostens vonstatten ging, wurde der umstrittene Kriegsminister Judah P. Benjamin von Davis abgelöst und durch George W. Randolph ersetzt. Auf dieser Position verschlissen die Konföderierten Staaten von Amerika in der kurzen Zeit ihres Bestehens insgesamt nicht weniger als sechs Minister. Benjamin, danach für die restliche Dauer des Krieges zum Außenminister bestellt, setzte sich nach der Kapitulation im April 1865 nach England ab, wo er als langjähriger Berater von Queen Victoria eine neue Betätigung fand.

[43] Seiner Frau Mary schrieb Lee bereits einen Tag nach seiner Berufung folgende, wenig enthusiastische Zeilen: *"I have been placed on duty (...) to conduct operations under the direction of the President. It will give me great pleasure to do everything I can relieve him & serve the country, but I do not see either advantage or pleasure in my duties. But I will not complain, but do my best"*. Zit. nach: DOWDEY, The Wartime Papers of R. E. Lee, 127f.

[44] DOWDEY, Lee, 219f. Besondere Bedeutung maß Lee neben der räumlichen Straffung der infolge verworrener Unterstellungsverhältnisse ungünstig dislozierten Verbände sowie dem gezielten Gebrauch von Telegraphen dabei vor allem der Hebung der Schlagkraft einzelner Einheiten und der Moral seiner Soldaten bei. Den Erfolg der von ihm eingeleiteten Maßnahmen kontrollierte er, indem er die Umsetzung von Details persönlich überwachte, zahlreiche Truppenteile inspizierte und erkannte Mängel nach Möglichkeit sofort abstellen ließ. Dergestalt gelang es ihm, die aus Truppenteilen des gesamten Südens zusammengestellte Armee - deren Führerkorps zu zwei Dritteln aus Virginia stammte - innerhalb weniger Wochen zu einer vergleichsweise effizienten und schlagkräftigen Streitmacht zu formen. Mit der Installation eines mit einer Frontpanzerung versehenen Eisenbahngeschützes im Juni 1862 nahe Richmonds hatte Lee überdies unwissentlich den ersten Panzerzug der Kriegsgeschichte konstruieren lassen. CAROCCI, 79.

[45] Dies bot der in Bezug auf Lee skeptischen Südstaatenpresse erneut Gelegenheit, dessen Fähigkeiten in Frage zu stellen. Der "Richmond Examiner" nahm den Kommandowechsel zum Anlaß, Lees Können abermals beißend zu kommentieren: *"Evacuating Lee, who has never yet risked a single battle with the invader, is commanding general"*. Zit. nach: CONNELLY, 17.

[46] Mit der Übernahme der in Virginia stehenden Streitkräfte hatte Lee indes zwar de facto, nicht aber formell seine Tätigkeit als Militärberater niedergelegt. Noch am 1. Juni 1862 wies Davis Lee darauf hin, daß sein neues Kommando ihn keineswegs von der Notwendigkeit entbinde, auch weiterhin als Sachverständiger in Sachen Militärpolitik zur Verfügung zu stehen. CONNELLY, Thomas und JONES, Archer: The Politics of Command. Factions and Ideas in Confederate Strategy. Baton Rouge 1973, 36ff. Tatsächlich würde Lee nicht nur dem Präsidenten, sondern auch der konföderierten Regierung in den kommenden drei Jahren immer wieder Ratschläge in puncto Dislozierung von Truppen und Besetzung militärischer Führungspositionen erteilen.

[47] WOODWORTH, 152f.

[48] Ebd., 161. Offensichtlich war sich Davis anfangs trotz des spürbar besseren Verhältnisses zu Lee nicht sicher, ob dieser die in ihn gesetzten Erwartungen auch tatsächlich würde erfüllen können. In Anbetracht der bis November 1862 währenden Dienstunfähigkeit Johnstons und der künftigen Leistungen Lees auf dem Schlachtfeld sollte sich dieses Ansinnen des konföderierten Präsidenten allerdings schon bald als hinfällig erweisen.

[49] THOMAS, Robert E. Lee, 227.

[50] Eingedenk der veränderten Gegebenheiten bewies die vor kurzem noch hämisch spottende Südstaatenpresse eine dem Medium seit jeher eigene Anpassungsfähigkeit und stimmte bereitwillig

in die landauf, landab ertönenden Lobeshymnen ein. Anfang Juli 1862 konstatierte der "Richmond Dispatch" zutreffend: *"The rise which this officer has suddenly taken in the public confidence is withour precedent. At the commencement of the war he enjoyed the highest reputation of any officer on the continent. But his fame was considerably damaged by the result of his campaign over the mountains"*. Zit. nach: GALLAGHER, Garry W.: The Confederate War. Cambridge, London 1997, 131.

[51] Vgl. MCPHERSON, Für die Freiheit sterben, 457ff. Um Richmond vor der Einnahme zu retten, nahm Lee weitaus höhere Verluste in Kauf als sein Gegner. So waren in einer Woche über 20.000 konföderierte Soldaten gefallen oder verwundet worden, während die auf der Unionsseite aufgetretenen Verluste um rund ein Drittel niedriger ausfielen. Abgesehen von der Sieben-Tage-Schlacht sollten jedoch fast alle zukünftigen Gefechte Lees an Orten seiner Wahl ausgefochten werden.

[52] Eine der Maßnnahmen zur Verbesserung der Führungsfähigkeit bestand darin, daß Lee die Nord-Virginia-Armee in zwei neue, von Thomas J. Jackson und James Longstreet - zwei von ihm favorisierte Generale mit professioneller militärischer Ausbildung - geführte Armeekorps untergliedern ließ.

[53] Tags darauf übermittelte Jefferson Davis dem konföderierten Kongreß Lees Siegesbotschaft, der er folgenden Satz der Anerkennung hinzufügte: *"Too much praise cannot be bestowed upon the skill and daring of the commanding general who conceived, or the valor and hardihood of the troops who executed, the brilliant movement whose result is now communicated"*. Zit. nach: FREEMAN, An Abridgment in One Volume, 244.

[54] Die Verluste des 17. September 1862 gelten als die höchsten, an einem einzigen Tage erlittenen Verluste des gesamten Bürgerkriegs, ja der amerikanischen Geschichte überhaupt. Am Abend des letzten Kampftags war das Schlachtfeld am Antietam Creek von nicht weniger als rund 26.000 Toten und Verwundeten beider Seiten bedeckt. Obwohl die Schlacht bei Sharpsburg in einem taktischen Unentschieden endete, konnte der Süden diese als moralischen Sieg verbuchen, da dessen Truppen erstmals und für längere Zeit in Feindesland vorgestoßen waren. Allerdings machte sich schon im Vorfeld des Maryland-Feldzugs langsam aber sicher eines der gravierendsten Probleme bemerkbar, mit dem nicht nur die Nord-Virginia-Armee, sondern vielmehr der gesamte Süden zu kämpfen hatte und das diesen mindestens ebenso sehr in Atem hielt wie die ständige Bedrohung aus dem Norden; nämlich der chronische Mangel an Nachschub und Versorgungsgütern. Bereits am 3. September 1862 beklagte sich Lee - beileibe nicht zum ersten Mal - in einer Lagemeldung über den trostlosen Zustand seiner im Vormarsch befindlichen Truppen: *"[The army] lacks much of the materials of war, is feeble in transportation, the animals being much reduced, and the men are poorly provided with clothes, and in thousands of instances are destitutes of shoes"*. Zit. nach: HAGERMAN, Edward: The American Civil War and the Origins of Modern Warfare. Ideas, Organisation and Field Command. Bloomington 1992, 117. Neben strategischen und politischen Erwägungen war die Knappheit an Verpflegung, Ausrüstung und verfügbaren Transportmitteln einer der maßgeblichen Gründe für Lees Einmarsch in Maryland, da das Nachschubsystem des Südens schon 1862 nicht mehr imstande war, die Nord-Virginia-Armee ausreichend zu versorgen.

[55] Während dieser Schlacht, in deren Folge die Moral des Nordens auf einen Tiefpunkt gelangte und die Potomac-Armee mehr als 12.000 Gefallene und Verwundete - etwa das Doppelte der konföderierten Verluste - zu beklagen hatte, verlieh Lee, auf einem "Feldherrnhügel" stehend, mit Blick auf hastig zurückflutende, von nachstoßenden Grauröcken bedrängte Unionskolonnen seinen durch dieses Schauspiel hervorgerufenen Emotionen mit nachstehenden Worten Ausdruck: *"It is well war is so terrible, or we should get too fond of it"*. Zit. nach: COMMAGER, 1067. Dieses Zitat, überliefert durch den Artilleriechef der Nord-Virginia-Armee, Brigadegeneral William N. Pendleton, gibt zu einem gewissen Grad Aufschluß über einen wesentlichen Charakterzug Lees. Im persönlichen Umgang mit seinen Mitmenschen Konfrontationen und Konflikte scheuend, entwickelte dieser in Gefechtssituationen einen enormen Angriffswillen und Kampfgeist.

Gleichwohl lag es Lee fern, die Eindringlinge aus dem Norden zu dämonisieren. Diese nannte er häufig nur abstrakt "those people". TAYLOR, Duty Faithfully Performed, 238. Obschon unzählige Male Entscheidungen auf dem Schlachtfeld suchend, schien Lee den Krieg als solchen dennoch - zumindest gedanklich - zu verabscheuen. Einem kurz nach dem triumphalen Sieg bei Fredericksburg am 25. Dezember 1862 an seine Frau Mary geschriebenen Brief läßt sich folgende, diese Annahme stützende Passage entnehmen: *"But what a cruel thing is war. To separate & destroy families & friends. (...) To fill our hearts with hatred instead of love for our neighbors & to devastate the fair face of this beautiful world"*. Zit. nach: DOWDEY, The Wartime Papers of R. E. Lee, 380.

[56] Maßgeblichen Anteil am Sieg bei Chancelorsville hatte der von Lee sehr geschätzte Generalleutnant "Stonewall" Jackson, der während eines Erkundungsritts von konföderierten Soldaten versehentlich vor den eigenen Linien angeschossen wurde und wenig später nach Amputation seines rechten Arms zu Lees Leidwesen verstarb. Vorher war es Jackson gelungen, die Flanke der Potomac-Armee an ihrer schwächsten Stelle zu durchstoßen und die gesamte Unionsfront aufzurollen. Als Lee auf seinem Gefechtsstand die Meldung von Jacksons Durchbruch überbracht wurde, bemerkte er gegenüber dem als Militärbeobachter entsandten preußischen Major Justus Scheibert anerkennend, daß seiner Armee nur noch preußische Formen und Disziplin fehle, um noch glorreichere Ergebnisse erzielen zu können. SCHEIBERT, Justus: General Robert E. Lee. Ober-Commander der ehemaligen Südstaatlichen Armee in Nord-Amerika. In: Jahrbücher für die Deutsche Armee und Marine. Bd. 16. (Juli bis September 1875), S. 298f. General Lee, in dessen Augen das preußische Militär offenkundig hohes Ansehen genoß, wird diesbezüglich überdies folgende, auf den großen Anteil deutscher Einwanderer im Unionsheer gemünzte Aussage zugeschrieben: *"Take the Dutch [Germans] out off the Union Army and we could whip the Yankees easily"*. Zit. nach: KAUFMANN, Wilhelm: Die Deutschen im amerikanischen Bürgerkrieg. München, Berlin 1911, 133.

[57] Während des Vormarsches in Pennsylvania erließ Lee am 27. Juni 1863 die "General Order No. 73", einen bemerkenswerten Heeresbefehl, in welchem er seine Soldaten auf die Regeln einer humanen und zivilisierten Kriegführung einschwor: *"The commanding general considers that no greater disgrace could befall the army, (...) than the perpetration of the barrous outrages upon the innocent and defenseless and the wanton destruction of private property that have marked the course of the enemy in our own country. (...) It must be remembered that we make war only on armed men"*. Zit. nach: GORDON, John B.: Reminiscences of the Civil War. Baton Rouge, London 1993, 307. Im Gegensatz zur Masse der Unionsverbände, die in den von ihnen besetzten Gebieten schon früh dazu neigten, zur "Bestrafung" der Rebellen oftmals alles, was sie antrafen, zu plündern, niederzubrennen und zu zerstören, verhielt sich die überwiegende Mehrheit der Angehörigen der Nord-Virginia-Armee in Feindesland getreu dem Wortlaut von Lees Anordnung. Vgl. dazu CAROCCI, 88.

[58] Bei diesem Plan spielten politische Hintergründe eine zentrale Rolle. Die diplomatische Anerkennung der Konföderierten Staaten von Amerika durch die europäischen Großmächte, allen voran Großbritannien, lag im Sommer 1863 in greifbarer Nähe, was für das politische Überleben der Südstaaten von höchster Wichtigkeit war.

[59] Zur Vorbereitung des Sturmangriffs belegte die zusammengefaßte konföderierte Artillerie die auf einer Höhenrippe gelegenen feindlichen Stellungen mit einem fast zweistündigen Trommelfeuer; dem schwersten der Südstaaten während des gesamten Krieges überhaupt. Die Feuerstellungen der insgesamt 142 Geschütze waren allerdings so unvorteilhaft gewählt, daß diese den Hügel meist überschossen und lediglich einige am Hinterhang liegende Troßeinheiten zerschlugen, ohne der gegnerischen Infanterie größeren Schaden zuzufügen. CATTON, Bruce: Gettysburg. The Final Fury. New York [u.a.] 1990, 73f.

[60] MCPHERSON, Für die Freiheit sterben, 652ff. Alleine in der Division des Generalmajors George E. Pickett, die die Hauptlast des Angriffs trug, waren zwei Drittel der Soldaten gefallen; alle drei

Brigadegenerale sowie alle dreizehn Obristen waren ebenfalls getötet oder verwundet worden. Lediglich wenigen hundert Mann unter Brigadegeneral Lewis A. Armistead war es überhaupt gelungen, trotz der aus nächster Nähe verschossenen Kartätschen der Unionsbatterien und des mörderischen Abwehrfeuers der hinter einer Steinmauer in Deckung liegenden Unionsinfanteristen für kurze Zeit die feindlichen Linien zu erreichen und - letzten Endes erfolglos - in diese einzubrechen. Nach dem Krieg behauptete Generalleutnant James Longstreet, der widerstrebend den Angriffsbefehl hatte erteilen müssen, er habe Lee von jenem fatalen Frontalangriff abhalten wollen. Seinen Einwand, für das erfolgreiche Gelingen des Sturmlaufs mindestens doppelt so viele Soldaten bereitzustellen, ließ der Kommandierende General jedoch ebenso wenig gelten wie weitere, von Longstreet durchaus berechtigt vorgetragene Bedenken. LONGSTREET, James: From Manassas to Appomattox. Memoirs of the Civil War in America. Bloomington 1960, 386. Im nachhinein würde Lee seinen verhängnisvollen Entschluß jedoch offen in Frage stellen. In einem Brief an Davis schrieb er am 31. Juli 1863 mit später Einsicht: *"With my present knowledge, & could I have foreseen that the attack on the last day would have failed to drive the enemy from his position, I should certainly have tried some other course"*. Zit. nach: DOWDEY, The Wartime Papers of R. E. Lee, 565.

[61] CATTON, Gettysburg, 93.

[62] Die Südstaatenpresse kommentierte Lees Fehlschlag insgesamt erstaunlich nachsichtig, wenn auch unzufrieden. Nachdem etwa der "Charleston Mercury" General Lee keine zwei Wochen nach der Schlacht noch als Herrn der Lage gepriesen hatte, beurteilte das Blatt dessen gescheiterten Pennsylvania-Feldzug Ende Juli 1863 wie folgt: *"It is impossible for an invasion to have been more foolish and disastrous. It was opportune neither in time nor circumstance"*. Zit. nach: THOMAS, Robert E. Lee, 306. Dieselbe Zeitung würde den Oberbefehlshaber der Nord-Virginia-Armee einige Zeit später jedoch bereits wieder versöhnlich und sogar recht passend als *"the central figure of the war (...) beyond all question"* bezeichnen. Zit. nach: CONNELLY, 16.

[63] Zit. nach: DOWDEY, The Wartime Papers of R. E. Lee, 589f.

[64] Der genaue Wortlaut des Schreibens vom 11. August 1863 lautete: *"But suppose, my dear friend, (...) where am I to find that new commander who is to possess the greater ability which you believe to be required? (...) To ask me to substitute you by someone in my judgment more fit to command, or who would possess more of the confidence of the army, or of the reflecting men of the country, is to demand an impossibility"*. Zit. nach: WOODWORTH, 251.

4) R. E. Lee

5) Lee führt zusammen mit den Generälen Evans und Gordon die konföderierten Truppen in die Schlacht von Spotsylvania. Zeitgenössisches Gemälde.

6) CSA-General Joseph Johnston

7) CSA-General Thomas "Stonewall" Jackson

8) Legendärer CSA-Reitergeneral J. E. B. Stuart

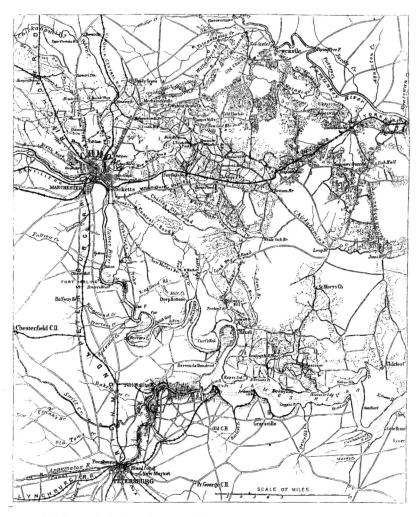

9) Zeitgenössische Karte der umkämpften Region rings um Richmond (Virginia).

2. Entwicklung und Persönlichkeit des Ulysses S. Grant

2.1. Jugend und Ausbildung bis zum Krieg gegen Mexiko

Ulysses Simpson Grant wurde am 27. April 1822 als erstes von sechs Kindern von Hannah und Jesse Grant in Point Pleasant, Ohio, geboren und auf den Namen Hiram Ulysses getauft[1]. Anderthalb Jahre nach seiner Geburt zog die Familie nach Georgetown, Ohio, wo Jesse Grant eine kleine Gerberei betrieb. Die Kindheit des jungen Hiram Ulysses verlief unspektakulär und in festgefügten Bahnen; wenn der Junge nicht zur Schule ging, wo sich seine Leistungen bestenfalls im oberen Mittelfeld bewegten, hatte er seinem Vater zur Hand zu gehen[2].
Als Hiram Ulysses mit siebzehn Jahren vor der entscheidenden Weichenstellung für seinen weiteren Lebensweg stand, beschloß sein Vater Jesse in Ermangelung finanzieller Mittel für den Besuch weiterführender Schulen, seinem ältesten Sohn statt dessen eine Ausbildung in West Point zukommen zu lassen, um wenigstens diesem den sozialen Aufstieg zu ermöglichen. Obwohl der junge Hiram Ulysses ursprünglich nicht im entferntesten an eine militärische Karriere gedacht hatte, bekam er auf Betreiben des örtlichen Kongreßabgeordneten Thomas L. Halmer, der von seinem Recht Gebrauch machte, eine Person seines Wahlkreises für eine frei werdende Stelle in West Point vorzuschlagen, einen Ausbildungsplatz an der Militärakademie zugewiesen[3]. Später einmal würde Grant die Erwartungen, die er in seine Ausbildung an der Akademie setzte, wie folgt beschreiben: "*I really had no objection to going to West Point, except that I had a very exalted idea of the acquirements necessary to get through. I did not believe I possessed them, and could not bear the idea of failing*"[4].
Offenbar war Grant von der für ihn vorgesehenen militärischen Laufbahn nicht besonders begeistert und besaß zudem auch kein sonderlich großes Maß an Selbstbewußtsein. Dennoch wird er als Sproß einer biederen Durchschnittsfamilie erkannt haben, daß er nur auf diese Art und Weise einer alternativen, womöglich gar lebenslangen Tätigkeit als Gerber würde entgehen können.
Im Juni 1839 meldetet sich Hiram Ulysses Grant in West Point, um seinen Dienst als Kadett aufzunehmen. Zu seiner Überraschung teilte man ihm dort mit, daß er unter dem falschen Namen "Ulysses Simpson" registriert worden wäre. Da die Richtigstellung seines Namens umfangreiche und langwierige Korrespondenz mit dem Kriegsministerium in Washington bedeutet hätte, nahm Grant "Ulysses Simpson" als neuen Vornamen an, was ihm bei seinen Kameraden die Spitznamen "Uncle Sam" und "United States" Grant einbrachte. Generell machte Ulysses Simpson auf seine Mitkadetten einen zwar freundlichen, aber zugleich schüchternen, zurückgezogenen, mithin eher schlichten Eindruck. Seine schulischen wie militärischen Leistungen während der vierjährigen Aus-

bildungszeit lagen dementsprechend insgesamt auch eher im mittleren Bereich. Das einzige Fach, in dem Grant Bestleistungen zeigte, war Mathematik, in Französisch hingegen war er ausgesprochen schlecht. In den militärischen Ausbildungsfächern bewies er lediglich im Reiten, das gerade erst als neues Lehrfach eingeführt worden war, besonderes Können[5].

Ob Grants mittelmäßige Leistungen in West Point nun auf eingeschränkten Fähigkeiten desselben beruhten oder ob diese einfach nur Ausdruck mangelnden Ehrgeizes und Selbstvertrauens waren, ist fraglich. Er selbst beschrieb seine persönliche Ambitionen hinsichtlich seiner zukünftigen Soldatenlaufbahn jedenfalls später folgendermaßen: *"A military life had no charms for me, and I had not the faintest idea of staying in the army, even if I should be graduated, which I did not expect"*[6]. Sein erklärtes Ziel war vielmehr *"to secure a detail for a few years as assistant professor of mathematics at the Academy, and afterward obtain a permanent position as professor in some respectable college"*[7]. Entgegen seiner eigenen Einschätzung schloß Grant die Ausbildung in West Point 1843 schließlich als einundzwanzigster von 39 erfolgreich ab. Infolge seiner mäßigen Gesamtleistung reichte es am Ende aber weder für eine Aushilfsprofessur an der Militärakademie noch für die angestrebte Versetzung zur Kavallerie, so daß Grant nach seiner Beförderung zum Leutnant im Juli 1843 die Versetzung zur Infanterie entgegennehmen mußte[8]. Dennoch wählte Grant in Anbetracht dessen nicht etwa den Abschied aus der Armee, sondern den Dienst in einem im mittleren Westen stationierten Infanterieregiment.

Mit diesem Regiment zog Ulysses S. Grant 1846 unter dem Oberbefehl des Generals Zachary Taylor - von 1848 bis zum seinem Tod im Jahre 1850 US-Präsident - in den Krieg gegen Mexiko[9]. In mehreren Gefechten bewies Grant schon zu Beginn der Auseinandersetzung ein hohes Maß an Tapferkeit und persönlichem Schneid, wofür er als Auszeichnung zum Regimentsquartiermeister ernannt wurde. Die im September 1847 unter seiner Führung erfolgte Erstürmung einer den Vormarsch auf Mexiko-Stadt aufhaltenden Befestigungsanlage - was den amerikanischen Truppen die schnelle Einnahme der mexikanischen Hauptstadt ermöglichte - brachte Grant seinen zweiten "brevet rank" in diesem Kriege, und zwar die Ernennung zum Hauptmann, ein. Im Gegensatz zu Lee verbrachte Grant den gesamten Mexikokrieg als Einheitsführer in der Truppe.

2.2. Ein schwieriges Jahrzehnt

Den ihm gewährten viermonatigen Heimaturlaub nach Ende des Mexikokriegs nutze Grant, indem er im August 1848 in seinem Regimentsstandort St. Louis, Missouri, Julia Boggs Dent, die Schwester eines West Point-Kameraden, zur Frau nahm. Im Laufe ihrer Ehe sollte sie ihm vier Kinder schenken.

Wegen einer im Frühjahr 1852 erfolgten Verlegung von Grants Einheit an die

Pazifikküste - zunächst nach Kalifornien, dann nach Oregon - wurde die junge Familie jedoch getrennt. Verstärkt durch den eintönigen, wenig abwechslungsreichen Dienstbetrieb führte die lange Trennung von seiner Frau und den mittlerweile zwei Kindern bei Grant zu schweren Depressionen, denen er mittels exzessiven Alkoholkonsums beizukommen suchte. Hinzu kamen finanzielle Schwierigkeiten; Grant sah sich außerstande, mit seinem geringen Sold seine Familie zu ernähren. Für derartige Probleme hatte Grants strenger und auf Disziplin bedachter Kommandeur Oberstleutnant Robert C. Buchanan allerdings wenig Verständnis, schon gar nicht, wenn diese mit bis zur Dienstunfähigkeit gehender Trunkenheit einhergingen[10]. Infolgedessen bat Grant am 11. April 1854 nach über zweijähriger Trennung von seiner Familie um seinen Abschied aus der Armee[11]. Am selben Tag noch hatte er der Umwandlung seines Titularrangs zum dauerhaften Dienstgrad eines Hauptmanns zugestimmt. Mit Wirkung vom 31. Juli 1854 wurde Hauptmann Grant mit allen Ehren wunschgemäß aus den Streitkräften entlassen. In seinen Memoiren finden sich zu diesem gesamten Vorgang interessanterweise lediglich einige knappe Sätze: "*My familiy, all this while, was at the East. (...) I saw no chance of supporting them on the Pacific coast out of my pay as an army officer. I concluded therefore to resign*"[12].
Daß das Alkoholproblem, das zu Zeiten des Bürgerkriegs Anlaß für verschiedenste Vermutungen und Gerüchte in Bezug auf Grants Zuverlässigkeit als General gab, in dessen Lebenserinnerungen mit keinem einzigen Wort Erwähnung findet, überrascht indes nur wenig. Dessen ungeachtet war Grants Alkoholismus zweifelsohne einer der ausschlaggebenden Gründe für seinen vorzeitigen Abschied aus der US-Armee.
Mit seinen für das Zivilleben weitestgehend wertlosen militärischen Qualifikationen stand Ulysses S. Grant im Alter von 32 Jahren vor dem völligen privaten Neuanfang. Infolgedessen blieb dem ehemaligen Berufsoffizier nichts anderes übrig, als zur Ernährung seiner Familie sein Heil in der Landwirtschaft zu suchen. Nach seinem Abschied ließ sich Grant mit Frau und Kindern auf dem in White Haven unweit von St. Louis gelegenen Grundeigentum seines Schwiegervaters nieder, wo er sich eine bescheidene Holzhütte errichtete. Von der finanziellen Unterstützung des erfolgreichen Geschäftsmanns abhängig, versuchte Grant, seine am Rande des Existenzminimums lebende Familie mit dem Anbau von Kartoffeln und Getreide sowie der Zucht von Nutzvieh und dem Verkauf von Brennholz über Wasser zu halten[13]. Als Hilfskräfte für die Feld- und Hausarbeit verwendete Grant mehrere Sklaven, die er ungeachtet seiner Geldnöte teils gemietet, teils gekauft hatte. Obwohl er die Schwarzen gut behandelte, stand er als überzeugter Anhänger des Nordens der Sklavenfrage zu dieser Zeit dennoch scheinbar relativ gleichgültig gegenüber[14]. Die Folgen einer schweren Erkrankung im Winter 1857/58 zwangen Grant, die Land-

wirtschaft Ende 1858 aufzugeben, den Hof zu verkaufen - seinen Sklaven hatte er danach in einem Anflug von Großmut die Freiheit geschenkt - und White Haven Richtung St. Louis zu verlassen, um in der Stadt erneut sein Glück zu versuchen.

Ab Januar 1859 verdingte sich Grant dort als Teilhaber im Immobiliengeschäft des Harry Boggs, eines Vetters seiner Frau Julia. In Ermangelung geschäftlichen Ehrgeizes trennte sich Grant jedoch schon im Sommer diesen Jahres im Streit von seinem durchtriebenen Partner, um sich schließlich nach mehreren erfolglosen Versuchen, im Geschäfts- und Wirtschaftsleben von St. Louis Fuß zu fassen, mit seiner Familie im Mai 1860 nach Galena, Illinois, zu begeben, wo seine beiden jüngeren Brüder das Ledergeschäft ihres Vaters weiterführten. Damit war Grant in genau der Position angelangt, der er vor etwas über zwei Jahrzehnten entronnen zu sein glaubte. Sowohl sein Vater als auch seine jüngeren Brüder, die ihn notgedrungen als Aushilfskraft aufnahmen, dürften vermutlich nichts als Verachtung für die zu diesem Zeitpunkt nahezu gescheiterte Existenz ihres Bruders beziehungsweise Sohnes übrig gehabt haben[15]. Erst nach einem weiteren Jahr als Gerbergehilfe würde Ulysses S. Grant mit Ausbruch des Sezessionskriegs plötzlich wieder aus der Bedeutungslosigkeit zu ungeahnten Höhen heraufsteigen.

2.3. Verwendungen auf dem westlichen Kriegsschauplatz

Nach dem Fall von Fort Sumter am 14. April 1861 und Präsident Lincolns Mobilmachungsanordnung vom Folgetag ließ der republikanische Kongreßabgeordneten Elihu B. Washburne am 16. April in Galena eine Massenkundgebung zur Aushebung von Truppen ausrichten. Da bekannt geworden war, daß man mit Grant einen kriegsgedienten Offizier und West Point-Absolventen in der Stadt hatte, wurde dieser dazu auserkoren, den Vorsitz über die Veranstaltung zu übernehmen[16]. Nach diesem Schlüsselerlebnis setzte Grant alles daran, wieder Soldat zu werden. Als in den nächsten Tagen in Galena eine Freiwilligenkompanie aufgestellt werden sollte, ließ Grant seinen die Führung derselben beanspruchenden Mitbürger Augustus L. Chetlain wissen, daß für eine solche Position niemand anderes als ein West Point-Absolvent und ehemaliger Hauptmann der regulären Armee in Frage kommen könne[17].

Am 23. April 1861 meldete sich Grant in der Erwartung, bald darauf in die reguläre Armee übernommen zu werden, zu den in Aufstellung befindlichen Milizverbänden nach Springfield, Illinois. Augenscheinlich erwartete Grant vom Kriegsministerium, daß es ihn ohne Umschweife wieder in die US-Armee einstellen würde[18]. Nachdem Grant zunächst einen Monat lang damit beschäftigt war, in Camp Yates in der Nähe von Springfield, Illinois, Freiwillige auszubilden - was seinen Erwartungen auf Dauer sicherlich entschieden

widersprach - verfaßte er im Mai 1861 einen Brief an das Armeeoberkommando in Washington, in welchem er voller Demut um seine Einsetzung auf eine Kommandeursstelle in einem beliebigen Infanterieregiment bat[19]. Das Schreiben blieb jedoch aus nicht bekannten Gründen unbeantwortet. Auch seine Bittgesuche an mehrere Politiker in Missouri und Kentucky führten zu keinem Resultat; der Grant aus frühen Armeetagen bekannte, frisch zum Generalmajor beförderte George B. McClellan ließ ihn sogar zwei Tage in seinem Hauptquartier warten, ohne ihn jemals zu empfangen[20].
Grants letzte Hoffnung in dieser verfahrenen Situation war der Kongreßabgeordnete Elihu B. Washburne. Dieser machte - die Steigerung der eigenen Reputation vor Augen - seinen Einfluß geltend und ermöglichte es Grant, beim Gouverneur von Illinois, Richard Yates, vorstellig zu werden. Als Gouverneur war Yates berechtigt, Offiziere der Freiwilligenverbände bis hin zum Dienstgrad Oberst einzusetzen. Nachdem er sich durch Grants Fachwissen, seinen vormaligen militärischen Werdegang sowie durch Berichte über seine bisherige Ausbildungstätigkeit von dessen Kompetenz überzeugt hatte, erwirkte der Gouverneur Grants lang ersehnte Ernennung zum Oberst der Freiwilligenverbände und betraute ihn am 17. Juni 1861 in Springfield mit dem Kommando über das neu aufgestellte 21st Illinois Regiment.
Bereits am ersten Tag seiner Befehlsausübung machte Grant von sich reden, indem er den Angehörigen seines Regiments bewies, daß er es vorzog zu handeln, statt lange Reden zu schwingen[21]. Der etwa tausend Mann starke Truppenverband setzte sich durchweg aus Freiwilligen zusammen, was zu zahlreichen, den täglichen Dienstbetrieb störenden Disziplinlosigkeiten führte, da die individuelle Freiheit gewöhnten gemeinen Soldaten sich oft nur schwerlich mit den Pflichten und Abhängigkeiten des militärischen Alltags zurechtfanden. Dennoch gelang es Grant innerhalb eines Monats, das Regiment zu einer wohldisziplinierten und effizienten Einheit zu formen, wobei er sich recht eigenwilliger, aber wirkungsvoller Methoden bediente[22].
Zu Beginn des Sezessionskriegs wies das militärische Wissen des Ulysses S. Grant einige Lücken auf. Schon als Ausbilder der diversen Freiwilligenverbände in Illinois fehlte es ihm nachweislich an vollständiger Kenntnis der taktischen Ausbildungsvorschriften[23]. Da Grants Ausbildung in West Point, sein Einsatz im Mexikokrieg sowie nicht zuletzt auch seine aktive Militärdienstzeit schon länger zurücklagen und die dort gelernten Einsatzgrundsätze und Erfahrungen infolge mangelnder Aktualität inzwischen von teilweise nur noch bedingtem Wert waren, mußte er zudem anfangs ebenso wie viele andere Unionsoffiziere erst praktische Einsatzerfahrung sammeln, um vorhandene Wissensdefizite ausgleichen oder beheben zu können. Sicher ist, daß sich Grant in der Anfangsphase des Krieges von ihm untergeordneten, militärfachlich geschulten

Offizieren in wichtige militärische Teilgebiete einweisen lassen mußte[24].
Den Sommer und Herbst des Jahres 1861 verbrachte Grant - am 7. August vom Kriegsministerium zum Brigadegeneral der Freiwilligenverbände ernannt - in wechselnden Führungsverwendungen im mittleren Westen. Anfang September wurde er nach Cairo, Illinois, beordert, um den strategisch wichtigen Zusammenfluß der beiden Ströme Mississippi und Ohio zu überwachen[25]. Nur wenige Tage vor der am 7. November 1861 erfolgten Einnahme von Belmont, Missouri - dem ersten von Grant im Sezessionskrieg geführten Gefecht - hatte er den Befehl erhalten, ein ausgekundschaftetes Feldlager der Konföderierten unter dem Kommando eines gewissen Thomas Harris auszuheben. Diese erste abzusehende Feindberührung wurde für Grant zu einem weiteren Schlüsselerlebnis. Seine Empfindungen beim Vorrücken auf das gegnerische Feldlager beschrieb er später folgendermaßen: *"I would have given anything then to have been back in Illinois, but I had not the moral courage to halt and consider what to do; I kept right on"*[26]. Hier legte Grant vermutlich erstmals eine für ihn als Truppenführer fortan charakteristische Handlungsweise an den Tag; nämlich unentwegtes Vorwärtsdrängen ohne Rücksicht auf äußere Umstände oder moralische Bedenken.
Als Grants Einheit die Lagerstätte der Konföderierten erreichte, war diese bereits verlassen. Dieses Ereignis sowie den daraus gezogenen Schluß schilderte er lange nach dem Krieg wie folgt: *"It occured to me at once that Harris had been as much afraid of me as I had been of him. This was a view of the question I had never taken before; but it was one I never forgot afterwards. From that event to the close of the war, I never experienced trepidation upon confronting an enemy, though I always felt more or less anxiety. I never forgot that he had as much reason to fear my forces as I had his"*[27]. Grant hatte infolge dieses Erlebnisses also vermutlich nicht nur seinen "inneren Schweinehund" überwunden, sondern vielmehr auch die Furcht vor seinem jeweiligen militärischen Gegenspieler, was nicht zuletzt auch seine zukünftige Vorgehensweise als Truppenführer anschaulich belegen sollte. Nachdem Grant durch die Einnahme von Belmont und den anschließenden geordneten Rückzug erstmals zu einem gewissen Grad in das Licht des öffentlichen Interesses gerückt war, kamen schlagartig erste Gerüchte über dessen exzessive Trinkgewohnheiten auf[28]. Nach einer gewissen Zeit sollten diese jedoch angesichts seiner Siege der nächsten Monate fürs erste wieder in den Hintergrund treten.
Seit Jahresbeginn 1862 waren die Unionstruppen auf dem gesamten westlichen Kriegsschauplatz auf dem Vormarsch. Am 6. Februar gelang General Grant in Tennessee ohne eigene Verluste die Einnahme von Fort Henry. Kurz darauf, am 16. Februar, folgte nach nur viertägiger Belagerung die Eroberung des an strategisch wichtiger Stelle gelegenen Forts Donelson, wofür er wenig später

rückwirkend auf den Tag des Sieges zum Generalmajor der Freiwilligenverbände ernannt wurde. Vor der Übergabe des Forts hatte Grant an den konföderierten Festungskommandanten Brigadegeneral Simon Bolivar Buckner lediglich eine Forderung gestellt, nämlich die nach der unverzüglichen und bedingungslosen Kapitulation[29]. Mit diesem ersten großen Landsieg der Union erlangte Grant nicht nur plötzliche Bekanntheit und beträchtliche Popularität, sondern in Anspielung auf seine Initialen auch den von der Nordstaatenpresse freudig verbreiteten Namen "Unconditional Surrender" Grant[30]. Tatsächlich spiegelte sich in dieser Forderung Grants unnachgiebige und entschiedene Haltung wider, den Krieg so schnell wie möglich zu beenden[31].

Anfang März aus zweifelhaften Gründen unerwartet für kurze Zeit seines Kommandos enthoben[32], entging Grant nach seiner Wiedereinsetzung in der Schlacht bei Shiloh vom 6. bis 7. April 1862 nur knapp einer Katastrophe. Trotz des taktisch unentschiedenen Ausgangs endete die Auseinandersetzung durch glückliche Umstände jedoch als strategischer Sieg des Nordens. Im Verlauf der für beide Seiten enorm verlustreichen Schlacht hatte Grant schwerwiegende taktische Fehler begangen, aus denen er jedoch zweifelsohne seine Lehren zog[33]. Zum einen würde er seine Fehler im weiteren Kriegsverlauf nicht wiederholen, zum anderen - und dies war weitaus bedeutender - führte das unerwartet entschlossene Vorgehen der konföderierten Truppen in Verbindung mit den daraus resultierenden blutigen Verlusten zu einem Wechsel in Grants strategischem Denken. Von nun an nahm er Abschied von der traditionellen Vorstellung, daß ein Krieg einzig und alleine durch Siege auf dem Schlachtfeld gewonnen werden könne. Vielmehr entwickelte Grant nun ein neues strategisches Konzept, wonach nunmehr die möglichst weitreichende Vernichtung der gegnerischen Ressourcen und des feindlichen Besitzes sowie die völlige Eroberung des Südens im Vordergrund stehen sollten, um dergestalt die Vernichtung der gegnerischen Armee als primäres Ziel zu erreichen[34].

Nach der Beinahe-Niederlage von Shiloh wurden in der öffentlichen Meinung des Nordens Forderungen laut, Grant nicht zuletzt wegen der dort erlittenen enormen Verluste von seinem Kommando zu entbinden[35]. Angesichts dessen verlangte der Grant äußerst zurückhaltend gegenüberstehende Präsident Lincoln, von diesem Rechenschaft, um ihn schließlich am 30. April 1862 mit der Beorderung auf den ungewöhnlichen, eigens für ihn geschaffenen Dienstposten eines "second in command" unter Generalmajor Halleck aus der Schußlinie der allmählich abflauenden öffentlichen Kritik zu nehmen[36].

Von Halleck erhielt Grant den wenig ehrenvollen Auftrag, als Befehlshaber des "Department of the Tennessee" - ein Teile der Staaten Kentucky, Mississippi und Tennessee umfassender Militärbezirk - die Nachschub- und Transportwege entlang des Mississippis zu sichern, womit er für die restliche Dauer des Jahres

1862 beschäftigt. Als Kommandierender General hatte Grant neben rein militärischen Angelegenheiten eine Vielzahl von administrativen Aufgaben zu bewältigen, für die er weder eine Ausbildung noch hinreichende Erfahrung besaß. Am 17. Dezember 1862 unterzeichnete Grant in seinem Hauptquartier in Holy Springs, Mississippi, eine für seinen Verantwortungsbereich geltende, beträchtlichen Zündstoff enthaltende Anordnung, mit der er nichtsahnend ein weiteres Mal das öffentliche Interesse auf seine Person lenken sollte. Die "General Order No. 11" enthielt folgenden Wortlaut: *"The Jews, as a class violating every regulation of trade established by the Treasury Department and also department orders, are hereby expelled from the department within twenty-four hours from the receipt of this order. Post commanders will see that all of this class of people be furnished passes and required to leave, and any one returning (...) will be arrested and held in confinement"*[37]. Unmittelbar nach dem Erlaß dieser Anordnung, die durch nachgeordnete Standortkommandanten tatsächlich zur Ausführung gelangte, machte sich seitens der betroffenen Juden - von denen sich einige sogar direkt an Präsident Lincoln wandten - lautstarker Protest breit, so daß dieser die umstrittene "General Order No. 11", deren Inhalt nach Bekanntwerden in der Unionshauptstadt zu kontrovers geführten Debatten in Senat und Repräsentantenhaus geführt hatte, am 4. Januar 1863 durch den inzwischen nach Washington abberufenen Generalmajor Halleck widerrufen ließ[38]. In welcher Gewichtung die Anordnung originär auf etwaige antisemitische Ressentiments Grants oder vielmehr auf Anweisungen des Kriegsministeriums oder auch Beschwerden des örtlichen Handels zurückzuführen ist, ist bis heute nicht eindeutig geklärt.

Ende Januar 1863 wurde Grant schließlich mit den Vorbereitungen zur Einnahme der in einer strategischen Schlüsselposition gelegenen, den Mississippi sperrenden Stadt Vicksburgs beauftragt[39]. Um die Einnahme der schwerbefestigten und gutverteidigten Flußbastion zu erzwingen, entschloß sich Grant, Vicksburg unter Mißachtung jeglicher militärischer Konventionen losgelöst von den eigenen Nachschublinien unter Ausnutzung des weitverzweigten Flußsystems des Mississippis zu umgehen und die Stadt von ihrer geländebedingt schwer zugänglichen Ostseite her anzugreifen. Dieses Manöver war nicht nur militärisch äußerst gewagt, sondern auch insofern problematisch, als er sich vermutlich darüber im Klaren war, daß Präsident Lincoln jeden seiner Schritte vor Vicksburg aufmerksam verfolgen würde und ein Fehlschlag der Operation mit hoher Wahrscheinlichkeit zu seiner Ablösung würde führen können[40].

Während des Vormarsches auf Vicksburg Anfang Mai 1863 wurde Grant ein schriftlicher Befehl Hallecks überbracht, von der Stadt abzulassen, um mit seiner "Army of the Tennessee" eine andere Operation zu unterstützen. Da seine Truppen jedoch kurz vor Vollendung der Umgehungsbewegung und damit unmittelbar vor dem Angriff standen, ignorierte Grant den Befehl, was für ihn deshalb folgenlos blieb, weil er aufgrund seiner eigenen Beurteilung der Lage vor Ort einen letztendlich richtigen Entschluß gefaßt hatte[41]. Um die nach wochenlangen, mühsamen Gewaltmärschen erreichte Stadt im Sturm zu nehmen, ordnete Grant am 19. Mai einen fatalen Frontalangriff auf die ausgebauten Verteidigungsstellungen an, der ebenso wie der drei Tage darauf erneut befohlene Sturmlauf im konzentrierten Abwehrfeuer der Konföderierten zusammenbrach[42]. Die darauffolgende anderthalbmonatige Belagerung[43], an deren Ende am 4. Juli 1863 der Fall Vicksburgs stand, brachte der Union nicht nur rund 30.000 Gefangene[44], sondern auch die Kontrolle über den gesamten Mississippi und damit die Teilung der Konföderation ein, ohne daß dafür eine konventionelle Schlacht hätte geschlagen werden müssen.

Das Bekanntwerden des Doppelsiegs von Vicksburg und Gettysburg führte in den Nordstaaten zum langersehnten Stimmungsumschwung, in dessen Gefolge Ulysses S. Grant - der im Gegensatz zu General Meade einen vollkommenen Sieg errungen hatte - von Presse und öffentlicher Meinung umjubelt, größte Popularität erlangte. Als Präsident Lincoln von der Einnahme Vicksburgs erfuhr, veranlaßte er in Anerkennung der Führungsleistung Grants die Umwandlung seines Dienstverhältnisses zum Generalmajor der regulären Streitkräfte; des bis dahin höchsten erreichbaren Ranges der Unionsarmee[45].

2.4. Grant als Oberbefehlshaber im Westen bis 1864

Am 16. Oktober 1863 wurde General Grant von Lincoln zum Oberbefehlshaber auf dem westlichen Kriegsschauplatz ernannt. Nach der Schlacht bei Chattanooga vom 23. bis 25. November, bei der die Armee des Südstaatengenerals Braxton Bragg von Grant schwer geschlagen und am Vordringen nach Tennessee gehindert worden war, wandte sich der neue Oberkommandierende erstmalig der Idee einer alle Kriegsschauplätze umfassenden Gesamtstrategie zu. Bisher hatte er sein Augenmerk ausschließlich auf die strategischen Erfordernisse hinsichtlich der in seinem jeweiligen Operationsgebiet stehenden Kräfte geworfen; von nun an machte sich Grant jedoch Gedanken über ein koordiniertes Vorgehen in West und Ost und begann, Lincoln entsprechende Vorschläge zu unterbreiten. Dieser behielt sich zunächst jedoch weiterhin vor, die strategischen Grundzüge nach eigenem Ermessen vorzugeben, denn trotz der infolge seiner neuen Dienststellung immens gewachsenen Befehlsgewalt besaß Grant keine uneingeschränkte Hand-lungsfreiheit auf dem westlichen Kriegsschauplatz, wodurch er an die Weisungen Lincolns gebunden blieb[46]. Dennoch war es Grant bis zum Frühjahr 1864 erfolgreich gelungen, sein strategisches Konzept zu verwirklichen und große Teile des konföderierten Territoriums zu besetzen, um damit bedeutende Ressourcen für die weitere

Nutzung durch die Südstaaten unbrauchbar zu machen.
Anfang 1864 wurde in Kongreß und Öffentlichkeit zunehmend darüber debattiert, den populären Unionsgeneral zum neuen Armeeoberbefehlshaber zu ernennen. Obwohl der Präsident sich durch Grants Erfolge von dessen Führungsqualitäten mehr und mehr überzeugen ließ und diesen wohl auch für einen ausgesprochenen fähigen General hielt, hatte er zunächst gewisse Vorbehalte. Sehr wahrscheinlich befürchtete Lincoln, daß Grant, nachdem er in den ersten Monaten des Jahres 1864 von Teilen der republikanischen wie auch der demokratischen Partei als möglicher Präsidentschaftskandidat für die im Herbst anstehenden Wahlen gehandelt wurde, selbst politische Ambitionen entwickeln und somit zu seinem Konkurrenten werden könne[47]. Da Grant jedoch zumindest zu dieser Zeit noch keinerlei Interesse an einer politischen Karriere zeigte[48], freundete sich Lincoln schließlich mit der Vorstellung eines neuen Oberkommandierenden namens Ulysses S. Grant an, zumal er erkannt hatte, daß dieser nicht versuchen würde, sich über politische Entscheidungen und Erfordernisse hinwegzusetzen; denn nach Grants Überzeugung hatte er als Soldat und Stratege Politik nicht zu bestimmen, sondern dieser lediglich zu dienen[49].
Bei Lincolns Wahl zu seinen Gunsten spielten sicherlich auch die mit allen bisherigen Armeeoberbefehlshabern gemachten schlechten Erfahrungen während der vergangenen drei Jahren eine wichtige Rolle. Außerdem brachte Grant schon deshalb ideale Voraussetzungen für den Posten des Armeeoberbefehlshabers mit, weil er alle erdenklichen Führungsverwendungen in kleinen wie großen Verbänden durchlaufen hatte und dabei von Lincoln besonders geschätzte Eigenschaften wie außerordentliche Führungsstärke sowie extremes Durchsetzungsvermögen bewies.
Ende Februar 1864 verabschiedete der US-Kongreß ein Gesetz, das den Rang eines Generalleutnants wiedereinführte und dem Präsidenten das Recht gab, dem Senat einen ihm geeignet erscheinenden Generalmajor für diesen Dienstgrad vorzuschlagen[50]. Gemäß Gesetz war der Inhaber des wiedereingeführten Ranges zugleich auch vom Präsidenten bevollmächtigter Oberbefehlshaber der gesamten Unionsstreitkräfte[51]. Nachdem Lincoln unmittelbar nach der Ratifizierung des Gesetzes Grant dem Senat als geeigneten Kandidaten vorgeschlagen hatte und dessen Nominierung kurz darauf bestätigt worden war[52], wurde der Generalmajor nach Washington zitiert, um dort am 9. März 1864 von Abraham Lincoln - beide waren sich tags zuvor während eines Empfangs im Weißen Haus das erste Mal persönlich begegnet - zum Generalleutnant und Oberbefehlshaber der gesamten Unionsarmee ernannt zu werden[53]. Diese Position brachte Ulysses S. Grant eine konzentrierte Machtfülle ein, wie sie noch kein anderer Truppenführer vor ihm jemals in der amerikanischen Geschichte erlangt hatte.

¹ Die familiären Ursprünge Grants lassen sich einige Generationen zurückverfolgen. Sein Ahnherr Mathew Grant traf bereits 1630 als einfacher Einwanderer aus England in der Neuen Welt ein, während der Urgroßvater mütterlicherseits 1768 aus der irischen Provinz auswanderte, um in Ohio eine neue Bleibe zu finden. HANNA, Ronnie: Never Call Retreat. The Life and Times of Ulysses S. Grant, Ulster-American Hero. Lurgan 1991, 1.
² MCFEELY, William S.: Grant. A Biography. New York, London 1981, 6ff.
³ MARSHALL-CORNWALL, James: Grant as Military Commander. New York 1970, 29.
⁴ Zit. nach: LONG, Everette B. (Hg.): Personal Memoirs of U.S. Grant. Cleveland, New York 1952, 11.
⁵ Hierbei wird Grants familiärer Hintergrund mit Sicherheit eine hilfreiche Rolle gespielt haben. Infolge des täglichen, arbeitsbedingten Umgangs mit Pferden hatte er schon in seiner Kindheit eine große, lebenslängliche Liebe für diese Tiere entwickelt.
⁶ Zit. nach: LONG, Personal Memoirs of U.S. Grant, 14.
⁷ Zit. nach: Ebd., 15.
⁸ MARSHALL-CORNWALL, 30.
⁹ Jahrzehnte danach würde Grant den bewaffneten Einmarsch der Vereinigten Staaten in ihr südliches Nachbarland scharf verurteilen und seine Teilnahme am Krieg gegen Mexiko zutiefst bedauern: *"I have never altogether forgiven myself for going into that. (...) I do not think there was ever a more wicked war than that waged by the United States on Mexico. I thought so at the time, when I was a youngster, only I had not moral courage enough to resign. (...) I have always believed that it* [the Mexican War] *was on our part unjust"*. Zit. nach: WOODWARD, William E.: Meet General Grant. New York 1928, 77.
¹⁰ MARSHALL-CORNWALL, 32. Vgl. auch LONG, Personal Memoirs of U.S. Grant, 106. Obgleich zu diesen Vorgängen keine schriftlichen Belege überliefert sind, wurde Grant infolge seines Alkoholproblems von Buchanan sehr wahrscheinlich disziplinar gemaßregelt und unter Arrest gestellt. Möglicherweise legte der Regimentskommandeur Grant auch den Abschied aus der Armee nahe.
¹¹ SIMPSON, Brooks D.: Ulysses S. Grant. Triumph Over Adversity. 1822-1865. Boston, New York 2000, 61.
¹² Zit. nach: LONG, Personal Memoirs of U.S. Grant, 105.
¹³ McFEELY, 61ff. Ständig um die Sicherung seiner Existenz kämpfend, verfügte Grant - durch Mißernten und wirtschaftliche Unwägbarkeiten bedroht - meist nicht einmal über ein hinlängliches Auskommen, um sich mit Dingen des täglichen Bedarfs einzudecken. Im Februar 1857 sah er sich genötigt, seinen Vater Jesse in aussichtsloser Lage schriftlich um die Gewährung eines Kredits zu bitten, was dieser jedoch schlichtweg ignorierte. So war Grant Ende 1857 sogar gezwungen, eine kostbare Golduhr aus seinem Familienbesitz zu verpfänden, um seine Kinder, um deren Wohlergehen er sich stetig sorgte, wohlgenährt über den Winter bringen zu können.
¹⁴ Noch 1861 äußerte sich Grant dahingehend, daß es ihm lieber wäre, wenn die "peculiar institution" im Falle der Niederlage des Südstaaten unangetastet bliebe. Wenn die Sklaverei aber fallen müsse, um den Fortbestand der Union zu wahren, solle ihm dies auch recht sein, wie er pragmatisch und ohne Leidenschaft bekannte. WILLIAMS, T. Harry: McClellan, Sherman and Grant. [o.O.] 1962, 103.
¹⁵ MARSHALL-CORNWALL, 33.
¹⁶ Dieses für Grant sicherlich erhebende Erlebnis führte unter anderem dazu, daß er fortan keine Veranlassung mehr sah, im familieneigenen Ledergeschäft weiterhin seiner bisherigen Beschäftigung nachzugehen. Später bekundete er diesbezüglich: *"I never went into our leather store after the meeting, to put up a package or to do other business"*. Zit. nach: LONG, Personal Memoirs of U.S. Grant, 117.
¹⁷ MCFEELY, 73.
¹⁸ Ebd., 74. Grants Annahme wurde durch bekannt gewordene Pläne des betagten Armeeoberbefehlshaber Scott bestärkt, der die in West Point ausgebildeten Offiziere nicht auf

die Freiwilligenverbände aufzuteilen gedachte, sondern diese bevorzugt in Führungsverwendungen von größeren, vornehmlich aus Einheiten der regulären Armee zusammengesetzten Verbänden einsetzen wollte.

[19] Die Bittschrift vom 23. Mai 1861 enthielt folgende Kernaussage: *"I have the honor very respectfully to tender my service until the close of the war, in such capacity as may be offered. I would say in view of my present age and length of service, I feel myself competent enough to command a regiment"*. Zit. nach: MARSHALL-CORNWALL, 115. Diese Selbsteinschätzung ist bemerkenswert; kam in ihr doch erstmals ein wachsendes Selbstbewußtsein des ansonsten eher zurückhaltend-bescheidenen Grants zum Ausdruck, auch wenn ihn noch gewisse Selbstzweifel geplagt haben dürften. Dafür spricht zumindest nachfolgende, ebenfalls im Mai 1861 gegenüber einem nicht benannten Freund kundgetane Äußerung: *"I would rather like a regiment, yet there are few men really competent to command a thousand soldiers, and I doubt whether I am one of them"*. Zit. nach: FULLER, John F. C.: Grant and Lee. A Study in Personality and Generalship. Bloomington 1957, 59.

[20] MCFEELY, 74.

[21] Da der Tag der Regimentsübernahme mit einer zu Werbezwecken organisierten Propagandarede zweier wenig später aus politischen Gründen zu Generalen ernannter Kongreßabgeordneter namens John A. McClernand und John A. Logan zusammenfiel, bei der sich die Mannschaften des Regiments angesichts des bevorstehenden Auslaufens ihres dreimonatigen Verpflichtungszeitraums für oder gegen ihre Weiterverwendung entscheiden mußten, wurde Grant von Logan gebeten, im Anschluß an dessen Überzeugungsrede selbst eine Ansprache an seine Männer zu halten. Vor der erwartungsvoll angetretenen Truppe stehend, ließ sich Grant indes nur zu diesem einzigen, in seiner Wirkung jedoch durchschlagenden Satz hinreißen: *"Men, go to your quarters"*. Zit. nach: MACARTNEY, Clarence E.: Grant and His Generals. New York 1953, 101.

[22] Vgl. MARSHALL-CORNWALL, 116. So setzte Grant seine Vorstellung von militärischer Ordnung und Disziplin durch, indem er beispielsweise einen betrunken von einer Schlägerei zum Regiment zurückkehrenden Hauptstörenfried mit einem gezielten Faustschlag niederstreckte und unter Arrest stellen ließ. In einem anderen Fall befahl Grant die Feldflaschen des gesamten Regiments während einer Marschpause zu leeren, da er bemerkt hatte, daß diese bei vielen der Soldaten mit Whiskey gefüllt waren; ein bemerkenswerter Befehl in Anbetracht von Grants Verhältnis zu Alkohol.

[23] HAGERMAN, Edward: Union Generalship, Political Leadership, and Total War Strategy. In: Förster, Stig und Nagler, Jörg (Hg.): On the Road to Total War. The American Civil War and the German Wars of Unification, 1861-1871. Washington 1997, 153.

[24] So zum Beispiel vom späteren Befehlshaber der "Army of the Tennessee", General James B. McPherson, in das Pionierwesen sowie von dem ihm bis 1863 unterstellten General William Tecumseh Sherman in das neue, kriegswichtige Telegraphenwesen, dessen Bedeutung er allerdings erst spät erkannte.

[25] Als Befehlshaber des Militärbezirks "Southeast Missouri" bot sich hier für Grant zum ersten Mal in diesem Krieg die Gelegenheit, sich - wenn auch nur für einige Wochen - mit Nachschubproblemen und der Verschiebungen von Truppenkontingenten auseinanderzusetzen. MCFEELY, 89.

[26] Zit. nach: LONG, Personal Memoirs of U.S. Grant, 127.

[27] Zit. nach: Ebd., 127.

[28] Einer derjenigen, denen dieses Gerede ernsthaft Sorgen bereitete, war der mittlerweile in Washington sitzende Elihu B. Washburne. Ende Dezember sah sich der politische Förderer des Generals angesichts der bis dorthin vorgedrungenen Gerüchte veranlaßt, eine beunruhigte Anfrage an Grants Adjutant, Hauptmann John Aaron Rawlins, zu stellen, um den Wahrheitsgehalt der Anschuldigen zu ergründen. In seinem Antwortschreiben vom 30. Dezember 1861 stritt Rawlins jeglichen Vorwurf an Grant kategorisch ab: *"I will answer your inquiry fully and frankly, but first I would say unequivocally and empathetically that the statement that General Grant is drinking*

very hard is utterly untrue and could have originated only in malice. (...) General Grant was as he is to-day, a strictly total abstinence man. (...) But I say to you frankly, (...) that should General Grant at any time become an intemperate man or an habitual drunkard, I will notify you immediately, will ask to be removed from duty on his staff (...) or resign my commission". Zit. nach: MACARTNEY, 79f. Ob Rawlins jemals eine derartige Mitteilung an Washburne gemacht hat, ist nicht bekannt. In Anbetracht dessen, daß er der ehemlige Rechtsanwalt und Nachbar des nunmehrigen Generals aus Galena diesem seinen im September 1861 angetretenen Dienstposten verdankte, wird er es jedoch tunlichst unterlassen haben. Selbst Sohn eines Alkoholikers, war es ihm ein Herzensanliegen, seinen Gönner in dessen eigenem Auftrag während des gesamten Krieges mit wechselndem Erfolg von der Flasche fernzuhalten. Vgl. hierzu MCFEELY, 87. Seine Ankündigung, den Dienst in Grants Stab im Falle etwaiger Trunkenheit seines Chefs zu quittieren, muß Rawlins jedenfalls schnell wieder vergessen haben. Daß Grant einiges daran lag, seine Vorliebe für Hochprozentiges nicht publik werden zu lassen, überrascht allein insofern nur wenig, als Alkoholismus im 19. Jahrhundert allgemein nicht als Krankheit, sondern als Charakterschwäche angesehen wurde und Grant folglich fortwährend befürchten mußte, seine militärische Karriere bei Bekanntwerden seiner gewöhnlich einsamen Trinkgelage gezwungenermaßen an den Nagel hängen zu müssen. Die Vorstellung von einem ständig betrunkenen Armeebefehlshaber geht allerdings ins Leere. Im klinischen Sinn war Grant wohl das, was man gemeinhin salopp als "Quartalssäufer" bezeichnet. Dennoch sind keine Fälle etwaiger Trunkenheit während militärischer Entscheidungssituationen belegt. MCPHERSON, Für die Freiheit sterben, 578. Im übrigen befand sich Grant mit seinem Alkoholproblem zu Zeiten des Bürgerkriegs in umfangreicher Gesellschaft. Der Konsum alkoholischer, insbesondere hochgeistiger Getränke, war in den Streitkräften und auch im Offizierkorps beider Seiten weit verbreitet. Die Unionsarmee, deren Truppenteile oftmals nahe größerer Städte lagen und über den kaufkräftigeren Sold verfügten, gab an die Mannschaften zudem in regelmäßigen Abständen Whiskey-Rationen aus, was in Verbindung mit Gefühlen der Ungewißheit, Einsamkeit und nicht zuletzt auch dem Gruppenzwang der Kameraden ungezählte Male zu teils maßlosen Exzessen führte. ROBERTSON, James J.: Soldiers Blue and Gray. Columbia 1998, 97ff.

[29] Die genaue Antwort Grants auf Buckners Frage nach den Übergabebedingungen lautete: *"No terms except unconditional and immediate surrender can be accepted. I propose to move immediately upon your works".* Zit. nach: ANGLE, Paul M.: A Pictoral History of the Civil War Years. New York [u.a.] 1980, 71. Pikanterweise hatte eben jener Buckner, der ein Jahr nach Grant in West Point eingetreten war, diesem vor dem Krieg mittels eines Darlehens aus einer mißlichen finanziellen Lage geholfen. Dessen ungeachtet mußte General Buckner mit zusammen nicht weniger als 15.000 in der Festung eingeschlossenen konföderierten Soldaten den Weg in die Gefangenschaft antreten.

[30] WARD, Geoffrey C.: The Civil War. An Illustrated History. New York ³1994, 98.

[31] Rund eine Woche später, am 24. Februar 1862, rechtfertigte Grant in einem Brief an seine Frau Julia diesen Standpunkt mit folgenden Worten: *"I want to push on as rapidly as possible to save hard fighting. These terrible battles are very good things to read about for persons who loose [sic!] no friends but I am decidedly in favour of having as little of it as possible. The way to avoid it is to push forward as vigorously as possible".* Zit. nach: HAGERMAN, Union Generalship, Political Leadership, and Total War Strategy, 149.

[32] Die vom 4. bis 13. März 1862 währende Abberufung Grants wurde offiziell im wesentlichen damit begründet, daß er ihm abverlangte Lagemeldungen über einen Zeitraum von mehr als einer Woche unbeantwortet gelassen hatte, weshalb sich Generalmajor Henry W. Halleck, der Oberbefehlshaber auf dem westlichen Kriegsschauplatz, bei Armeeoberbefehlshaber McClellan beschwerte. McClellan - von dem enttäuschten Lincoln kurz darauf wegen seines zögerlichen Vorgehens in Virginia abgesetzt - ordnete daraufhin kurzerhand Grants Ablösung an, ließ diesen unter Arrest stellen und durch Generalmajor Charles F. Smith, Grants ehemaligen Direktor in

West Point, ersetzen. Als sich herausstellte, daß der abgebrochene Informationsfluß nicht auf die Mißachtung gegebener Befehle, sondern lediglich auf gestörte Telegraphenverbindungen zurückzuführen war, sah sich Halleck gezwungen, die Abberufung Grants rückgängig zu machen und diesen damit vor dem vorzeitigen Ende seiner militärischen Karriere zu bewahren. MACARTNEY, 154ff.

[33] So versäumte es Grant vor der Schlacht - in vollkommener Verkennung der Lage nicht mit einem gegnerischen Angriff rechnend - trotz des ausdrücklichen Befehls Hallecks, seine Truppen einzugraben und Alarmposten zur eigenen Sicherung auszulegen. Desweiteren vernachlässigte er den Ansatz eigener Gefechtsaufklärung, was dazu führte, daß Grant von den konföderierten Truppen unter Führung des Generals Albert S. Johnston praktisch überrascht wurde. Als ihn ein Untergebener am Abend des 6. April in aussichtsloser Lage nach dem Rückzug fragte, entgegnete Grant, seinem Motto getreu: *"Retreat? No. I propose to attack at daylight and whip them"*. Zit. nach: MARSHALL-CORNWALL, 224. Obwohl Grant die Südstaatler mit Hilfe der am zweiten Kampftag eingetroffenen Verstärkung unter Brigadegeneral Don Carlos Buell tatsächlich zurückschlagen konnte, ließ er sich die einmalige Gelegenheit entgehen, dem geschlagenen Feind nachzusetzen, um diesen zu vernichten. Zu seiner Entschuldigung führte Grant lange Jahre später reichlich naiv an, daß er sich selbst in der Offensive wähnte und niemals damit gerechnet hätte, daß der Gegner die Initiative übernehmen würde. LONG, Personal Memoirs of U.S. Grant, 171. Nach der Schlacht monierte Buell zudem, daß Grant das Fernmeldewesen bei Shiloh sträflich vernachlässigt habe. Daß letzterer für seine Truppen erst im Mai 1863 sechs Feldtelegraphenabteilungen anfordern würde, legt vor diesem Hintergrund nahe, daß die nur einen Monat zurückliegenden Vorwürfe Hallecks sicher nicht völlig aus der Luft gegriffen worden waren. HAGERMAN, The American Civil War and the Origins of Modern Warfare, 171f.

[34] MCPHERSON, James M.: Drawn with the Sword. Reflections on the American Civil War. New York [u.a.] ²1996, 76. In Grants Memoiren gipfelt die Beschreibung der Entwicklung dieses neuen Konzepts in diesem Satz: *"I gave up all idea of saving the Union except by complete conquest"*. Zit. nach: LONG, Personal Memoirs of U.S. Grant, 109.

[35] Die Ausfälle der Union beliefen sich auf über 13.000 Tote und Verwundete; eine für die Frühphase des Sezessionskriegs außergewöhnliche hohe Zahl. Die konföderierte Seite hingegen hatte rund ein Drittel geringere Verluste zu beklagen.

[36] MACARTNEY, 306ff. Obgleich Lincoln Grant für keinen seiner bisherigen Siege irgendein persönliches Zeichen der Anerkennung hatte zukommen lassen, schien der Präsident zu ahnen, daß Grants Potential als Heerführer noch längst nicht ausgereizt war. Als Entgegnung auf das Drängen der Öffentlichkeit nach Entlassung des Generals ist folgender, stichhaltiger Ausspruch Lincolns überliefert: *"I can't spare this man; he fights"*. Zit. nach: WARD, 281. Dennoch muß sich Grant infolge dieser für ihn sicherlich erniedrigenden Behandlung ernsthaft mit dem Gedanken getragen haben, seinen Dienst zu quittieren, was anscheinend nur durch das gute Zureden des ihm sehr nahestehenden Generals William T. Sherman verhindert werden konnte.

[37] Zit. nach: ENCYCLOPAEDIA JUDAICA. Bd. 7. Fr-Ha. Jerusalem 1971, 855. Die "General Order No. 11" war übrigens weder die erste noch die einzige Weisung Grants mit antisemitischem Tenor. Bereits am 9. November 1862 hatte er dem in Jackson, Tennessee, residierenden Brigadegeneral Stephan A. Hurlbut den Auftrag erteilt, zukünftig alle Handelsgenehmigungen für das südlich der Stadt liegende Areal zu verweigern sowie Juden aus diesem Gebiet fernzuhalten. MACARTNEY, 304. Tags darauf präzisierte Grant die Anordnung, indem er den ebenfalls in Jackson sitzenden Brigadegeneral Joseph D. Webster auf folgende Weise instruierte: *"Give orders to all the conductors on the road that no Jews are to be permitted to travel on the railroad southward from any point. They may go north, and be encouraged in it; but they are such an intolerable nuisance that the department must be purged of them"*. Zit. nach HEIDLER, David S. und HEIDLER, Jeanne T. (Hg.): Encyclopedia of the American Civil War. A Political, Social, and Military History. Bd. 5. Santa Barbara [u.a.] 2000, 2456. An C. P. Wolcott, Staatssekretär im Washingtoner Kriegsministerium,

sandte Grant am Tag der Herausgabe der "General Order No. 11" einen umfassenden Bericht folgenden Inhalts: "*I instructed the commanding officer of Columbus* [Mississippi] *to refuse all permits to Jews to come South, and I have frequently had them expelled from the department, but they come in with their carpet-sacks in spite of all that can be done to prevent it. The Jews seem to be a privileged class that can travel everywhere. They will land at any wool-yard on the river and make their way through the country. If not permitted to buy cotton themselves they will act as agents for some one else, (...) paying gold*". Zit. nach Korn, Bertram W.: American Jewry and the Civil War. Cleveland [u.a.] 1961, 142. Was Grant letztlich fernab etwaiger persönlicher Motive veranlaßt haben dürfte, die Juden pauschal unter Generalverdacht zu stellen und seines Militärbezirks zu verweisen, ist fraglich. Fest steht lediglich, daß in dem in Grants Verantwortungsbereich gelegenen Gebiet östlich von Memphis, Tennessee, zur besagten Zeit ein umfangreicher illegaler Handel mit Baumwolle blühte, da sich mit dem Kauf dieses Rohmaterials auf Plantagen des Südens und dem Weiterverkauf an die ständig um Deckung ihres enormen Bedarfs bemühte verarbeitende Industrie des Nordens ein beträchtlicher Profit erzielen ließ. Woodward, 265. Allem Anschein nach hatte das Kriegsministerium in Washington Grant kurz vor dem Erlaß des 17. Dezembers Informationen übermittelt, daß in den Städten der Umgebung zu Handelszwecken große Mengen Goldes aufgekauft worden wären. Um zu verhindern, daß dem Süden - dessen Währung zu dieser Zeit schon ein Vielfaches ihres ursprünglichen Wertes verloren hatte - dadurch indirekt neue Gelder zur Fortsetzung des Krieges zur Verfügung gestellt würden, gab das Ministerium wohl die Anweisung, den illegalen Baumwollhandel mit allen Mitteln zu unterbinden. Obgleich eine solche Anweisung in den Aktenbeständen des Kriegsministeriums nicht überliefert ist, läßt Grants an C. P. Wolcott geschriebener Bericht darauf schließen, daß die "General Order No. 11" auf Betreiben Washingtons erlassen worden sein muß. Davon unberührt bleibt, daß der außergewöhnlich scharfe, antisemitische Tonfall der erwähnten Anordnungen allem Anschein nach niemand anderem als dem Befehlshaber des "Department of the Tennessee" zuzuschreiben ist. Vgl. hierzu ausführlicher Korn, 140ff.

[38] Encyclopaedia Judaica, Bd. 7, 856. Halleck, seit Juli 1862 Generalstabschef, begründete Lincolns Widerruf gegenüber Grant in einer am 21. Januar 1863 geschriebenen Mitteilung wie folgt: "*The President has no objection to your expelling traitors and Jew peddlers, (...) but as it is in terms proscribed an entire religious class, some of whom are fighting in our ranks, the President deemed it necessary to revoke it*". Zit. nach: Heidler und Heidler, Bd. 5, 2457. Lincolns Rücksichtnahme auf Soldaten jüdischen Glaubens war in der Tat nicht unbegründet. Im Verlauf des Bürgerkriegs dienten rund 10.000 der schätzungsweise 200.000 amerikanischen Juden in den Streitkräften beider Seiten, davon mehr als zwei Drittel in der Unionsarmee. Die Aufstellung rein jüdischer Kompanien, wie etwa für das im August 1862 in Chicago ausgehobene 82nd Illinois Regiment unter Oberst Edward S. Solomon, blieb allerdings die absolute Ausnahme. Korn, 118f.

[39] Nach dem Wegfall New Orleans und der Sperrung des unteren Mississippis durch Kanonenboote der Union wurde Vicksburg zudem zum konföderierten Hauptumschlagplatz für Waren und Nachschubgüter aus den westlich des Stroms gelegenen Gebieten.

[40] McFeely, 130.

[41] Seinen Ungehorsam rechtfertigte Grant später folgendermaßen: "*I told the* [delivering] *officer that the order came too late, and that Halleck would not give it now if he knew our position*". Zit. nach: Long, Personal Memoirs of U.S. Grant, 274.

[42] Alleine die Attacke vom 22. Mai 1863 kostete Grant nicht weniger als 3.200 Tote und Verwundete, ohne daß dadurch irgendein nennenswerter Vorteil erreicht worden wäre. Lange nach dem Krieg würde Grant die Erteilung des Angriffsbefehls daher - wenn auch eher beiläufig und recht verhalten - bedauern. Ebd., 444.

[43] Im Verlauf der langwierigen, monotonen Belagerung Vicksburgs unternahm Grant mehrere Inspektionsreisen. Während einer dieser Reisen wurde Sylvanus Cadwallader, ein Berichterstatter der "Chicago Times", am 6. und 7. Juni 1863 an Bord eines Dampfschiffs unfreiwillig Zeuge

eines Grant'schen Alkoholexzesses. Um seinen privilegierten Zugang zu dessen Hauptquartier und damit auch seine journalistische Karriere nicht aufs Spiel zu setzen, zog Cadwallader es aber vor, das Gesehene für sich zu behalten und erst in seinen 1896 niedergeschriebenen und 1955 veröffentlichten Memoiren davon zu berichten. Oberstleutnant James H. Wilson, Angehöriger von Grants Stab und ebenfalls Augenzeuge, vermerkte nach diesem Vorfall am 7. Juni in seinem Tagebuch lakonisch: "*Gen*[era]*l. G*[rant]. *intoxicated*". Zit. nach: McFEELY, 135. Cadwalladers Verschwiegenheit sollte sich übrigens auszahlen; für die restliche Dauer des Krieges hielt er sich als bevorzugter Korrespondent des Generals stets in dessen Nähe auf und genoß zahlreiche Privilegien. Vgl. SIMPSON, 353.

[44] Abgeschnitten von jeglicher Versorgung und ohne Hoffnung auf Entsatz übergab der konföderierte Festungskommandant Generalleutnant John C. Pemberton mit der ausgehungerten Stadt und der darin liegenden Garnison zugleich auch nahezu 60.000 Gewehre und 172 Geschütze aller Art sowie tonnenweise Munition. McFEELY, 136.

[46] Zur gleichen Zeit ließ Lincoln seinem siegreichen General erstmals ein herzliches Anerkennungsschreiben zukommen, in welchem er nebenbei auch sein hinsichtlich der Operationen vor Vicksburg gehegtes Mißtrauen bedauerte: "*I write this now as a grateful acknowledgement for the almost inestimable service you have done the country. (...) I had never any faith, that (...) the like* [expedition] *could succeed. (...) I now wish to make the personal acknowledgment that you were right and I was wrong*". Zit. nach: MARSHALL-CORNWALL, 118. Bemerkenswert, daß Präsident Lincoln - warum auch immer - gegenüber einem seiner Armeebefehlshaber zu solch einem Eingeständnis fähig war.

[46] WILLIAMS, T. Harry: Lincoln and his Generals. New York 1963, 291ff.

[47] Ebd., 297f.

[48] Trotz zahlreicher Anfragen durch persönliche Bekannte und Persönlichkeiten des öffentlichen Lebens lehnte Grant eine Präsidentschaftskandidatur kategorisch ab. Stellvertretend für andere Schriftstücke mit ähnlichem Inhalt sei hier eine an den Kongreßabgeordneten Isaac N. Morris - ein politischer Gegner Lincolns aus Illinois - gerichtete Stellungnahme genannt. Grant schrieb Morris auf dessen Versuch hin, die politischen Bestrebungen des Generals zu sondieren, Anfang 1864 vertraulich: "*I am not a politican, never was, and never hope to be, and could not write a political letter. My only desire is to serve the country in her present trials. (...) In your letter you say I have it in my power to be the next President. This is the last thing in the world I desire. I would regard such a consummation as being highly unfortunate for myself, if not for the country*". Zit. nach: CATTON, Bruce: Grant Takes Command. Boston, Toronto 1969, 108.

[49] MARSHALL-CORNWALL, 132.

[50] Der Dienstgrad Generalleutnant war der höchste, in den Unionsstreitkräften zu erreichende Rang überhaupt Bis dahin war er nur zwei Personen verliehen worden, nämlich George Washington und Winfield Scott, letzterem allerdings nur als "brevet rank".

[51] WILLIAMS, Lincoln and his Generals, 297.

[52] Anläßlich der bevorstehenden Beförderung verfaßte Grant am 4. März 1864 ein überschwängliches Dankesschreiben an Generalmajor Sherman, in welchem er seinem Untergebenen sowie dem ebenfalls von ihm geschätzten Generalmajor McPherson, der im Juli desselben Jahres vor Atlanta fallen sollte, seine besondere Anerkennung für die von ihnen geleistete Unterstützung zum Ausdruck brachte: "*While I have been eminently successful in this war, in at least gaining the confidence of the public, no one feels more than I how much of this success is due to the energy, skill, and the harmonious putting forth (...) of those whom it has been my good fortune to have occupying subordinate positions under me*". Zit. nach: SHERMAN, William T.: Memoirs of General W. T. Sherman. New York 1990, 427. Ferner ließ er Sherman wissen, daß er seine Ernennung nur dann annehmen werde, wenn er sein Hauptquartier fernab der Haupstadt aufschlagen dürfe; eine Bedingung, die seine offensichtliche Geringschätzung politischer Abhängigkeiten augenscheinlich unter Beweis stellte.

[53] Seit 1861 hatte Präsident Lincoln vergeblich einen seinen Vorstellungen entsprechenden, fähigen General und Armeeobefehlshaber gesucht, den er jetzt endlich gefunden zu haben glaubte. Gegenüber seinem Privatsekretär William Stoddard äußerte er sich keine zwei Wochen nach Ernennung des neuen Oberkommandierenden erleichtert: *"Grant is the first General I've had! (...) You know how it's been with all the rest. As soon as I put a man in command of the army he'd come to me with a plan of campaign and (...) so put the responsibility of success or failure on me. They all wanted me to be the general. It isn't so with Grant. (...) I'm glad to find a man who can go ahead without me"*. Zit. nach: SIMPSON, 273f.

10) U. S. Grant als junger Leutnant.

11) U. S. Grants Ernennungsurkunde zum Colonel der 21. Illinois-Freiwilligen.

12) U. S. Grant als gerade ernannter Brigadegeneral im Bürgerkrieg.

13) U. S. Grant in City Point, 1864.

14) U. S. Grants bevorzugte Stabsoffiziere der US-Kavallerie (von links): Phil Sheridan, Gen. Forsyth, Gen. Merritt, Gen. Devin, General Custer.

15) U. S. Grant im Feldlager beim Kartenstudium. Cold Harbor, Virginia, 14. Juni 1864. An seiner Seite Brig. Gen. Rawlins.

16) Lieutenant General Grant vor seinem Hauptquartier in City Point, Virginia. (Links Brig. Gen. John Rawlins, rechts Colonel T. S. Bowers.)

17) Präsident Andrew Johnson

18) Kriegsminister William M. Stanton

19) Stabschef der Unionsarmee, General Henry W. Halleck.

20) General William T. Sherman.

3. Die Generale Lee und Grant als Gegenspieler 1864/1865

3.1. Militärische Potentiale
3.1.1. Bevölkerung, Wirtschaft und Industrie

Bei aller Gegensätzlichkeit der persönlichen Lebensläufe war den beiden Oberkommandierenden eines gemein; die Abhängigkeit von zahlreichen externen Faktoren, auf die weder Robert E. Lee noch Ulysses S. Grant wesentlichen Einfluß auszuüben vermochten. Vielmehr waren beide Heerführer gezwungen, ihr Handeln an den vorgegebenen wirtschaftlichen, sozialen und administrativen Rahmenbedingungen auszurichten und es diesen - wenn auch in unterschiedlichem Maße und mit wechselndem Erfolg - anzupassen, um die ihnen jeweils zur Verfügung stehenden militärischen Potentiale möglichst tiefgreifend und effektiv ausschöpfen zu können.

Eine nähere Betrachtung der ungleichen Ausgangslage zu Kriegsbeginn sowie der allmählichen, kriegsbedingten Veränderungen läßt erahnen, mit welch gravierenden Schwierigkeiten und Nöten gerade die Südstaaten im Verlauf der kriegerischen Auseinandersetzungen zu kämpfen hatten.

So zeigt allein ein Blick auf das beiden Seiten zur Verfügung stehende Humankapital, wie ungleich die Chancen zur Kriegführung im Grunde verteilt waren. Im Jahre 1860 bestand die Gesamtbevölkerung der Vereinigten Staaten von Amerika aus 31,4 Millionen Menschen, wovon ganze 9,1 Millionen Personen - darunter mehr als 3,5 Millionen Sklaven[1] - auf das Territorium der elf sklavenhaltenden Südstaaten entfielen. Einschließlich der Einwohnerschaft der hier pauschal der Union zugerechneten Grenzstaaten umfaßte das Menschenreservoir des Nordens demgegenüber gut 22,3 Millionen Menschen[2] . Bezogen auf militärische Nutzbarkeitserwägungen hieß dies, daß der Konföderation ungefähr eine Million, den Nordstaaten hingegen fast vier Millionen Männer im wehrfähigen Alter zwischen 18 und 45 Jahren zur Verfügung standen[3] , zu denen sich außerdem Monat für Monat Tausende von europäischen Einwanderern als potentielle Soldaten hinzugesellten[4] .

Doch auch in wirtschaftlicher Hinsicht waren die Ressourcen der beiden Landesteile ungleich verteilt. Die agrarisch geprägten Südstaaten waren zum Ausgleich ihrer industriellen Unterlegenheit weitestgehend abhängig vom Handel mit dem Norden der Union und mit Übersee, welcher infolge der Blockade der konföderierten Häfen durch die weit überlegene Unionsflotte mit zunehmender Dauer des Krieges fast vollständig zum Erliegen gebracht wurde. Als der Krieg begann, mußte der Süden zudem den Anbau des Exportschlagers Baumwolle - dem einzigen, dem Norden haushoch überlegenen Wirtschaftszweig - verringern und die Landwirtschaft langsam aber stetig zugunsten des Anbaus von

Getreide und Feldfrüchten zur Sicherstellung der Grundversorgung der Bevölkerung mit Nahrungsmitteln umstellen. Obwohl es auf dem Territorium der Konföderation ein Übermaß an fruchtbaren Böden gab, erschwerte das dürftige, große Lücken aufweisende Schienen- und Verkehrsnetz[5] in Verbindung mit einer Weitsicht und Flexibilität vermissen lassenden, oftmals wenig effektiven Militär- und Zivilverwaltung eine reibungslose Güterverteilung[6]. Die durch die Blockade hervorgerufene Warenknappheit - insbesondere an Konsumgütern - führte überdies zu einer Explosion des Preisniveaus, einer galoppierenden Inflation und der gegen Kriegsende fast vollständigen Entwertung des konföderierten Dollars[7].

Im Gegensatz zu den Nordstaaten verfügte der Vorkriegssüden obendrein weder über eine ausreichende industrielle noch finanzielle Infrastruktur, so daß die konföderierte Regierung dazu überging, zur Bewältigung der gewaltigen Kriegsanstrengungen im Zuge der militärischen Aufrüstung nach und nach in die individuellen Freiheitsrechte und das tägliche Leben ihrer Bürger einzugreifen, was ebenso wie in der Union, die in allen wesentlichen Bereichen zeitlich versetzt nachzog, in der Bevölkerung auf wenig Gegenliebe stieß[8]. Darüber hinaus konnte die Konföderation gerade einmal ein Neuntel der Industriekapazitäten des Nordens auf ihrem Staatsgebiet vereinen; fast alle Minen, Fabriken, Waffenschmieden, Werften und Eisenbahnwerke befanden sich auf dem Territorium der Nordstaaten. Alleine im Staate Massachusetts - der flächenmäßig weniger als ein Fünftel der Ausdehnung Virginias umfaßte - wurden 1860 mehr Fabrikwaren gefertigt, als in den elf Staaten der Konföderation zusammen[9].

Daß sich die krasse numerische und materielle Überlegenheit des Nordens - die ihren Niederschlag nicht zuletzt auch in den direkten Kriegskosten fand[10] - auch auf die Handlungsspielräume der beiden Oberkommandierenden auswirken würde, liegt angesichts all dessen auf der Hand.

3.1.2. Streitkräfte

Am Vorabend des Sezessionkriegs bestand die reguläre US-Armee aus rund 16.000 Mann aller Dienstgradgruppen. Die Mehrzahl der Verbände, deren Hauptaufgabe darin bestand, für den Schutz der nach Westen vordringenden Siedler Sorge zu tragen, war als Besatzung isolierter Außenposten entlang der Grenzterritorien westlich des Mississippis stationiert[11]. Nur die wenigsten Offiziere besaßen Kriegserfahrung; selbst im Mexikokrieg hatte kaum einer von ihnen militärische Verbände in Regiments- oder gar Brigadegröße im Gefecht geführt, geschweige denn je eine größere taktische Einheit als die 14.000 Mann starke Invasionsarmee der Generale Taylor und Scott zu Gesicht bekommen[12]. Dennoch wurde die Mehrzahl der Offiziersdienstposten der Vorkriegs-

armee mit mehr oder weniger gründlich ausgebildeten Absolventen der verschiedenen Militärakademien besetzt, die für gewöhnlich mit Fragen der Truppenführung, Taktik und Logistik vertraut waren. Trotz des relativ hohen Ausbildungsstands litt die Berufsarmee allerdings unter ihrer antiquierten Ausrüstung und den nicht minder veralteten taktischen Einsatzkonzepten[13].
Mit der Sezession der Südstaaten behielt die Union zwar das Gros der bestehenden Militäreinrichtungen und die Masse der Unteroffiziere und Mannschaften, aber nur Teile des Führerkorps. Bis Kriegsausbruch reichte fast ein Drittel der Offiziere seinen Abschied ein; 270 der 296 ausgeschiedenen Offiziere - darunter 187 West Point-Absolventen - begaben sich in ihre südlichen Heimatstaaten, um dort in die neu entstehenden konföderierten Streitkräfte einzutreten[14]. Da 1860 allein sieben von acht Militärakademien der Vereinigten Staaten in den Sklavenstaaten lagen, bescherten deren Absolventen der Konföderation einen zusätzlichen Grundstock an hervorragend ausgebildeten Offizieren[15]. Einen kurzen, aber heftigen Schlagabtausch vor Augen, machten sich beide Seiten im Frühjahr 1861 an die Aufstellung zahlreicher neuer Heeresverbände[16]. Die durch die einzelnen Staaten aufgestellten und ausgerüsteten Einheiten, in die die zu den Fahnen eilenden Freiwilligen einrückten, wurden gewöhnlich als Regimenter in die nationalen Streitkräfte übernommen[17]. Zur Besetzung der massenhaft neu geschaffenen, vakanten Dienstposten auf den oberen Führungsebenen wählte die politische Führung des Nordens wie auch des Südens die gleiche Lösung. Die Führer der Brigaden - in welche jeweils drei bis fünf Regimenter eingegliedert wurden - erhielten ihre Ernennung ebenso wie die Kommandeure der nächsthöheren Ebenen Division, Korps und Armee vorbehaltlich der Bestätigung durch den Senat vom Präsidenten, wobei nicht nur der gängigen politischen Praxis der Ämterpatronage, sondern auch Partei-, Fraktions- und Staatsinteressen Rechnung getragen wurde. Daß sich unter den neu ernannten Spitzenoffizieren nicht nur erfahrene Berufsoffiziere, sondern auch zahlreiche politische Generale befanden, die teils weder die handwerklichen noch die charakterlichen Voraussetzungen für das Führen von Großverbänden mit sich brachten und deren Inkompetenz in nicht wenigen Fällen zu militärischen Debakeln und damit zu deren Ablösung führte, wurde als unangenehme Nebenerscheinung billigend in Kauf genommen[18].
Der allgemeinen Mangel an ausreichendem und geeignetem militärischen Führungspersonal auf den mittleren und unteren Führungsebenen wurde in der Anfangszeit des Bürgerkriegs auf ähnliche Weise gelöst. Um die Unmenge an schlagartig entstandenen, offenen Offiziersstellen zu besetzen, wurden die Gouverneure der Einzelstaaten ermächtigt, die Kommandeure und Stabsoffiziere der einzelnen Regimenter zu ernennen und diese auf ihre Dienstposten einzusetzen. Ergänzt wurde diese Methode durch die gängige Praxis der Offiziers-

wahl[19]. Die Mannschaften wählten ihre Kompanieoffiziere und diese wiederum die Regimentsführung, so daß die von den Regierungen der Einzelstaaten ausgestellten Offizierspatente die Vorschläge der Truppe oftmals nur bestätigten[20]. Unterdessen kam es im Zuge der Formierung der zu Beginn des Sezessionskriegs aus dem Boden gestampften Truppenverbände zu zahlreiche Reibungsverlusten; militärische Disziplin und Ordnung in die Reihen der gemeinen Soldaten zu tragen und vor allem auch zu wahren, erwies sich in beiden Armeen als immerwährendes Problem, da die meisten Soldaten ihren Dienst mit einer Mischung aus Ignoranz und Unwissenheit gegenüber dem Leben in der soldatischen Gemeinschaft antraten und dem Gedanken persönlicher Unterordnung höchst ablehnend gegenüber standen[21]. Erschwerend kam überdies hinzu, daß sich die Formal-, Marsch- und Gefechtsausbildung in den einzelnen Einheiten infolge der Unerfahrenheit nahezu aller Beteiligten als äußerst langwierig und schwierig erwies und namentlich die nachlässige und unzureichende Schießausbildung zu etlichen tödlichen Unglücksfällen führte[22].
Während die Unionsarmee bis Juli 1861 bereits mehr als 300.000 Angehörige zählte, standen im Süden einen Monat später immerhin rund 200.000 Mann unter Waffen[23]. Diese Menschenmassen mit Waffen auszurüsten, war eines der vordringlichsten Probleme, die es für die Regierungen der verfeindeten Landesteile schnellstmöglich zu bewältigen galt. Da das im wesentlichen auf die Regierungsfabriken von Harpers Ferry und Springfield gestützte Beschaffungssystem der Vorkriegsära bei weitem nicht in der Lage war, den ungeheuren Bedarf an Schußwaffen zu decken, gingen beide Seiten sehr bald in unterschiedlichem Maße dazu über, den Fehlbestand durch Regierungsaufträge an private Waffenfabriken, die Ankurbelung der Eigenproduktion sowie den zusätzlichen Kauf von Waffen in Europa auszugleichen[24], was anfänglich zu einem heillosen Durcheinander in der Bewaffnung der kriegführenden Parteien führte[25]. Gleichwohl wirkte sich auch im Rüstungsbereich die Überlegenheit des Nordens mit zunehmender Dauer des Sezessionskriegs immer spürbarer aus, da die konföderierten Staaten zu keinem Zeitpunkt auch nur ansatzweise mit der industriellen Massenproduktion der Union Schritt halten konnten.
Der amerikanische Bürgerkrieg war ein Krieg der Infanterie, die auf beiden Seiten rund drei Viertel der Streitkräfte ausmachte. Den Truppengattungen Kavallerie und Artillerie fiel in der Regel nur unterstützende Rollen zu[26]. Das taktische Denken der meisten Offiziere und Truppenführer bewegte sich zumindest in den ersten Kriegsjahren in den überkommenen Kategorien der napoleonischen Kriegführung, was zur Folge hatte, daß die veralteten taktischen Formationen - insbesondere der Frontalangriff von in Linie vorgehenden, eng aufgeschlossenen Infanterieregimentern - in Kombination mit neuen, technisch

ausgereifteren Schußwaffen zu erschreckend hohen Verlusten führten[27]. Ebenso wie der Großteil ihrer Zeitgenossen waren sich auch Lee und Grant der Diskrepanz zwischen überholten taktischen Vorstellungen und dem diese ad absurdum führenden waffentechnischen Fortschritt kaum bewußt, wovon ihr Handeln als Oberkommandierende sowohl vor als auch während ihres Aufeinandertreffens anschaulich Zeugnis ablegt.

3.1.3. Personalersatz und Nachschub

Von ausschlaggebender Bedeutung für jedwede militärische Operationsplanung und die erfolgreiche Kriegführung überhaupt ist die Bereitstellung ausreichender personeller und materieller Mittel. Dieser Tatsache waren sich die Regierungen der Konföderierten wie auch der Vereinigten Staaten von Amerika zweifelsohne ebenso bewußt wie deren führende Generale.

Als sich abzeichnete, daß der Sezessionskrieg wider Erwartens kein kurzer Waffengang, sondern ein sich unabsehbar in die Länge ziehender, an vielen Fronten ausgefochtener Volkskrieg zu werden drohte, ergriff der konföderierte Kongreß die Initiative und verabschiedete am 16. April 1862 das erste Wehrpflichtgesetz der amerikanischen Geschichte. Um den stetig wachsenden, mit dem abebbenden Strom der Freiwilligen nicht mehr in ausreichendem Maße zu deckenden Personalbedarf weiterhin zu gewährleisten, wurden alle Männer zwischen 18 und 35 Jahren prinzipiell dazu verpflichtet, für drei Jahre Dienst in den konföderierten Streitkräften zu leisten. Die Einjährig-Freiwilligen, von denen längst nicht alle gewillt waren, ihre auslaufenden Zeitverträge zu verlängern, wurden für weitere zwei Jahre zwangsverpflichtet. Allerdings beinhaltete das Gesetz zunächst umfassende Regelungen für Wehrdienstausnahmen, welche jedoch schon im Oktober 1862 im Rahmen einer Gesetzesverschärfung, mit der die Altersgrenze auf 45 Jahre angehoben wurde, eine teilweise Einschränkung oder Aufhebung erfuhren[28]. Obwohl diese Maßnahmen der Konföderation zigtausende neuer Soldaten bescherten, ergaben sich ab Frühjahr 1864 enorme Rekrutierungsschwierigkeiten[29], was unter anderem darin begründet lag, daß der dreijährige Verpflichtungszeitraum bei Abertausenden von Freiwilligen des Jahres 1861 endgültig auslief und nur rund die Hälfte der seinerzeit aus freien Stücken zu den Fahnen geeilten Mannschaften ihrer Dienstzeit abermals zu verlängern bereit war[30]. Infolgedessen wurde die Altersbegrenzung für Wehrpflichtige im Februar 1864 ein weiteres Mal, und zwar nunmehr von 17 auf 50 Jahre, ausgedehnt. Ungeachtet der im Vergleich zum Norden relativ ergiebigen Ausnutzung der zur Verfügung stehenden Ressource Mensch erreichte die Personalstärke der konföderierten Truppen jedoch zu keinem Zeitpunkt auch nur annähernd den Umfang der Unionsarmee[31].

Trotz hunderttausender Kriegsfreiwilliger sowie des immensen Reservoirs an

potentiellen Rekruten zeichnete sich seit dem zweiten Kriegsjahr auch im Norden ein langfristig absehbarer Mangel an Soldaten ab. Eine der vorbeugenden Maßnahmen, die die US-Regierung deswegen ergriff, bestand in der Rekrutierung von Schwarzen. Nachdem der Kongreß diesen Schritt im Vorjahr gebilligt hatte, erklärte Abraham Lincoln am 1. Januar 1863 alle Sklaven auf dem Gebiet der "rebellierenden" Südstaaten für frei[32]. Nachdem noch zu Beginn des Sezessionskriegs schwarze Bewerber von den Freiwilligenannahmestellen des Nordens durchweg abgewiesen worden waren, leitete die Verkündung der "Emancipation Proclamation" die weiträumige Rekrutierung freier wie auch durch vorrückende Unionstruppen freigesetzter Schwarzer ein, so daß im Laufe des Jahres 1863 die ersten Farbigenregimenter - allerdings zumeist unter Führung weißer Offiziere - aufgestellt und auch eingesetzt werden konnten[33]. Als der erwartete Personalmangel Anfang 1863 Wirklichkeit wurde, schlug die Unionsregierung denselben Weg ein wie vorher schon die Südstaaten. Mit der Einführung der allgemeinen Wehrpflicht auf Bundesebene am 3. März 1863 hatten grundsätzlich alle Männer zwischen 20 und 45 Jahren Dienst an der Waffe zu leisten, wobei ebenfalls bestehende Wehrdienstausnahmen jedoch weitaus großzügiger gehalten waren und bis Kriegsende meistenteils unverändert fortbestanden. Der Erlaß des Konskriptionsgesetzes - welches schon in der Bevölkerung des Südens nur wenig Anklang gefunden hatte - stieß in den Nordstaaten auf eine noch weitaus geringere Akzeptanz und führte mancherorts zu militantem Widerstand[34]. Mit der Einführung der Wehrpflicht konnten sich die Nordstaaten zwar hunderttausender potentieller Rekruten versichern, nicht aber uneingeschränkt tauglichen Nachwuchses. Die nunmehr in die Unionsarmee eingezogenen Wehrpflichtigen entstammten hauptsächlich den ärmeren Bevölkerungsschichten, die sich in der Regel weder von der Wehrpflicht loskaufen konnten noch über das nötige Vermögen zur Bezahlung eines Ersatzmannes verfügten und daher - zudem meist ohne ideelle Motivation - ebenso wie viele Ersatzmänner und Prämienjäger, die wegen der Zahlung hoher Verpflichtungssummen in die Armee eingetreten waren[35], oft die erstbeste Gelegenheit nutzten, um zu desertieren.
Letztlich führte die Einführung der Wehrpflicht, deren eigentliche Funktion wohl auch darin bestand, bereits dienende Soldaten zur Weiterverpflichtung zu veranlassen und unschlüssige Freiwillige unter Druck zu setzten, auf beiden Seiten zu einem Qualitätsverlust der vormals häufig aus Patriotismus und echter Überzeugung zu den Fahnen geeilten Soldaten. Als Mittel zur Sicherung des Personalersatzes erreichte die Konskription jedenfalls einen eher mäßigen Erfolg; gerade einmal zwanzig Prozent aller konföderierten Soldaten waren Wehrpflichtige, im Gegensatz zu unbedeutenden fünf Prozent im Norden[36]. Obschon es der Regierung der Nordstaaten offenbar nicht gelang, ihr Menschen-

reservoir effizient auszuschöpfen, mobilisierte die Union im Verlauf der vier Kriegsjahre etwa 2,2 Millionen Soldaten, während die Konföderation in diesem Zeitraum nur rund 800.000 Mann aufzubieten imstande war[37].
Im Gegensatz zu Lee, der gewissermaßen vom ersten bis zum letzten Tag seiner Befehlsausübung mit dem begrenzten Mannschaftsstand seiner Armee haushalten mußte, schafften diese Zahlen ungeachtet des teils miserablen Kampfwerts des Personalersatzes die Voraussetzung dafür, daß Grant als Oberkommandierendem der Unionsarmee - von der Sorge um die ausreichende Quantität seines Nachschubs weitestgehend entbunden - eine ungleich freiere und uneingeschränktere Verwendung der ihm zur Verfügung stehenden Ressource Mensch möglich war.
Doch auch auf dem für die erfolgreiche Kriegführung mindestens ebenso bedeutsamen Gebiet der Logistik waren die Mittel der beiden Kontrahenten von Anfang an äußerst ungleich verteilt; denn anders als im Norden sollte sich das Nachschub- und Transportwesen des Südens alsbald als Achillesferse der konföderierten Kriegsanstrengungen erweisen.
Leidtragender war vor allem die Nord-Virginia-Armee unter General Lee. Seit der zweiten Hälfte des Jahres 1862 vermochte die konföderierte Militär- und Zivilverwaltung nur noch phasenweise, der Armee den täglichen Bedarf an Nachschubgütern zukommen zu lassen[38], so daß der schlagkräftigste Großverband des Südens von dieser Zeit an genötigt war, bis Kriegsende buchstäblich von der Hand in den Mund zu leben. Auf die täglichen Eisenbahnlieferungen aus dem konföderierten Hinterland angewiesen[39], war Lee gezwungen, sich zeitweise mehr mit den Unzulänglichkeiten des eigenen Nachschubsystems als mit der ihm gegenüberliegenden Potomac-Armee zu beschäftigen.
Anfang 1863 litt die Nord-Virginia-Armee in praktisch allen Bereichen teils schwerwiegenden Mangel. Abgesehen von der unzureichenden Ernährungslage der Pferde und Maultiere[40] sowie dem Fehlen von Schuhwerk, Bekleidung und Fuhrwerken[41] konnten die täglich ausgegebenen Verpflegungssätze zwar den Tagesbedarf einer Armee in Ruhestellung, nicht aber den einer mit Offensivoperationen betrauten Streitmacht decken[42]. Angesichts dieser die Einsatzbereitschaft der Nord-Virginia-Armee bedrohenden Versorgungsengpäße verabschiedete der konföderierte Kongreß im Mai 1863 ein allerdings nur halbherzig angewandtes Gesetz, das die privaten Eisenbahngesellschaften des Südens unter staatliche Kontrolle stellte und der Militärverwaltung das Recht einräumte, den Bahnbau ohne Rücksicht auf einzelstaatliche Grenzen nach strategischen Gesichtspunkten durchzuführen und den Verkehr nach militärischen Erfordernissen zu regeln[43]. Dies hatte zur Folge, daß sich die Nord-Virginia-Armee während der Sommeroffensive des Jahres 1863 durch die mitgeführte Verpflegung sowie teils auch aus dem Land ernähren konnte, obgleich der Futtermangel

sowie das Nachsteuern von Schuhwerk Lee weiterhin Sorge bereitete. Da die Eigenproduktion des Südens an Uniformen und Schuhen unter anderem wegen der allmählich wirksamer werdenden Seeblockade die Nachfrage des Militärs weder qualitativ noch quantitativ zu befriedigen vermochte, spannte sich die Versorgungslage der Nord-Virginia-Armee zu Lees Besorgnis jedoch schon im Herbst 1863 von neuem an[44]. Obwohl es der Quartiermeisterbehörde im Winter 1863/64 noch einmal unter großen Mühen gelang, die Minimalversorgung der Nord-Virginia-Armee sicherzustellen[45], blieb die Truppe abhängig von den täglichen Eisenbahntransporten[46], wodurch Lees Streitmacht letzten Endes dazu verdammt war, ihrer uneingeschränkten Operationsfähigkeit beraubt hinter Feldbefestigungen in eben jenen Winterquartieren auszuharren, welche schon vor Jahresfrist Ausgangspunkt der letzten Sommeroffensive gewesen waren[47].

Der in Virginia operierenden Potomac-Armee war dagegen von Anfang an eine weitaus bessere Versorgungslage beschieden[48]. Nicht nur die militärische und zivile Verwaltung, sondern auch die Organisation des Transport- und Versorgungswesens im Felde erreichte auf Seiten der Union im Laufe der Zeit eine ansehnliche Effizienz, so daß die im Überfluß lebenden, gut ausgerüsteten und verpflegten Soldaten der Potomac-Armee - anders als ihre Gegner - in dieser Hinsicht zu kaum einem Zeitpunkt des Krieges einen berechtigten Grund zur Klage hatten[49]. Infolge der enormen, durch die industrielle Massenproduktion begünstigten Anhäufung von Nachschubgütern aller Art sowie der in den Nordstaaten im zweiten Kriegsjahr erfolgten konsequenten Rationalisierung und Ausrichtung des Eisenbahnwesens auf die Bedürfnisse des Militärs erhöhte sich der Grad der operativen Beweglichkeit der von Grant kommandierten Truppen erheblich[50]. Der reichlich fließende, den Bedarf der Streitkräfte des Nordens deckende Nachschub ermöglichte es dem neuen Oberbefehlshaber der Unionsarmee, sich völlig unbeschwert von logistischen Einschränkungen und den damit einhergehenden Problemen an die Planung und Umsetzung seiner für das Frühjahr des Jahres 1864 vorgesehenen Großoffensive zu machen.

3.2. Strategische Planungen

Nach den Worten des preußischen Generals und Militärschriftstellers Carl von Clausewitz[51] muß ein Feldherr drei grundlegende Zielsetzungen verfolgen, um erfolggekrönt und siegreich Krieg führen zu können. Erstens die Niederringung der gegnerischen Streitkräfte, zweitens die Zerstörung der materiellen Ressourcen des gegnerischen Widerstands und drittens die Gewinnung der öffentlichen Meinung durch Siege, um die gegnerische Moral zu brechen[52]. Obgleich General Ulysses S. Grant von Gedanken und Werk von Clausewitzs aller Wahrscheinlichkeit nach nicht die geringste Kenntnis gehabt haben dürf-

te[53], waren es doch die von diesem formulierten Maximen, nach denen der neue Unionsoberbefehlshaber seine strategische Planungen und Konzepte zu Beginn des letzten Kriegsjahrs ausrichten würde.
Schon 1863 hatte Grant erkannt, daß die völlige Vernichtung des Gegners nicht allein durch Siege auf dem Schlachtfeld zu erreichen war. Statt dessen beruhte Grants nach seiner Kommandoübernahme im März 1864 entwickeltes strategisches Konzept nunmehr auf dem Gedanken, mittels größtmöglicher Massierung von Menschen und Material ohne Rücksicht auf eigene Verluste an allen Fronten ständigen Druck auf den Gegner auszuüben, um diesen durch Wegnahme seines Territoriums und seiner Ressourcen sowie durch die angestrebte Vernichtung seiner Armeen zu zermürben und zur Aufgabe zu zwingen[54].
Die Wichtigkeit eines gemeinsamen, auf beiden Kriegsschauplätzen zeitgleichen Vorgehens erkennend, entwickelte Grant - unter dem Druck der öffentlichen Meinung stehend, die hohe Erwartungen in den neuen Generalleutnant setzte - in Absprache mit Lincoln eine Art Zusammendrückstrategie[55], um den Süden noch vor den Präsidentschaftswahlen im November 1864 in die Knie zu zwingen[56]. Grants Operationsplan sah vor, im Zuge der für das Frühjahr geplanten Großoffensive mehrere gigantische, zeitgleich angesetzte und aufeinander abgestimmte Zangenbewegungen durchzuführen, um im Sinne seines strategischen Konzepts - das bloße Gewinnen von Raum in den Hintergrund stellend - die flächendeckende Zerstörung des konföderierten Eisenbahn- und Nachschubsystems zu erreichen und damit den Zusammenbruch der gegnerischen Kriegsanstrengungen einzuleiten[57]. In seinem nach Kriegsende abgefaßten, den Zeitraum von März 1864 bis Mai 1865 umfassenden Rechenschaftsbericht über seine Tätigkeit als Oberbefehlshaber der Unionsarmee schilderte Grant die seinen Planungen zugrundeliegende Absicht wie folgt: "*Armies in the East and West acted independently and without concert, (...) no two ever pulling together, enabling the enemy to use to great advantage his interior lines of communication for transporting troops east to west. (...) I therefore determined, first, to use the greatest number of troops practicable against the armed force of the enemy (...) second, to hammer continuously against the armed force of the enemy and his resources, until by mere attrition (...) there should be nothing left to him but (...) submission*"[58]. Mit der Erstellung dieser Abnutzungsstratgie hatte Grant für die Nordstaaten erstmals seit dem von General Winfield Scott Anfang 1861 ausgearbeiteten "Anaconda-Plan", welcher die Abschnürung und Isolation des Südens durch eine starke Seeblockade und die Inbesitznahme des Mississippis vorsah, ein tragfähiges strategisches Gesamtkonzept entwickelt.
Neben der von Grant mißbilligten Planung eines von Präsident Lincoln schon seit geraumer Zeit favorisierten Vorstoßes einer von Generalmajor Nathaniel P. Banks geführten Streitmacht durch Louisiana und Texas - den abgespaltenen

und isolierten Westteil der Konföderation - lag Grants Hauptaugenmerk darauf, mittels einer Reihe konzentrisch geführter Angriffe die besser geführten und ausgerüsteten und damit potentiell gefährlicheren konföderierten Streitkräfte auf dem östlichen Kriegsschauplatz zu binden, während drei Armeen unter Führung des neuen Oberbefehlshabers West, Generalmajor William T. Sherman, nach Südosten Richtung Atlantikküste vorstoßen sollten[59], um in einer Zangenbewegung langfristig in den Rücken von Lees Verbänden in Virginia zu gelangen und diese endgültig auszuschalten.

Der Schlüssel zum Erfolg in Virginia lag für Grant vor allem darin, in Umkehrung der von Lee in den beiden Jahren zuvor angewandten Strategie durch Bedrohung der konföderierten Hauptstadt die von ihren Nachschubquellen zu trennende Nord-Virginia-Armee zu stellen und zu Grants Bedingungen - nach Möglichkeit in offener Feldschlacht - vernichtend zu schlagen[60]. Zur Verwirklichung dieses Ziels kam es Grant ungeachtet berechtigter, den Operationsplan beeinflussender Befürchtungen wegen im Zuge des Vormarsches möglicherweise überdehnter Nachschubwege[61] vor allem darauf an, Lees Kräfte unter Ansatz zweier Unionsarmeen unter Generalmajor Franz Sigel im Shenandoahtal im Nordwesten Virginias und Generalmajor Benjamin F. Butler[62] keine fünfzehn Kilometer östlich von Richmond zu binden und unter Druck zu setzen. Butlers Truppen sollte dabei die wichtige Rolle zufallen, nach einer amphibischen Landung auf die konföderierte Hauptstadt vorzumarschieren, um diese wenn nicht einzunehmen, so doch vom Nachschub abzuschneiden und dauerhaft zu bedrohen, so daß die von Norden her vorstoßende Potomac-Armee unter Generalmajor Meade gegen die durch Abstellung von Truppen zum Schutze Richmonds geschwächte Nord-Virginia-Armee leichtes Spiel haben würde. Die fortlaufenden Angriffsoperationen sollten General Lee überdies davon abhalten, Kräfte in den Westen abzustellen, die Joseph E. Johnstons, der General Bragg als dortigen Oberbefehlshaber abgelöst hatte, bei der Abwehr Shermans hätten unterstützen können[63].

Um sich dem direkten Einfluß der diversen politischen Zirkel Washingtons zu entziehen und sich weitestgehend ungestört der Erstellung seines Operationsplans widmen zu können, bezog Grant Ende März 1864 in Culpeper, Virginia - nur wenige Kilometer von der in Ruhestellung liegenden Potomac-Armee entfernt - sein vorläufiges Armeehauptquartier. Anders als so mancher seiner Vorgänger zog es der General vor, sich nach Möglichkeit in der Nähe seiner Truppen aufzuhalten, um sich jederzeit vor Ort einen ungeschminkten Überblick über die Lage verschaffen zu können. Zudem gedachte Grant, die Sommeroffensive zumindest in der Anfangsphase von dort aus zu leiten, um sich anschließend stets im Gefolge der vorrückenden Potomac-Armee zu bewegen[64].

Seinen ehemaligen Vorgesetzten und bisherigen Vorgänger in dem von ihm mit der Ernennung zum Generalleutnant automatisch übernommenen Amt des Generalstabschefs, Henry W. Halleck, wies Grant angesichts seiner Abneigung gegen den normalerweise damit verknüpften Dienstsitz Washington an, in der Unionshauptstadt zu verbleiben, um dort den von Grant ungeliebten Posten zu übernehmen und als Stabschef die Kommunikation zwischen ihm, Präsident Lincoln und den einzelnen Unionsbefehlshabern zu gewährleisten[65]. Der ihm zugedachten Scharnierfunktion zwischen politischer Leitung und militärischer Führung wurde Halleck allerdings nur in Bezug auf ersteres gerecht[66].

Um seiner neuen, gestiegenen Verantwortung zu genügen und die Koordination der Truppenverbände wie auch die administrative Zusammenfassung aller zur Verfügung stehenden Ressourcen bewältigen zu können, schuf Grant durch Erweiterung und Umstrukturierung seines persönlichen Stabes einen mustergültig arbeitenden Generalstab. Die wesentliche Aufgabe dieser neuen Kommandobehörde bestand darin, Planungen und präzise Vorgaben Grants zu dessen persönlicher Entlastung detailliert auszuarbeiten, und den reibungslosen Informationsfluß zwischen dem Oberkommandierenden und seinen einzelnen Verbandsführern sicherzustellen, so daß sich Grant fernab von Detailfragen auf die für ihn wesentliche Operationsführung konzentrieren konnte[67]. Den Angehörigen seines Stabes pflegte Grant dabei gewöhnlich nur die Richtung vorzugeben; die Bearbeitung der an sie delegierten Arbeitsaufträge hatten seine Stabsoffiziere hingegen völlig selbständig und eigenverantwortlich durchzuführen[68].

Anfang Mai 1864 - unmittelbar vor Beginn der geplanten Großoffensive - bestand der Generalstab des neuen Armeeoberbefehlshabers, der zusammen nicht weniger als 533.000 auf 21 Armeekorps verteilte Soldaten koordinieren mußte, aus gerade einmal 14 Offizieren; eine angesichts der Fülle der zu bewältigenden Aufgaben bemerkenswerte Zahl, die Grants Stab zu keinem Zeitpunkt des Krieges überschreiten sollte und in etwa der Größe der meisten Divisionsstäbe entsprach[69]. Als ausschlaggebendes Kriterium für die Auswahl neuer Stabsoffiziere schien militärisches Fachwissen für Grant allerdings eine eher untergeordnete Rolle gespielt zu haben. Obwohl sich unter den Angehörigen seines Generalstabs mehrere hervorragende Arbeit leistende West Point-Absolventen befanden, verdankten selbst diese ihre Aufnahme in das nächste Umfeld des Generals nicht alleine ihrer Leistung und Befähigung, sondern mindestens ebenso sehr der persönlichen Wertschätzung und Sympathie desselben[70].

Im Gegensatz zu Grant bewies Robert E. Lee ein weitaus geringeres Maß an strategischer Weitsicht. Obgleich der Süden in der Verteidigung mit mehreren natürlichen Vorteilen gesegnet war, welche die materielle Überlegenheit des Nordens zumindest partiell ausgleichen konnten[71], war Lees Interesse an der

Entwicklung einer konföderierten Gesamtstrategie nur von eher mäßiger Natur. Bis zu seiner Ernennung zum konföderierten Armeeoberbefehlshaber im Februar 1865 beschränkte sich seine Aufmerksamkeit als Oberkommandierender der größten Armee des Südens ohnehin fast ausschließlich auf die Ereignisse in Virginia und dem östlichen Kriegsschauplatz. Das Hauptaugenmerk Lees galt seiner Nord-Virginia-Armee, wodurch er unabhängig von seinem zweifellos vorhandenen Einfluß auf Präsident Davis und trotz seines im Vergleich zu anderen konföderierten Generalen relativ weiten Handlungsspielraums kaum die Muße oder gar die offizielle Berechtigung besessen haben dürfte, umfassende strategische Planungen anzustellen[72]. Statt dessen erschöpften sich Lees Aktivitäten im wesentlichen in der Vorbereitung räumlich begrenzter Unternehmungen innerhalb seines Operationsgebiets[73].
Strategischen Planungen wandte er sich im Hinblick auf den östlichen Kriegsschauplatz nur insofern zu, als diese für die Kriegführung in Virginia von grundlegender Bedeutung waren. Sich von Anfang an der Bedeutung des gegen die an Ressourcen schwache Konföderation spielenden Faktors Zeit bewußt, bestanden Lees wesentliche strategische Ziele in den Jahren 1862 und 1863 darin, Washington zu bedrohen, die Potomac-Armee in einer Entscheidungsschlacht zu stellen und niederzuringen und damit letztlich die Kampfbereitschaft des Nordens zu brechen, bevor dieser sein Rüstungspotential voll würde entfalten können und er selbst noch weitgehend frei operieren konnte. Während der gesamten Dauer der kriegerischen Auseinandersetzungen setzte Lee zudem alles daran, Kräfte der Union - wie etwa mit einigem Erfolg im Shenandoahtal - zu binden, um seine Nachschubquellen im rückwärtigen Raum zu schützen und Richmond vor der Einnahme zu bewahren[74]. Die Krux, daß ein grundsätzlich höhere Verluste forderndes offensives Vorgehen anstelle örtlich begrenzter Gegenangriffe die ohnehin beschränkten Ressourcen des Südens zusätzlich strapazieren würde, nahm Lee dabei notgedrungen in Kauf.
Infolge seiner Einschätzung, daß der Sezessionskrieg im wesentlichen an der vergleichsweise kleinen und überschaubaren Front in Virginia entschieden werden würde[75], erkannte Lee weder die Bedeutung des westlichen Kriegsschauplatzes noch die ausgedehnten strategischen Möglichkeiten, die die Größe des konföderierten Territoriums eröffneten. Während Lee in Virginia ein gemessen an der Ausdehnung vergleichsweise kleines und überschaubares, von zahlreichen, der Verzögerung gegnerischer Attacken dienlichen Flüssen durchzogenes Gebiet verteidigen mußte, waren die konföderierten Armeen im Westen gezwungen, hunderttausende von Quadratkilometern vor den Invasoren aus dem Norden zu schützen[76]. Die von den Unionsarmeen auf dem westlichen Kriegsschauplatz ausgehende Bedrohung unterschätzte Lee ebenso wie die ungeheuren Probleme, welche die dortigen geographischen Gegebenheiten für

die eigene Logistik und die Bewegung von Truppen mit sich brachten. Sein Interesse bezüglich des Westens erstreckte sich vielmehr hauptsächlich darauf, was dort zur Verbesserung der Lage in Virginia getan werden konnte[77]. Obgleich Truppenverschiebungen zur Verstärkung bedrohter Frontabschnitte im Sinne des Konzepts der Offensiv-Verteidigung gang und gäbe waren, lehnte Präsident Davis Lees Forderungen, die Nord-Virginia-Armee mit Kräften aus dem Westen zu verstärken, in den meisten Fällen ab[78]. Daß Lee im Gegenzug der Abstellung von Teilen seiner Armee auf den westlichen Kriegsschauplatz zugestimmt hätte, ist abgesehen davon, daß die Konföderation mit zunehmender Dauer des Sezessionskriegs unter dem stetig wachsenden Druck des Gegners ohnehin immer seltener nennenswerte Truppenverschiebungen von einem Kriegsschauplatz zum anderen durchzuführen vermochte, nur in einem einzigen Fall belegt[79].

Mit der Befehlsübernahme über die Nord-Virginia-Armee im Juni 1862 und der anschließenden Umgliederung derselben machte sich Lee auch an die Neugestaltung und Erweiterung seines persönlichen Stabes, dessen mangelhafte Leistung - insbesondere in Sachen Truppenkoordination - während der Sieben-Tage-Schlacht unübersehbar zu Tage getreten war[80].

Auch wenn sich Lees Stab nach und nach zu einer gut funktionierenden Planungs- und Kommandobehörde wandelte, blieb er im Gegensatz zu Grant gezwungen, sich ständig mit zeitraubenden Detailfragen auseinanderzusetzen, da sich die Arbeitsweise des konföderierten Generals anders als die des Unionsoberbefehlshabers unverändert an der klassischen Vorstellung orientierte, der Kommandierende General müsse die wesentlichen Stabstätigkeiten selbst in die Hand nehmen[81]. Unabhängig von der enormen Arbeitsbelastung wurde Lees Wirken überdies durch den allgemeinen Mangel an eigens für Stabsverwendungen ausgebildeten Offizieren beeinträchtigt[82]. Gleichwohl achtete er bei der Auswahl neuer Angehöriger seines Stabes vor allem auf deren Leistung und Befähigung, so daß er in Verbindung mit dem aus seiner Menschenkenntnis abgeleiteten Urteil eine Reihe fähiger Stabsoffiziere in seinem Gefolge sammeln konnte[83]. Ausgehend von seiner geradezu stoischen Lebens- und Dienstauffassung[84] lehnte es General Lee jedoch ab, diesen ebenso wie sich selbst ungeachtet ihrer hervorgehobenen Stellung jedweden überflüssigen Komfort oder gar persönlichen Luxus zu gestatten[85]. Trotz der unterschiedlichen Struktur und Aufgabenverteilung sowie diverser Zu- und Abgänge hatte Lees Stab verblüffenderweise in etwa dieselbe Größe wie das in Sachen Effektivität unübertroffene Grant'sche Gegenstück; im April 1865 setzte sich der Stab des Oberbefehlshabers der konföderierten Streitkräfte ebenfalls aus 14 Offizieren zusammen[86].

3.3. Die Schlachtenfolge des Frühsommers 1864

3.3.1. Die Oberbefehlshaber und ihre Armeen
Anders als Robert E. Lee, dessen Ansehen seit seiner Befehlsübernahme über die Nord-Virginia-Armee sowohl bei seinen Soldaten als auch in der öffentlichen Meinung des Südens ins geradezu Unermeßliche gestiegen war, konnte sich Ulysses S. Grant zwar der praktisch uneingeschränkten Sympathie und Wertschätzung seiner Landsleute, nicht aber des vorbehaltlosen Vertrauens seiner neuen Untergebenen in der Potomac-Armee erfreuen.
Nach seiner Ankunft im vorläufigen Armeehauptquartier in Culpeper machte sich Grant mit den in Bälde von ihm in den Kampf zu führenden Truppenteilen vertraut, indem er mehrfach die verschiedenen Armeekorps inspizierte. Trotz des ihm vorauseilenden, im Westen erworbenen Rufs löste Grants Erscheinen im Gegensatz zu seinen Vorgängern McClellan und Burnside bei der Truppe jedoch nicht den geringsten Jubel aus[87]. Bei den inspizierten Offizieren und Mannschaften, die ihren vorher nur vom Hörensagen bekannten neuen Oberbefehlshaber nun erstmals zu Gesicht bekamen, gingen die Meinungen über dessen Person und Fähigkeiten indes weit auseinander; die Bandbreite der Urteile reichte von abwartend-distanziert bis verheißungsvoll, wobei kritische Äußerungen eindeutig überwogen[88]. Nichtsdestotrotz beurteilte mancher der mit Grant in den ersten Tagen seiner Befehlsausübung in Berührung geratene, sich im persönlichen Umfeld des Generals bewegende Offizier diesen anders als die breite Masse der Soldaten der Potomac-Armee ungeachtet seines unscheinbaren und mitunter nachlässigen Erscheinungsbilds sowie seines zurückhaltenden, schwer einschätzbaren Auftretens weit weniger argwöhnisch[89].
Grant selbst erkannte schon bald, daß die aufgrund der unentwegten Rückschläge der letzten beiden Jahre an Minderwertigkeitskomplexen leidenden Angehörigen der Potomac-Armee in der Mehrzahl nicht erwarteten, daß sich die Lage mit ihm an der Spitze nennenswert ändern würde. Schon vor seiner Abreise aus dem Westen hatten ihm einige seiner zur Verbindungsaufnahme nach Virginia entsandten Stabsoffiziere gemeldet, daß das Offizierkorps der Potomac-Armee fast geschlossen die Ansicht vertrete, Grant werde trotz seiner Erfolge auf dem westlichen Kriegsschauplatz ebenso wie alle seine Vorgänger an seinem zukünftigen Gegenspieler Lee scheitern[90]. Dem entgegen standen von der Nordstaatenpresse eifrig verbreitete, das harmonische Einvernehmen zwischen dem Generalleutnant und der Potomac-Armee beschwörende Lobeshymnen, die unmittelbar nach Grants Befehlsübernahme einsetzten und im krassen Widerspruch zur Meinung der Truppe standen[91].
Daß Grant sein Hauptquartier in unmittelbarer Nähe der Potomac-Armee

aufschlug, bedeutete jedoch nicht, daß er diese auch persönlich zu führen gedachte. Diese Aufgabe überließ er dem bisherigen Armeebefehlshaber Generalmajor George G. Meade, welcher als "taktischer Kommandeur" fortan die Befehle und Anweisungen des Unionsoberbefehlshabers umzusetzen und nach unten weiterzugeben hatte, während sich Grant vorbehielt, als "strategischer Kommandeur" die kriegsschauplatzübergreifende Operationsplanung und -führung zu leiten, um die Potomac-Armee jederzeit nach seinen Vorstellungen dirigieren zu können. Diese Arbeitsteilung ermöglichte es letzterem, sich auf die für ihn wesentlichen Dinge zu konzentrieren, ohne Gefahr zu laufen, sich in taktischen Details zu verzetteln[92]. Obwohl die beiderseitige Zusammenarbeit vordergründig weitestgehend reibungslos vonstatten ging und Grant seinem Untergebenen in Einzelfragen einen großen Handlungsspielraum einräumte, brachte die alles andere als herkömmliche Kommandostruktur im Verlauf der Angriffsoperationen der letzten beiden Kriegsjahre mancherlei systemimmanente und somit letztlich unvermeidliche Friktion mit sich[93]. Als Grants Operationsplan für den östlichen Kriegsschauplatz kurz vor der Vollendung stand, gab er Meade in gewohnt knappen, aber unmißverständlichen Worten das seinen zukünftigen Befehlen zugrundeliegende Prinzip bekannt: *"Lee's Army will be your objective point. Wherever Lee goes there you will go also"*[94].

Um seinen vor allem gegen Lee gerichteten Operationsplan erfolgreich in die Tat umsetzen zu können, sah sich Grant jedoch gezwungen, zuallererst die organisatorischen Voraussetzungen hierfür zu schaffen. Zur Straffung der Befehlskette innerhalb der Potomac-Armee nahm Grant einschneidende Änderungen in deren Grundgliedung vor, womit er die Schlagkraft des Großverbands binnen weniger Wochen merklich erhöhte[95]. Daß sich die Angehörigen der Potomac-Armee allmählich an den neuen Oberkommandierenden gewöhnten, änderte jedoch nichts an der Tatsache, daß die Qualität der Mannschaften im vierten Kriegsjahr mehr und mehr abnahm[96]. Dessen ungeachtet setzte Grant mit der Neugliederung der Zuständig-keitsbereiche der einzelnen Unionsarmeen der bislang unkoordinierten Vorgehensweise derselben ein Ende und beseitigte damit eine der Ursachen für die bisherigen konföderierten Erfolge[97]. Durch die Zusammenlegung überflüssiger Militärbezirke in Verbindung mit der an alle Staatsgouverneure ergangenen Anweisung, alle entbehrlichen Truppenteile abzustellen, erreichte Grant darüber hinaus, daß Abertausende von in Garnisonen des Hinterlands mit Wach- und Sicherungsaufgaben gebundener Unionssoldaten für den Dienst an der Front freigestellt werden konnten[98]. Überdies gelang es Grant, Präsident Lincoln dazu zu bewegen, einige auf Befehlsstellen in den rückwärtigen Gebieten sitzende Unionsgenerale zu entlassen, um dergestalt Planstellen für die Beförderung neuer Frontgenerale freizumachen[99].

Daß jeder Schritt des umtriebigen neuen Oberkommandierenden seitens der politischen Führung der Vereinigten Staaten aufmerksam verfolgt wurde, blieb diesem natürlich nicht verborgen. Der das Handeln seines Armeeoberbefehlshabers sorgfältig beobachtende Lincoln stattete diesem in seinem Hauptquartier während des gesamten Zeitraums seiner Befehlsausübung zwar nur zwei persönliche Besuche ab[100], legte aber ansonsten Wert darauf, daß der General mit ihm während der Vorbereitungsphase der großen Frühjahrsoffensive wie auch danach ständig Verbindung hielt. So reiste Grant wunschgemäß bis zum Beginn derselben einmal pro Woche nach Washington[101], um dort dem Staatsoberhaupt die neuesten Ergebnisse seiner Planungen vorzulegen und über die Fortschritte seiner Reorganisations-maßnahmen zu unterrichten[102]. Anders als Lee schrieb Grant allerdings nur selten persönliche Briefe an seinen Präsidenten; statt dessen zog er es vor, seine Depeschen an Halleck zu schicken, der diese mit den entsprechenden Erläuterungen an Lincoln weitergab[103].
Obgleich das anfangs eher distanzierte Verhältnis der beiden mittlerweile ebenso wie auf der Gegenseite bei Davis und Lee auf beiderseitiger Anerkennung und Respekt beruhte und Lincoln seinem Armeeoberbefehlshaber weitestgehend freie Hand ließ, verfügte Grant keineswegs über unumschränkte Befehlsgewalt. Vielmehr mußte er sich beispielsweise bei der Besetzung hoher militärischer Führungspositionen mehrfach den Entscheidungen Lincolns beugen[104]. Davon unbenommen versicherte dieser seinem obersten General noch am 30. April 1864 - wenige Tage vor dem Beginn der Sommeroffensive - in einem kurzen, richtungsweisenden Brief seine besondere Wertschätzung: *"I wish to express in this way my entire satisfaction with what you have done up to this time, so far as I understand it. The particulars of your plans I neither know or seek to know. (...) I wish not to obtrude any constraints or restraints upon you. (...) If there is anything wanting which is within my power to give, do not fail to let me know it"*[105]. Derart bestärkt, war Grant für die restliche Dauer des Krieges nicht abgeneigt, sich dem Präsidenten der Vereinigten Staaten auf jede nur erdenkliche Art und Weise erkenntlich zu zeigen[106].
Die Potomac-Armee, deren Einheiten in der Vorbereitungsphase gründlich ausgebildet worden waren[107], zählte unmittelbar vor Beginn der von Lincoln sehnlichst erwarteten Großoffensive - das 22.000 Mann starke, Grant direkt unterstellte Armeekorps unter General Burnside ausgenommen - nicht weniger als 120.000 einsatzbereite Soldaten aller Dienstgrade, 274 Artilleriegeschütze, 56.000 Pferde und Maultiere, 4.300 Fuhrwerke sowie 835 Ambulanzwagen[108]. Von einer solch immensen Anhäufung von Mensch und Material konnte der Oberbefehlshaber der Nord-Virginia-Armee - dem höchstens die Hälfte all dessen zur Verfügung stand[109] - allenfalls träumen.
Während die bestens versorgte und ausgerüstete, nördlich des Rapidan in

Bereitstellung liegende Unionsarmee auf ihren Marschbefehl wartete, traf General Lee letzte Anstalten, die südlich des Flusses verharrende, während des Winters mit Personalersatz aufgefrischte Nord-Virginia-Armee auf den absehbaren Ansturm der Nordstaatler vorzubereiten. Begünstigt durch schwere Regenfälle, die Grant dazu zwangen, den für die zweite Aprilhälfte geplanten Angriffsbeginn wegen der aufgeweichten Straßen Virginias mehrfach zu verschieben, gewann Lee wertvolle Zeit, um seine knappe Verpflegungsvorräte aufzustocken, die Dislozierung seiner Kräfte zu verfeinern und diese im erwarteten Angriffsschwerpunkt zu massieren[110].

Lee, der die Stärke der Potomac-Armee weit unterschätzte[111] und zudem nur wenig auf die ihm so gut wie unbekannten soldatischen Fähigkeiten seines neuen Gegenspielers gab[112], war trotz der ungünstigen Rahmenbedingungen zuversichtlich, daß er Grant würde aufhalten können[113]. Während dieser für die Soldaten der Potomac-Armee zunächst ein Fremder war, der das Vertrauen seiner Untergebenen erst erwerben mußte, besaß Lee das langjährige Vertrauen der vor Selbstbewußtsein strotzenden Nord-Virginia-Armee, die er zu Recht als "seine" Armee bezeichnen konnte[114]. In den kommenden Monaten würde das besondere Verhältnis zwischen dem Südstaatengeneral und seinen ihm ergebenen Soldaten jedoch auf eine der härtesten Bewährungsproben dieses Krieges gestellt.

3.3.2. Von der Wilderness nach Cold Harbor

Im Frühjahr des Jahres 1864 begann die intensivste und zugleich verlustreichste Endphase des amerikanische Bürgerkriegs. Mit dem direkten Aufeinandertreffen der beiden fähigsten Heerführer des Nordens und Südens kam es zu einer zuvor nie dagewesenen Häufung schwerster Kampfhandlungen, in deren Verlauf die völlig voneinander abweichenden operativen und taktischen Vorgehensweisen Lees und Grants augenscheinlich hervortraten. Am Abend des 3. Mai 1864 erteilte Grant den Angriffsbefehl, woraufhin sich die Heere der Generale Sherman, Butler und Sigel wie geplant in den Morgenstunden des Folgetags in Bewegung setzten[115]. Damit war die von langer Hand vorbereitete Großoffensive Wirklichkeit geworden.

Mit dem Inmarschsetzen der von Grant selbst ins Felde geführten Potomac-Armee unter General Meade und deren Überschreiten des Rapidan auf eilig gelegten Pontonbrücken am Vormittag des 4. Mai endete eine monatelange Phase der Untätigkeit auf dem östlichen Kriegsschauplatz. Der von aufgeschreckten Vorposten alarmierte Lee zögerte jedoch keine Sekunde und entschloß sich unverzüglich, die Potomac-Armee anzugreifen und während des Marsches - wo sich deren numerische Überlegenheit am wenigsten würde auswirken können - in der Flanke zu packen. Dank des geschickten Ansatzes der eigenen Kräfte gelang es Lee schon am nächsten Tag, das vorrückende Unionsheer in der

Wilderness, einem unwegsamen, urwaldähnlichen Waldgelände, zum Kampf zu stellen[116].

Aufgrund der unvorteilhaften topographischen Gegebenheiten entspann sich ein dreitägiges, zähes Ringen hinter eilends errichteten Brustwehren, das sich nicht selten in zahllose unüberschaubare Einzelgefechte auflöste und die beiden Heerführer damit vor eine ungemein schwierige Führungsaufgabe stellte. Anders als vormals im Westen kannte Grant weder das Leistungsvermögen noch das Führungsverhalten seiner Offiziere, zu denen er in der kurzen Zeit seiner Anwesenheit kaum ein ausreichend gefestigtes, alle Beteiligten selbstsicher agieren lassendes Vertrauensverhältnis hatte aufbauen können[117]. Obwohl er im Verlauf der Schlacht mehrfach in Begleitung Meades zu den eigenen Linien ritt, um sich ein Bild über die Lage zu verschaffen, konnte Grant kaum wirksam in das Kampfgeschehen eingreifen und mußte daher in Kauf nehmen, daß viele seiner Befehle nicht so ausgeführt wurden, wie er es eigentlich erwartete. An seinen Gefechtsstand gebunden, wo er äußerlich vollkommen gelassen Meldungen entgegennahm und Befehle erteilte[118], mußte Grant beunruhigt mit ansehen, wie sich die Lage am Nachmittag des 6. Mai - dem Höhepunkt der Schlacht - bedrohlich zuspitzte, ohne daß er auch nur den geringsten direkten Einfluß darauf hätte ausüben können[119].

Im Gegensatz dazu war Lees Versuch, an jenem Tag auf gänzliche andere Weise in den Verlauf der hin und her wogenden Kämpfe einzugreifen, ein weitaus größerer Erfolg beschieden. Als ein massierter Unionsangriff am frühen Morgen des 6. Mai Teile der konföderierten Verteidiger aus ihren Stellungen warf, setzte sich der zufällig vor Ort befindliche Lee an die Spitze einer sich zur Abriegelung des Durchbruchs formierenden Infanteriebrigade aus Texas, um deren Gegenstoß persönlich von vorne zu führen[120]. Der vom frenetischen Jubel der antretenden Texaner getragene General ließ sich erst durch das beherzte Eingreifen mehrerer Stabsoffiziere dazu bewegen, von seinem Vorhaben abzulassen[121], welches schließlich auch ohne sein persönliche Teilnahme erfolgreich gelang.

Trotz der materiellen Überlegenheit des Nordens war Grants Versuch, einen entscheidenden Durchbruch zu erzielen, am 7. Mai 1864 gescheitert; seinem konföderierten Gegenspieler war es gelungen, den Uniongeneral zu seinen Bedingungen in erbitterten Waldkämpfen zum Stehen zu bringen. Das Ergebnis der Schlacht in der Wilderness war für Grant wenig schmeichelhaft. Obwohl er seine gesamte, schwerfällige Streitmacht in den Kampf geworfen hatte, erzielte er keine nennenswerten Geländegewinne und mußte sich mit einem taktischen Unentschieden zufrieden geben[122]. Von über 180.000 auf beiden Seiten beteiligten Soldaten mußten fast 30.000 als Verluste abgeschrieben werden; der Norden hatte allein über 14.000 Gefallene und Verwundete sowie mehr als 3.000 in Gefangenschaft geratene Soldaten zu beklagen, während die Ausfälle

des Südens mit knapp 9.000 Toten und Verletzten sowie fast 2.000 Gefangenen zu Buche schlugen.
Doch anstatt zurückzuweichen, wie es alle seine Vorgänger als Oberkommandierende der Potomac-Armee nach einer mißglückten Angriffsoperation bisher getan hatten, entschloß sich Grant, Lee zu umgehen und weiter gen Süden vorzurücken. Von seinen an ihm vorbeimarschierenden Soldaten, die erfahrungsgemäß erwartet hatten, daß Grant den Rückzug antreten würde, erntete der Unionsoberbefehlshaber nach Ausgabe des neuerlichen Marschbefehls - übrigens das wohl einzige Mal während des gesamten Bürgerkriegs - begeisterten Jubel[123]. Einem Zeitungskorrespondenten aus Washington, der Grant nach dem Ende der Schlacht nach einer Botschaft an die Nation fragte, entgegnete dieser in einer für seine Einstellung geradezu charakteristischen Antwort selbstsicher: *"Well, if you see the President, tell him for me that, whatever happens, there will be no turning back"*[124]. Tatsächlich würde die Potomac-Armee bis Kriegsende ungeachtet der enorm hohen Verluste nicht ein einziges Mal zu mehr als einem örtlichen Rückzug antreten. Statt dessen würde Grant, der seine erste Bewährungsprobe auf dem östlichen Kriegsschauplatz nach einigem Zittern bestanden hatte, sein Gegenüber Lee fortan in die Defensive drängen.
Auch wenn Grant sich zumindest nach außen hin nur recht wenig um die Absichten Lees zu kümmern schien, bereiteten ihm dessen geschickte Abwehrmaßnahmen in den darauffolgenden Wochen und Monaten allerdings erhebliche Probleme bei der Umsetzung seiner Operationsplanung, da Lee im Gegensatz zu seinen mitunter unzulänglichen Offensivvorstößen in der Defensive eine bemerkenswerte Brillanz auf operativem wie taktischem Gebiet an den Tag legte[125]. Als Konsequenz aus den in der Wilderness gemachten Erfahrungen perfektionierte der ehemalige Pionieroffizier Lee bei allen weiteren Auseinandersetzungen den von ihm ohnehin seit längerem forcierten Bau von Schützengräben und Feldbefestigungen, deren Verwendung sich an von ihm mit außergewöhnlichem Gespür zur Verteidigung ausgewählten, bestens geeigneten Standorten für die restliche Dauer des Krieges zu einem Standardverfahren entwickeln sollte[126].
Nachdem sich die beiden Heere im Anschluß an ihren Zusammenprall in der Wilderness kurzzeitig voneinander gelöst hatten, brachte Lee das Bemühen Grants, die Nord-Virginia-Armee in südostwärtiger Richtung zu umgehen, um die Unionstruppen zwischen diese und Richmond zu manövrieren und den Süden in offener Feldschlacht zum Angriff zu zwingen, am 10. Mai 1864 bei Spotsylvania vor sorgsam errichteten Feldbefestigungen zum Erliegen. Um den Umgehungsversuch der Potomac-Armee zu vereiteln, hatte Lee die Schaffung einer markanten, stark befestigten Frontausbuchtung angeordnet, die - als Hindernis auf dem Marschweg der Unionsarmee gelegen - über eine Woche

lang Dreh- und Angelpunkt heftiger Grabenkämpfe wurde[127].
Nach einem ersten, am Abend des 10. Mai bereinigten Einbruch in die Spitze der vom Armeekorps des Generalleutnants Richard S. Ewell verteidigten Frontausbuchtung[128] kam es am 12. Mai im Zuge eines im Morgennebel erneut vorgetragenen Frontalangriffs[129] eines ganzen Unionsarmeekorps unter Generalmajor Winfield S. Hancock zu einem neuerlichen Einbruch in die konföderierte Hauptkampflinie. Die Unionssoldaten strömten zu Tausenden in die aufgerissene Frontlücke, nahmen Unmengen der langsam zurückweichenden Konföderierten gefangen und drohten schließlich, ihren Einbruch zu einem vollständigen Durchbruch auszuweiten[130]. In Anbetracht dieser kritischen Lage preschte der alarmierte Oberbefehlshaber der Nord-Virginia-Armee wie schon sechs Tage zuvor ein weiteres Mal zu den eigenen Linien, um höchstselbst in die Bresche zu springen und die hinhaltenden Widerstand leistenden Grauröcke durch sein persönliches Vorbild nach vorne zu reißen. Als der General im Begriff war, sich an die Spitze zweier von den Brigadegeneralen John Pegram und John B. Gordon geführter, sich gerade zum Gegenstoß sammelnder Infanteriebrigaden zu setzen, gelang es letzterem erst unter Aufbietung aller Kräfte und mit lautstarker Unterstützung der umstehenden Infanteristen, Lee von der Unvernunft seines Vorhabens zu überzeugen[131]. Angespornt durch das persönliche Vorbild ihres Oberkommandierenden[132], schafften es die zum Gegenangriff antretenden Konföderierten, die Unionisten zum Stehen zu bringen, die Frontlinie zu stabilisieren und solange zu halten, bis bei Einbruch der Dunkelheit eine im rückwärtigen Raum ausgehobene zweite Verteidigungslinie bezogen werden konnte[133].
Auch wenn die verlustreichen Kämpfe bei Spotsylvania infolge schwerer Regenfälle in den nächsten Tagen zeitweise zum Erliegen kamen, sollte es noch bis zum 19. Mai dauern, bis sich die feindlichen Armeen - von denen keine eine Entscheidung hatte herbeiführen können - erneut voneinander lösten. Abermals war es Grant mißlungen, die konföderierten Linien zu durchbrechen und Lees Streitmacht den entscheidenden Schlag zu versetzen. Die schweren, von ständigem blutigen Anrennen auf die gegnerischen Schützengräben geprägten Kämpfe forderten allein auf Unionsseite mehr als 16.000 Tote und Verwundete sowie weitere 2.000 durch Gefangennahme verlorene Soldaten[134], während die konföderierte Seite die vergleichsweise geringe Zahl von etwas über 6.000 Gefallenen und Verletzten nebst fast ebenso vielen in Gefangenschaft geratenen verzeichnen mußte.
Bei Spotsylvania hatte Grant unter schmerzlichen, von ihm jedoch weitestgehend ignorierten Verlusten zweierlei lernen müssen. Zum einen, daß aufeinander abgestimmte Angriffe der nur schlecht eingespielten Potomac-Armee die Korpskommandeure derselben trotz des regen Gebrauchs von Feldtelegraphen vor erhebliche Schwierigkeiten stellten[135], zum anderen aber - und dies war

weitaus schwerwiegender - daß ihm mit General Lee ein mehr als ebenbürtiger Gegner gegenüberstand, der unbeeindruckt von der rücksichtslosen Vorgehensweise der Unionsstreitkräfte alles daran setzen würde, seine Heimat gegen die Eindringlinge aus dem Norden zu verteidigen.

Nachdem es Lee gelungen war, dem Ansturm der Unionsdivisionen trotz örtlicher Einbrüche anderthalb Wochen lang standzuhalten, entschloß sich Grant gezwungenermaßen, die Nord-Virginia-Armee am 20. Mai 1864 ein weiteres Mal in südostwärtiger Richtung zu umgehen. Beeinflußt wurde diese Entscheidung nicht zuletzt auch durch die Tatsache, daß die in Virginia zeitgleich mit dem Vormarsch der Potomac-Armee angesetzten Angriffsoperationen der Generale Butler und Sigel wenige Tage zuvor von den Konföderierten zum Stehen gebracht worden waren[136], womit Grants ehrgeiziger Plan, den Süden auf dem östlichen Kriegsschauplatz von seinen Nachschublinien abzuschneiden und zur Verzettelung seiner Kräfte zu zwingen, gescheitert war[137]. Ohne die Rücken- und Flankenbedrohung durch Butler und Sigel war es Lee nunmehr möglich, sich - von Teilen seiner nun freigewordenen Kräfte unterstützt - in noch stärkerem Maße der Armee Grants zu widmen.

In die strategische Defensive gedrängt, sah sich Lee veranlaßt, weiteres Gelände aufzugeben und nach Süden auszuweichen, wo er sich hinter dem North Anna - einem breiten, von West nach Ost verlaufenden Strom - verschanzte. Obgleich zwei Korps der Potomac-Armee am 23. Mai den Übergang über den Fluß erzwingen konnten, gelang es Lee, den Hauptkörper der Unionsarmee am Überqueren des North Anna zu hindern[138], so daß Grant am 26. Mai erstmals in diesem Feldzug einen taktischen Rückzug antreten mußte. Der dritte, südostwärts zielende Umgehungsversuch Grants endete nach einigen kleineren Gefechten am 31. Mai bei Cold Harbor, wo die Potomac-Armee von den ebenfalls ausgewichenen Verbänden Lees, die den Nordstaatlern den Weg nach Richmond versperrten, erwartet wurde.

Die Unionsoffensive hatte bislang zwar viel Raum gewonnen, das eigentliche Hauptziel - die Vernichtung der Nord-Virginia-Armee - aber nicht erreichen können; der von Lincoln so dringend benötigte Sieg vor den Wahlen im Herbst stand nach wie vor aus. Ein abermaliges, aller Wahrscheinlichkeit in Richtung der Befestigungsanlagen um Richmond erfolgendes Ausweichen der Nord-Virginia-Armee hätte den unter erheblichem politischen Druck stehenden Oberbefehlshaber der Unionsstreitkräfte folglich der letzten Möglichkeit eines weiteren Umgehungsversuches und damit der Einleitung einer für den Norden siegreichen Schlacht beraubt[139]. Zur Verhinderung dessen entschloß sich Grant, die letzte sich ihm bietende Gelegenheit zu nutzen, um der nach seinem Dafürhalten angeschlagenen Nord-Virginia-Armee bei Cold Harbor den Todesstoß zu versetzen.

Nach einem ersten Aufeinandertreffen berittener Vorausabteilungen am 31. Mai 1864 ließ Grant das Gros seiner Truppen in einem nächtlichen Gewaltmarsch auf das keine zwanzig Kilometer nordöstlich der konföderierten Hauptstadt gelegene Cold Harbor zumarschieren, wo die gegnerischen Heere am Morgen des 1. Juni aufeinanderprallten, ohne daß eine der beiden Seiten eine Entscheidung herbeiführen konnte. Die Soldaten des Nordens wie auch des Südens, die aus den Erfahrungen der letzten Wochen gelernt hatten, begannen daher, sich unverzüglich einzugraben und ihre neu geschaffenen Stellungen innerhalb kürzester Zeit auszubauen[140]. Um Lees Armee ein für allemal auszuschalten, plante Grant einen massiven, über eine breite Front vorzutragenden Frontalangriff, der von dreien seiner vier Armeekorps ausgeführt werden sollte. Die Leitung der Angriffsvorbereitungen überließ er General Meade, der als eigentlicher Kommandeur der Potomac-Armee den für den Morgen des 2. Juni angesetzten Sturmlauf zu koordinieren hatte[141]. Da einer der für die Attacke vorgesehenen Großverbände seine Ausgangsstellungen infolge widersprüchlicher Befehle jedoch nicht vor Mittag beziehen konnte[142], sah sich Grant veranlaßt, den Angriffstermin mehrfach zu verschieben und schließlich auf den Morgen des 3. Juni festzusetzen[143]. Die Südstaatler nutzten die ihnen dadurch geschenkte Zeit, um währenddessen in Ermangelung größeren Feinddrucks unter geschickter Ausnutzung des offenen, nur leicht bewaldeten Terrains auf Anweisung Lees ein ausgeklügeltes, tief gestaffeltes Verteidigungssystem zu schaffen, das mit Hilfe von Pionieren bis zum Morgen des 3. Juni zu einem nachgerade perfekten Sperriegel ausgebaut werden konnte[144]. Nach einem zehnminütigen Feuerschlag der Unionsartillerie traten die zum Sturmlauf auserkorenen Infanteriedivisionen der Potomac-Armee im Morgengrauen des 3. Juni 1864 zum Angriff an. Doch anstatt den konföderierten Sperriegel zu durchbrechen, liefen Abertausende der in mehreren Wellen antretenden Unionssoldaten ins Verderben. Von mörderischem Artillerie- und Gewehrfeuer empfangen, wurde die erste Angriffswelle innerhalb weniger Minuten fast vollständig aufgerieben. Binnen weniger als einer Stunde war das Schlachtfeld von über 7.000 toten und sterbenden Blauröcken übersät[145], von denen nur die allerwenigsten die konföderierte Verteidigungslinie überhaupt hatten erreichen können. In gezieltes Kreuzfeuer genommen, mußten sich die wenigen, nicht zurückgewichenen Überlebenden der Welle um Welle nach vorne getriebenen Sturmbrigaden vor den feindlichen Stellungen eingraben, von wo aus sie erst bei Anbruch der Dunkelheit zu den eigenen Linien zurückweichen konnten. Nach dem katastrophalen Scheitern der frühmorgendlichen Attacke weigerten sich etliche Unionsoffiziere standhaft, mit ihren Einheiten wie befohlen erneut vorzugehen und das Leben ihrer Männer sinnlos aufs Spiel zu setzen[146].

Obwohl Grant aus der sicherer Distanz seines Gefechtsstands auf der rücksichtslosen Durchführung des Frontalansturms bestanden hatte[147], gewährte er General Meade nach dem Erhalt erster ernüchternder Lagemeldungen und einem kurzen Frontbesuch im Laufe des Vormittags nach erfolgter Berichterstattung durch die einzelnen Korpskommandeuren die Handlungsfreiheit, den ohnehin zum Erliegen gebrachten Angriff endgültig abzubrechen[148]. Angesichts der immensen Verluste, der offensichtlichen Sinnlosigkeit weiteren Vorgehens sowie nicht zuletzt auch in Anbetracht der wohl einmaligen Fälle von Befehlsverweigerung um Schadensbegrenzung bemüht, kann Grants schriftlicher Befehl an Meade, in welchem er den nominellen Befehlshaber der Potomac-Armee als Führer vor Ort erst mehrere Stunden nach dem Desaster anwies, diesem nach Rücksprache mit den Befehlshabern der Armeekorps auch formell ein Ende zu bereiten, nur als beschönigendes persönliches Eingeständnis des grandiosen Scheiterns seines Angriffsvorhabens gewertet werden. Daher überrascht es nur wenig, daß Grant erst lange Jahre nach dem Krieg dazu bereit war, seine folgenschwere Fehlentscheidung in seinen Memoiren verhältnismäßig offen einzugestehen: *"This assault cost us heavy and probably without benefit to compensate"*[149], und weiter: *"I have always regretted that the last assault at Cold Harbor was ever made. (...) At Cold Harbor no advantage whatever was gained to compensate for the heavy loss we sustained. Indeed, the advantages, (...) were on the Confederate side"*[150].

Der hinter bestens ausgebauten Feldbefestigungen verschanzten, ohne nennenswerte Reserven operierenden Nord-Virginia-Armee[151] unter Führung General Lees gelang es an jenem Tag, dem Norden bei nicht einmal 1.500 Eigenausfällen fast das fünffache an Verlusten zuzufügen, was dazu führte, daß sich die sichtlich erschütterte, in ihrer Moral schwer angeschlagene Potomac-Armee[152] in der darauffolgenden Woche anders als nach allen vorhergehenden Schlachten dieses Feldzugs lediglich darauf beschränkte, ihre Stellungen bei Cold Harbor zu halten.

In dieser, nur von Spähtruppunternehmen und dem sporadischem Feuer der sich abwartend gegenüberliegenden Armeen unterbrochenen Phase der Untätigkeit entspann sich ein ungewöhnlicher Machtkampf zwischen den beiden Oberkommandierenden, den diese auf dem Rücken eines hilflosen Heeres verwundeter Nordstaatler austrugen, welche nach dem Sturmangriff des 3. Juni in großer Anzahl im Niemandsland zwischen den feindlichen Stellungen liegengeblieben waren. Da die rege Scharfschützentätigkeit die Bergung der in der Sommerhitze qualvoll dahinsiechenden Unionssoldaten verhinderte, ließ Grant - von besorgten Meldungen seiner Verbandsführer zum Handeln gedrängt - Lee nach zweitägiger Untätigkeit[153] am 5. Juni ein Schreiben übermitteln, in welchem er um Bergung der Verwundeten bat. Dabei vermied er es zunächst

bewußt, den konföderierten Oberbefehlshaber um eine Waffenruhe zu bitten, da dies dem Eingeständnis einer Niederlage gleichgekommen wäre. Dies erkennend, bestand Lee unbeirrt auf der Vereinbarung einer Waffenruhe; einer Bedingung, der Grant erst nach mehrfachem Notenwechsel am Nachmittag des nächsten Tages zur Genugtuung seines Kontrahenten zustimmte[154]. Die am Morgen des 7. Juni das Schlachtfeld absuchenden Krankenträger konnten so gerade einmal zwei Überlebende bergen, während zwischenzeitlich hunderte von unversorgten Verwundeten ihren Verletzungen erlegen waren[155].
Als sich die Potomac-Armee am 12. Juni 1864 im Schutze der Dunkelheit vom Feind löste, hatte sie innerhalb von knapp zwei Wochen Gesamtverluste in Höhe von rund 15.000 Mann einstecken müssen, während Lee, der mit seinem taktischen Sieg bei Cold Harbor den mit Abstand größten Triumph des Südens in der Endphase des Sezessionkriegs errang, im gleichen Zeitraum die vergleichsweise geringe Zahl von nicht einmal 5.000 Soldaten eingebüßt hatte.
Bestanden die Schlachten während der ersten drei Kriegsjahre meist aus wenige Stunden bis Tage dauernden lokalen Begegnungen in größerer zeitlicher Abfolge, nach denen sich in der Regel eine der Kriegsparteien zurückzog, hatten die feindlichen Armeen seit Beginn der Unionsoffensive am 4. Mai 1864 fast sechs Wochen lang Fühlung gehalten und dabei - fast ununterbrochen marschierend, schanzend und kämpfend - eine Strecke von über einhundert Kilometern zurückgelegt. Die Verluste des Nordens waren innerhalb dieser Zeitspanne auf insgesamt 54.000 Mann angestiegen[156], wohingegen sich die Gesamtausfälle des Südens mit 30.000 verlorenen Soldaten auf etwas mehr als die Hälfte dessen beliefen; seit Anfang Mai war beiden Seiten somit annähernd fünfzig Prozent der ursprünglichen Truppenstärke abhanden gekommen. Anders als dem grundsätzlich aus dem vollen schöpfenden Norden bereite es den ausblutenden Südstaaten indes immer erheblichere Schwierigkeiten, den eigenen Streitkräften Personalersatz in ausreichendem Umfang zur Verfügung zu stellen[157].
Infolge der horrenden Einbußen an Menschenleben - der durchschnittliche Tagesverlust der Potomac-Armee betrug fast 1.500 Mann, was zusammen über die Hälfte der kampfbedingten Ausfälle der vergangenen drei Jahre ausmachte - und des in weite Ferne entrückt scheinenden siegreichen Abschlusses des Sezessionkriegs erreichte die seit Spotsylvania ohnehin abgekühlte Stimmung im Norden einen neuen Tiefpunkt. An die Stelle von Siegeszuversicht traten nunmehr wachsende Kriegsmüdigkeit und Kritik an der politischen und militärischen Führung; wegen seiner sturen, die täglichen Verlustziffern allenfalls beiläufig zur Kenntnis nehmenden Vorgehensweise bezeichnete man den Oberkommandierenden der Unionsstreitkräfte in Presse und Öffentlichkeit - wozu beileibe nicht nur Vertreter der Friedensfraktion zählten - nun als "Schlächter"[158]. Grants vormals ausgezeichneter Ruf in der öffentlichen

Meinung der Nordstaaten hatte einigen Schaden genommen, wovon sich dieser nur langsam wieder erholen sollte[159].

Obwohl es dem Generalleutnant im Gegensatz zu allen seinen Vorgängern gelungen war, Lee wochenlang in die strategische Defensive zu drängen, hatte dieser alle Schachzüge Grants richtig vorhergesehen und mit seiner kleineren, aber beweglicheren Streitmacht durchkreuzt[160]. Daß Lee, der den Unionsgeneral in der Regel nur "that man" zu nennen pflegte[161], seine anfängliche Geringschätzung der Grant'schen Feldherrnkünste nun vollends bestätigt sah, ist somit nicht weiter verwunderlich[162].

Doch nicht nur Grants Ansehen, auch seine Armee hatte in den vergangenen Wochen sichtbar leiden müssen, was sich nicht nur auf die Moral, sondern auch auf die Kampfkraft derselben auszuwirken begann. Während die Nord-Virginia-Armee trotz ihrer personellen Schwächung ebenso wie die gesamte Öffentlichkeit des Südens moralisch gestärkt aus der Auseinandersetzung hervorging, zeigten sich in den Reihen der Potomac-Armee erste Zersetzungserscheinungen, da viele Offiziere und Mannschaften keinerlei Ambitionen mehr hegten, immer wieder aufs Neue und ohne Rücksicht auf Verluste ins Feuer geschickt zu werden[163]. Als wäre dies nicht genug, kam es auch jenseits der unteren Befehlsebenen zu erheblichen Friktionen, da sich einzelne, teils einander mißtrauende Korpskommandeure sowohl mit General Meade als auch untereinander überwarfen[164].

Infolge der aus der Schlacht bei Cold Harbor gewonnen Erkenntnis, der taktischen Überlegenheit Lees nicht gewachsen zu sein, entschloß sich der Unionsoberbefehlshaber, auf weitere Frontalangriffe zu verzichten, weshalb die Potomac-Armee ihre Stellungen bei Cold Harbor am 12. Juni 1864 aufgab, um - östlich an Richmond vorbeistoßend - das rund dreißig Kilometer südlich der konföderierten Hauptstadt gelegene Petersburg anzupeilen. Mit der geplanten Einnahme dieser strategisch wichtigen, als Eisenbahnknotenpunkt die Versorgung Richmonds wie auch der konföderierten Streitkräfte im östlichen Virginia gewährleistenden Stadt hoffte Grant, die sodann von ihren Nachschubwegen abgeschnittene Nord-Virginia-Armee im Rücken packen und doch noch vernichten zu können. Diese Hoffnung würde sich jedoch ein weiteres Mal als Trugschluß erweisen.

3.4. Der Stellungskrieg vor Petersburg bis März 1865

Nachdem die Potomac-Armee den über einen Kilometer breiten James auf einer von Pionieren in Rekordzeit angelegten Pontonbrücke zwischen dem 14. und 16. Juni 1864 vom Feinde ungehindert überquert hatte[165], setzte Grant zu einem letzten Flankenmanöver an, um das etwa zwanzig Kilometer von seinem Brückenkopf entfernte Petersburg im Sturm zu nehmen. Das einzige, was Grant noch im Weg stand, waren die Verbände General Pierre G. T. Beauregards, deren entschlossener Widerstand die am 15. Juni mit ersten Spitzen vor Petersburg stehende, an Mannschaftsstärke zweieinhalbfach überlegene Unionsarmee abschlagen und bis zum Eintreffen der ebenfalls auf die Stadt zumarschierenden Nord-Virginia-Armee am 18. Juni aufhalten konnte[166]. Um die von den Konföderierten unverzüglich ausgehobenen Feldbefestigungen zu umgehen, unternahm Grant einen letzten verzweifelten Versuch, Petersburg in südwestlicher Richtung zu umfassen; ein Unterfangen, das - am 22. Juni von Lee zum Stehen gebracht - jedoch kläglich scheiterte. Damit war der Bewegungskrieg auf dem östlichen Kriegsschauplatz endgültig zum Erliegen gekommen.

Mit der fast vollständigen weiträumigen Einkesselung Richmonds und der nun einsetzenden Belagerung Petersburgs[167] erstarrte die Front für die kommenden neun Monate im Stellungskrieg. Unter der Aufsicht Lees entstand ein sich schließlich über die gesamte Strecke zwischen den beiden zu verteidigenden Städten erstreckendes, hervorragend ausgebautes und verzweigtes Grabensystem, das die numerische Überlegenheit des ebenfalls zum Eingraben gezwungenen Angreifers zunichte machte. Grants Plan, die Nord-Virginia-Armee in einer offenen Feldschlacht zu stellen und zu vernichten war somit vorerst gescheitert. Statt dessen hatte sein Feldzug der Union bis zum Beginn der Belagerung von Petersburg Gesamtverluste von 65.000 Mann eingebracht, während der Süden die vergleichsweise geringe, wenn auch ungleich schwieriger zu ersetzende Zahl von 35.000 ausgefallenen Soldaten beklagen mußte; das Ergebnis der Unionsoffensive in Virginia erschöpfte sich den hohen Erwartungen des Nordens zum Trotz also lediglich in einem strategischen wie taktischen Unentschieden. Außerdem bedurften beide Armeen, deren Soldaten sich infolge der ständigen Gefechte sowie des pausenlosen Marschierens und Schanzens nun am Rande der völligen körperlichen und seelischen Erschöpfung befanden, der personellen wie materiellen Wiederauffrischung, wozu die ausgezehrten Südstaaten allerdings kaum noch imstande waren[168].

Davon unbenommen hatte Lee angesichts der sich abzeichnenden Pattsituation schon wenige Tage nach der Schlacht von Cold Harbor mit der Abstellung eines von Generalleutnant Jubal A. Early geführten, knapp 15.000 Mann starken Armeekorps dafür gesorgt, die Unionstruppen auf dem östlichen Kriegsschauplatz auch weiterhin in Atem zu halten. Nach einem ersten, am 18. Juni 1864 bei Lynchburg im westlichen Virginia erfochtenen Sieg über die marodierenden Unionsverbände General Hunters gelang es den in der Folge durch das Shenandoahtal nach Maryland auf Unionsgebiet vorgedrungenen Truppen Earlys, zur Beunruhigung der Nordstaatler am 11. Juli bis vor die Tore Washingtons vorzustoßen[169]. Angesichts dessen sah sich Grant gezwungen, zwei Armeekorps aus den Gräben um Petersburg abzuziehen und die Zusammenstellung eines aus fast 50.000 Mann bestehenden, von Generalmajor Philip H. Sheridan kommandierten Heeresverbands anzuordnen, dessen Aufgabe darin bestand, der neuerlichen Bedrohung der Unionshauptstadt wie auch der umliegenden Gebiete ein Ende zu bereiten. Die Ende Juli wieder ins Shenandoahtal zurückgewichenen, geschickt operierenden Verbände Earlys konnte Sheridan trotz seiner dreifachen numerischen Überlegenheit indes erst nach mehreren kleineren Schlachten am 19. Oktober 1864 bei Strasburg besiegen und aus dem von seinen Truppen völlig verwüsteten Shenandoahtal vertreiben[170]. Obgleich General Early mit seinen Operationen über Monate hinweg zigtausende von Unionssoldaten band, wirkte sich dessen Präsenz im Nordwesten Virginias entgegen Lees Kalkül allerdings nur geringfügig auf die zur gleichen Zeit rund um Petersburg tobenden Grabenkämpfe aus[171].

Mit dem systematischen, seit Ende Juni 1864 stetig vorangetriebenen Ausbau der dortigen Befestigungsanlagen durch die sich bewegungslos gegenüberliegenden Kriegsparteien begann ein neuer, von der bisherigen Kriegführung der vergangenen drei Jahre völlig abweichender Abschnitt des Sezessionskriegs. Von örtlichen Stoßtruppunternehmen abgesehen, beschränkten sich die Aktivitäten der in ihren Stellungen und Unterständen ausharrenden, regelmäßigem Artilleriebeschuß[172] und ständig lauernden Scharfschützen ausgesetzten Truppenteile nämlich für ein dreiviertel Jahr im wesentlichen auf eine einzige Tätigkeit; das Warten[173]. Dieses Zustands überdrüssig, unternahmen die Nordstaatler einen Monat nach Beginn der Belagerung zum vorerst letzten Mal den Versuch, die Grabenfront vor Petersburg aufzubrechen und damit das Blatt doch noch zu ihren Gunsten zu wenden.

In den letzten Junitagen begann eine aus Bergleuten zusammengestellte Einheit der Unionsarmee mit dem Vortrieb eines zweihundert Meter langen Stollens, dessen Ende sich direkt unter dem vordersten Abschnitt der konföderierten Hauptkampflinie befand. Nach einem Plan von General Burnside sollte der Stollen mit einer gewaltigen Sprengladung zur Explosion gebracht werden, um anschließend die zertrümmerten Stellungen der überraschten Südstaatler mühelos durchstoßen zu können. Nachdem der angesichts des immer näher rückenden Wahltermins an einer langwierigen Belagerungsoperation nur wenig Gefallen findende, hin und wieder dem Alkohol zusprechende Grant[174] seine Zustimmung trotz erster Bedenken erteilt hatte, machte sich Burnside daran, sein Vorhaben zu verwirklichen[175].

Im Morgengrauen des 30. Juli 1864 wurde die auf der Grabenfront liegende Stille durch eine dumpfe Detonation zerrissen, die innerhalb weniger Sekunden eine über hundert Meter breite Bresche in das konföderierte Stellungssystem schlug[176]. Die wegen stümperhafter Vorbereitungen erst verspätet antretenden und damit des Überraschungsmoments verlustig gegangenen Unionssoldaten, die sich - anstatt die feindlichen Gräben von der Seite her aufzurollen - zu Tausenden in den durch die Explosion geschaffenen, sechzig Meter breiten und zehn Meter tiefen Krater ergossen, wurden jedoch von den eilig zusammengerafften, am Rande desselben stehenden konföderierten Verteidigern zu Hunderten zusammengeschossen und nach kurzer Zeit zum Rückzug gezwungen[177]. Der enttäuschte Grant, der das Geschehen ebenso wie Lee aus wenigen hundert Metern Entfernung verfolgt hatte, sah sich zu der Bemerkung veranlaßt, daß er in diesem Krieg aller Voraussicht nach nie wieder eine solche Gelegenheit geboten bekäme[178]. Tatsächlich vergab die Union an diesem Tag die wohl einmalige Chance, Petersburg zu nehmen und zum Bewegungskrieg zurückzukehren.

Als sich Lee Anfang Oktober 1864 nach dem Liegenbleiben eines örtlich begrenzten Vorstoßes gegen die nordöstlich von Petersburg stehenden Truppen General Butlers an den Unionsoberbefehlshaber wandte, um einen Austausch der im Zuge dieses Gefechts in Gefangenenschaft geratenen Soldaten in die Wege zu leiten, ergriff Grant die Gelegenheit, seinen Kontrahenten auch jenseits des Schlachtfelds herauszufordern. Obwohl der Oberbefehlshaber der Unionsstreitkräfte schon im April 1864 auf Wunsch des seit 1862 amtierenden, für seine unnachgiebige Haltung berüchtigten Kriegsministers Edwin M. Stanton dafür gesorgt hatte, daß der seit Kriegsbeginn gängigen Praxis des Gefangenenaustauschs ein abruptes Ende bereitet wurde[179], blieb der gelegentliche Transfer kleinerer Gefangenenkontingente auch nach seiner Befehlsübernahme auf dem östlichen Kriegsschauplatz an der Tagesordnung[180]. Die Tatsache, daß sich unter den von der Konföderation eingebrachten Gefangenen auch etliche Schwarze befanden, denen die Südstaaten die rechtliche Anerkennung als Kriegsgefangene verweigerten, hielt Grant nicht davon ab, Lee gezielt zu fragen, ob er bereit wäre, den vom Austausch prinzipiell ausgeschlossenen Schwarzen den Rechtsstatus weißer Unionssoldaten zuzubilligen. Lee, der diese Anfrage erwartungsgemäß ablehnte, war somit gezwungen, zur Genugtuung seines Gegenspielers auf den von ihm erhofften Gefangenentransfer zu verzichten[181].

Als Grant von General Butler kurz darauf die Meldung erhielt, daß die Südstaatler zum Ausbau des auf halber Strecke zwischen Richmond und Petersburg in Reichweite der Unionsartillerie gelegenen Forts Gilmer schwarze Kriegsgefangene benutzten, wies er diesem kurzerhand eine Anzahl konföderierter Gefangener zu, die von Butler in gleicher Weise eingesetzt wurden. Zum Nachgeben genötigt, ließ Lee die zu Arbeitskräften umfunktionierten Schwarzen abziehen, woraufhin der aus diesem Machtkampf als Sieger hervorgegangene Unionsoberbefehlshaber zufrieden nachzog[182].

Für Ulysses S. Grant war es eine Selbstverständlichkeit, in Anerkennung des

Primats der Politik die nach der im Januar 1863 von Lincoln proklamierten Sklavenbefreiung in die Unionsarmee einrückenden Schwarzen als gleichwertige Soldaten zu betrachten und deren dementsprechende Behandlung auch gegenüber den Konföderierten durchzusetzen[183]. Während zahlreiche Unionskommandeure dem Einsatz von Farbigenregimentern eher skeptisch gegenüberstanden und diese daher oftmals lediglich für Schanzarbeiten sowie Wach- und Sicherungsaufgaben verwendeten, war Grant in dieser Hinsicht frei von Vorbehalten[184]. Um die Niederwerfung der "Rebellion" zu beschleunigen, forderte der General nach seiner Befehlsübernahme auf dem östlichen Kriegsschauplatz den Einsatz jedes verfügbaren Schwarzens - ganz gleich ob als Arbeitskraft oder als Soldat - wobei er sich nicht scheute, in Virginia sogar eigens zu diesem Zweck abgestellte Einheiten der Armee ausschwärmen zu lassen, um alle auffindbaren Schwarzen für die Unionsstreitkräfte zu vereinnahmen[185].

Während der meßbare Fortschritt der Unionstruppen in Virginia im Spätsommer und Herbst 1864 - von Sheridans Shenandoah-Feldzug einmal abgesehen - gegen Null zu tendieren schien, war dem Vorrücken General Shermans auf dem westlichen Kriegsschauplatz weithin sichtbarer Erfolg beschieden. Von der Armee Joseph E. Johnstons nur ein einziges Mal in offener Feldschlacht aufgehalten[186], gelang es Sherman, die verbissenen Widerstand leistenden Truppen des Generalleutnants John B. Hood - der Johnston Mitte Juli abgelöst hatte - immer weiter zurückzudrängen und das von diesen verzweifelt verteidigte, vom Nachschub abgeschnittene Atlanta nach über einmonatiger Belagerung am 2. September 1864 zu nehmen. Eine gut hundert Kilometer breite Spur der Verwüstung hinter sich lassend, erreichten die fast ungehindert mehr als dreihundert Kilometer in Feindesland vorstoßenden Verbände Shermans Ende Dezember 1864 bei Savannah, Georgia, die Atlantikküste[187]. Ungeachtet der Tatsache, daß die von Grant persönlich geleitete Offensive in Virginia vor Petersburg zusammengebrochen war, hatte seine großangelegter Operationsplan damit Früchte getragen; die Einnahme Atlantas, Shermans Marsch zum Meer und nicht zuletzt auch Sheridans Sieg im Shenandoahtal machten den noch im Sommer 1864 um seine Wiederwahl bangenden, infolge dieser Siegesserie in der Wählergunst nach oben schnellenden Lincoln überhaupt erst mehrheitsfähig und trugen letztlich entscheidend zu dessen eindeutigem Wahlsieg am 8. November 1864 bei[188].

Unterdessen machte sich an der Grabenfront bei Petersburg ein in den konföderierten Streitkräften mit zunehmender Dauer des Sezessionskriegs verstärkt ins Blickfeld rückendes, immer akuter werdendes Problem bemerkbar; der Mangel an Personalersatz. Nach dem Erstarren des Bewegungskriegs in Virginia drängte Robert E. Lee, dem die schwindenden Kräfte seiner Armee ernsthafte Sorgen bereiteten, verstärkt auf eine konsequente Mobilisierung der männlichen Bevölkerung. Wiederholt forderte er Präsident Davis sowie den konföderierten Kriegsminister James A. Seddon auf, die Durchsetzung einer unnachgiebigen Einberufungspolitik zu betreiben und das Gros der noch bestehenden Wehrdienstausnahmen zu widerrufen. Dabei zierte sich Lee nicht, seine politischen Vorgesetzten mit manch unbequemer Wahrheit zu konfrontieren und dabei unverblümt auf die desolate Personallage hinzuweisen[189]. Mit den vertröstenden Antworten des Kriegsministers unzufrieden, wandte sich Lee am 2. September 1864 - in dieser Angelegenheit nicht zum ersten Mal - direkt an den Präsidenten, um seinen Forderungen höflich, aber bestimmt Nachdruck zu verleihen. In seinem ungewöhnlich langen Brief an Davis schrieb der General: *"I beg leave to call your attention to the importance of immediate and vigorous measures to increase the strength of our armies. (...) Our ranks are constantly diminishing by battle and disease, and few recruits are received. The consequences are inevitable, and I feel confident that the time has come when no man capable of bearing arms should be excused, (...) hardship to individuals must be disregarded in view of the calamity that would follow to the whole people if our armies meet with desaster"*[190]. Nicht zuletzt in Anbetracht der für den Süden zunehmend hoffnungsloseren Kriegslage und des damit verbundenen Schwunds der Mittel geschah jedoch entgegen Lees Erwartungen zu wenig, um den Personalersatz für die ausblutenden konföderierten Armeen in einer auch nur halbwegs annehmbaren Größenordnung sicherzustellen.

Was die Einsatzbereitschaft der Nord-Virginia-Armee aber mindestens ebenso stark beeinträchtigte wie die unzureichende Nachführung von Rekruten waren die in den letzten beiden Kriegsjahren allmählich überhandnehmenden Fälle von Fahnenflucht. Infolge von Desertion schwand der Personalumfang der in den Gräben vor Petersburg liegenden Armee Lees Monat für Monat um etwa acht Prozent[191], was den sich der langfristigen Konsequenzen nur zu bewußten General dazu veranlaßte, von Präsident Davis die Einleitung energischer Schritte zur Eindämmung dieses immensen Personalschwunds zu fordern[192]. Im Gegensatz zum konföderierten Staatsoberhaupt, das von seinem Begnadigungsrecht für Deserteure regen Gebrauch machte, bestand der ein hartes Durchgreifen befürwortende Lee darauf, das Strafmaß der bestehenden Militärstrafgesetze - einschließlich der Verhängung und Vollstreckung von Todesurteilen - rigide auszuschöpfen[193]. Um der immer größere Ausmaße annehmenden Fahnenflucht Herr zu werden, erließ der General noch Mitte Februar 1865 zwei Heeresbefehle, in denen er allen unerlaubt von der Truppe ferngebliebenen und desertierten Soldaten im Falle ihrer fristgerechten Rückkehr Straffreiheit zusicherte und sogar allen wegen dieser Delikte einsitzenden Delinquenten eine Generalamnestie gewährte[194]. Obzwar diese, Lees harter Haltung in Sachen Desertion eigentlich entgegenstehenden Anordnungen einige hundert Soldaten zur Rückkehr in die Konföderationsarmee bewegt haben

dürften[195], vermochten es selbst jene aus der Not der Stunde geborenen Maßnahmen nicht, der unaufhaltsam voranschreitenden Auflösung der konföderierten Streitkräfte effektiv entgegenzuwirken.
Doch nicht nur Robert E. Lee, auch Ulysses S. Grant sah sich seit seiner Befehlsübernahme auf dem östlichen Kriegsschauplatz mit dem Problem konfrontiert, den ständigen Personalbedarf seiner Armeen fortwährend und in ausreichendem Umfang zu decken. Trotz der für den Norden ungleich vorteilhafteren Rahmenbedingungen und dem bis zum Beginn der Sommeroffensive quantitativ hinreichend gewährleisteten Personalersatz[196] war die Zahl der einsatzbereiten Soldaten der Potomac-Armee während der Belagerung von Petersburg nicht zuletzt infolge von Abstellungen Ende August 1864 auf ein Bruchteil der noch Anfang Mai verfügbaren Personalstärke zusammengeschmolzen, so daß eine erfolgversprechende Führung zukünftiger Offensivoperationen selbst unter Miteinbeziehung der Armee General Butlers in Frage gestellt war[197]. In Anbetracht dessen zögerte Grant nicht, sich trotz seiner grundsätzlich gewahrten Distanz zu politischen Angelegenheiten direkt an Kriegsminister Stanton zu wenden, um von diesem die Durchsetzung einer konsequenten Einberufungspolitik zu verlangen[198], was schließlich dazu führte, daß die Lücken seiner Armeen gefüllt und die Zahl der ihm zur Verfügung gestellten Soldaten wie gefordert merklich erhöht wurde. Damit hielt Grant die Mittel in Händen, die von ihm konzipierte Zermürbungs- und Zu-sammendrückstrategie im letzten Kriegsjahr ungeachtet der auch in den Unionsstreitkräften ungemein hohen Desertionsrate[199], die dem Unionsoberbefehlshaber große Sorge bereitete[200], erfolggekrönt zu vollenden.
Anfang 1865 zeitigten Grants strategische Planungen weithin sichtbare Erfolge. Die Union hatte zwar trotz des absehbaren Sieges - Shermans Marsch zum Meer einmal ausgenommen - seit einem guten halben Jahr kaum nennenswerte Geländegewinne zu verbuchen, das Ziel, die konföderierten Verbände auf beiden Kriegsschauplätzen kontinuierlich unter Druck zu setzen und zurückzudrängen, aber zweifelsohne erreicht. Mit der gezielten Zerstörung der durch Georgia führenden, für das konföderierte Nachschubwesen lebenswichtigen Haupteisenbahnlinien durch General Sherman - der seinen Vormarsch Anfang Februar unter abermaliger Anwendung der Politik der verbrannten Erde durch South Carolina in nördlicher Richtung fortsetzte - sowie der nach einer kombinierten Land- und Seeoperation am 15. Januar 1865 erfolgten Einnahme des Wilmington, North Carolina, vorgelagerten Forts Fisher - wodurch der letzte bis dahin noch freie Hafen der Konföderation blockiert wurde - war die ohnehin mangelhafte Versorgung der konföderierten Truppen und insbesondere der vor Petersburg festgenagelten Nord-Virginia-Armee auf Dauer kaum noch aufrechtzuerhalten und die Kapitulation derselben damit nur noch eine Frage der Zeit[201].

Angesichts der trostlosen Entwicklung der Kriegslage, der stetig schwindenden Kräfte und Ressourcen sowie nicht zuletzt auch in Anbetracht der sich auch in den Südstaaten allmählich ausbreitenden Kriegsmüdigkeit forderte der konföderierte Kongreß Präsident Davis Mitte Januar 1865 auf, den unverändert populären Robert E. Lee zum Oberbefehlshaber der konföderierten Streitkräfte zu ernennen. Nachdem Davis, der seit Kriegsbeginn auch den militärischen Oberbefehl über die Streitkräfte seines Landes innehatte, seinem der Amtsübernahme eingangs recht zurückhaltend gegenüberstehenden Lieblingsgeneral von der Notwendigkeit dieses Vorhabens überzeugen konnte, trat der neue Hoffnungsträger am 9. Februar 1865 den vom Kongreß eigens für ihn geschaffenen Posten des konföderierten Armeeoberbefehlshabers an[202].

Dem Wirken des auch weiterhin als Kommandeur der Nord-Virginia-Armee fungierenden Generals blieb allerdings trotz intensiver Bemühungen, seine neu gewonnene Machtfülle zur Verbesserung der inzwischen fast aussichtslos gewordenen militärischen Lage zu nutzen, nur mäßiger Erfolg beschieden[203].

Obwohl Lee in seinem persönlichen Umfeld ungebrochenen Optimismus ausstrahlte, dürfte er in den letzten Kriegsmonaten klar erkannt haben, daß die Sache des Südens auf kurz oder lang dem Untergang geweiht war[204]. Dessen ungeachtet sah Robert E. Lee - seinem auf unbedingter Loyalität gegenüber der konföderierten Regierung beruhenden Berufsverständnis verhaftet - trotz seines ausgezeichneten Verhältnisses zu Jefferson Davis meist davon ab, die mit seiner neuen Position einhergehenden Möglichkeiten der Einflußnahme auf die politische Führung der Südstaaten wahrzunehmen. Für den neuen Oberbefehlshaber der konföderierten Streitkräfte standen militärische Belange stets im Vordergrund; politischen Fragen suchte er nach Möglichkeit aus dem Weg zu gehen und überließ deren Klärung wann immer möglich der konföderierten Regierung[205].

Schon bald nach dem ergebnislosen Abbruch der Anfang Februar 1865 abgehaltenen Friedenskonferenz von Hampton Roads[206] eröffnete sich für die beiden politisch nur wenig ambitionierten Armeeoberbefehlshaber indes vermeintlich die Möglichkeit, den fast vier Jahre andauernden Konflikt auf dem Verhandlungsweg beizulegen. Auf Vermittlung der Generale Longstreet und Ord[207] kam es zwischen den beiden Oberkommandierenden in den ersten Märztagen zu einem kurzen, auf eine beiderseitige Zusammenkunft zielenden Schriftwechsel[208], der allerdings entgegen den Erwartungen Lees infolge der abweisenden Haltung seines Gegenübers nicht zu dem erhofften Ergebnis führte. Grants mangelnde Kooperationsbereitschaft lag in diesem Fall jedoch nicht in seiner eigenen Person begründet, sondern vielmehr in einer Weisung Abraham Lincolns. Als Grant dem einer Wiederholung der auf der zivilen Ebene bereits gescheiterten Friedensverhandlungen ablehnend gegenüberstehenden, auf der vollkommenen Niederwerfung der Südstaaten insistierenden Lincoln von Lees Vorschlag, die Kampfhandlungen auf der Grundlage eines noch auszuhandelnden militärischen Übereinkommens zu beenden, in Kenntnis setzte, hatte es dieser dem Generalleutnant schlichtweg untersagt, irgend etwas anderes als ein gegnerisches Kapitulationsangebot entgegenzunehmen[209].

Mit dem Scheitern der letzten noch erfolgversprechenden Friedensinitiative konfrontiert, setzte sich Lee in den letzten Kriegswochen verstärkt für die von ihm bereits seit längerem befürwortete Mobilisierung einer Personengruppe ein, die bislang in der Konföderation bewußt vom aktiven Kriegsdienst ausgenommen worden war; dem Millionenheer der Sklaven. Lee, der Präsident Davis schon im Herbst 1864 vorgeschlagen hatte, den Einsatz der in der Konföderationsarmee lediglich zu Arbeitszwecken - vorzugsweise dem Stellungsbau - herangezogenen Schwarzen zur Entlastung der kämpfenden Truppe auf den Logistikbereich auszuweiten[210], forderte die konföderierte Regierung angesichts der zunehmend aussichtslosen Kriegslage und des rapide abnehmenden Mannschaftsstands seiner Armee nunmehr auf, sich des seit Jahren brachliegenden Menschenpotentials zu bedienen und schnellstmöglich die Aufstellung von Farbigenregimentern in Angriff zu nehmen[211].

Nach tagelanger, heftig geführter Debatte verabschiedete der konföderierte Kongreß ungeachtet zahlreicher, im Hinblick auf die Sklavenbewaffnung in Politik und Öffentlichkeit geäußerter Bedenken zur Zufriedenheit Lees am 13. März 1865 tatsächlich ein Gesetz, das die Rekrutierung schwarzer Soldaten vorsah[212]. Obgleich das Zustandekommen dieses Gesetzes mit Sicherheit nicht allein auf das Betreiben des konföderierten Armeeoberbefehlshabers zurückzuführen war, ist davon auszugehen, daß der in seiner politischen Bedeutung wohl einmalige, an den Grundfesten des konföderierten Staatswesens rüttelnde Vorstoß des Generals maßgeblich zur Entstehung desselben beitrug. Ausschlaggebend für Lees Entscheidung, die Mobilisierung schwarzer Truppen zu forcieren, war wohl in erster Linie das Bestreben, den Untergang der Konföderation mit allen zur Verfügung stehenden Mitteln wenn nicht zu verhindern, so doch hinauszuzögern. Einer grundsätzlichen Abschaffung der Sklaverei dürfte der General indes nach wie vor ablehnend gegenübergestanden haben; noch Ende Januar 1865 bezeichnete er diese als *"the best that can exist between the white and black races while intermingled as at the present in this country"*[213].

Nennenswerte Einsätze waren den wenigen, als letztes Aufgebot aus Sklaven wie auch freien Schwarzen formierten Einheiten infolge des langsamen Anlaufens der Rekrutierungsmaßnahmen derweil nicht mehr beschieden[214]. Im März 1865 stand die tödlich umklammerte Konföderation kurz vor dem Kollaps; das Ende des vierjährigen Ringens stand unmittelbar bevor.

3.5. Kapitulation

Ausgehungert, zerlumpt und auf einen Bruchteil des Umfangs der ihnen gegenüberliegenden Unionsstreitmacht zusammengeschrumpft[215], waren die ausgedünnten, zwischen Richmond und Petersburg liegenden konföderierten Verbände nach neunmonatiger Belagerung kaum noch in der Lage, das gut fünfzig Kilometer lange Stellungssystem auf Dauer zu halten. Die Abnutzungsstrategie des Unionsoberbefehlshabers hatte sich als voller Erfolg erwiesen. In Anbetracht der hoffnungslosen Lage faßte der konföderierte Armeeoberbefehlshaber den Entschluß, der von ihm vermuteten, tatsächlich unmittelbar bevorstehenden letzten Großoffensive Grants - dessen Verbände in absehbarer Zeit überdies durch die mittlerweile in North Carolina stehenden, zügig gen Norden vorstoßenden Truppen Shermans verstärkt zu werden drohten - zuvorzukommen. Um dem Willen der auf der Fortsetzung des Kampfes beharrenden politischen Führung Genüge zu tun und seine dafür unabdingbaren Streitkräfte vor der völligen Vernichtung zu retten, beschloß Lee, das über ein dreiviertel Jahr erfolgreich verteidigte Grabensystem aufzugeben und unter Preisgabe Richmonds und Petersburgs mit den ihm verbliebenen Truppenteilen in westlicher Richtung auszubrechen[216]. Nach einem ersten, am 25. März 1865 nach Anfangserfolgen verlustreich zurückgeschlagenen Überraschungsangriff auf das direkt an den konföderierten Linien gelegene Fort Stedman[217] gelang es Lee trotz der vier Tage später von Grant eingeleiteten Großoffensive, die in einem Umgehungsversuch begriffenen Unionsverbände südwestlich von Petersburg zurückzudrängen und ungeachtet einer am 1. April bei Five Forks erlittenen Niederlage in westwärtiger Richtung zu entweichen[218]. Mit dem Auseinanderbrechen der Grabenfront und der anschließenden Aufgabe Petersburgs und Richmonds - die konföderierte Hauptstadt wurde tags darauf von der Regierung evakuiert[219] - kehrten die beiden Kriegsparteien auf dem östlichen Kriegsschauplatz nach einer schier endlosen Periode weitestgehender Untätigkeit wieder zum Bewegungskrieg zurück.
Die Einnahme der beiden völlig zerstörten Städte am 3. April 1865 überlebte Lees sich in Rückzugsgefechten aufreibende, nur notdürftig versorgte Armee indes um nicht einmal eine Woche[220]. Von den ständig nachsetzenden, sie fortwährend zu überflügeln drohenden Unionsverbänden am 6. April bei Sayler's Creek zu einer letzten, trotz des verbissenen Widerstands der Südstaatler verlorenen Schlacht gestellt[221], wurden die ausgemergelten Restteile der einstmals so stolzen Nord-Virginia-Armee kurz darauf bei Appomattox Court House - rund achtzig Kilometer westlich von Petersburg - von den vielfach überlegenen Unionstruppen endgültig zum Stehen gebracht und vollständig eingekesselt.

Damit war für Robert E. Lee jeglicher weiterer Widerstand zwecklos geworden. Doch obwohl der Oberbefehlshaber der konföderierten Streitkräfte es noch am 7. April ablehnte, sich die Niederlage offen einzugestehen und die Waffen zu strecken[222], beantwortete Lee eine noch am selben Tag von Grant an ihn persönlich gerichtete Kapitulationsaufforderung nach einigem Überlegen mit folgenden Worten: *"Though not entertaining the opinion you express of the hopelessness of further resistance on the part of the Army of Northern Virginia, I reciprocate your desire to avoid useless effusion of blood, and therefore (...) ask the terms you will offer on condition of its surrender"*[223]. Auch wenn der Wortlaut dieser Antwortnote einem Kapitulationsangebot gleichkam, erwog Lee nach wie vor, den Kampf fortzusetzen. Nach einem hinhaltenden, sich über den Folgetag erstreckenden Notenwechsel, der mit einer Wiederholung der Kapitulationsaufforderung Grants am frühen Morgen des 9. April sein vorläufiges Ende fand[224], versuchte der konföderierte Oberbefehlshaber ein letztes Mal, die Linien der Unionsarmee mit Gewalt zu durchbrechen. Nach einem kurzen, wegen der erdrückenden feindlichen Übermacht alsbald abgebrochenen Gefecht erkannte Lee schlußendlich die Aussichtslosigkeit seiner Lage und bat Grant am Mittag des 9. April 1865 um eine persönliche Zusammenkunft[225]. Im Anschluß an einen unverzüglich eingeleiteten Waffenstillstand kam es so nach fast einjährigem Schlagabtausch zur ersten leibhaftigen Begegnung der beiden Kontrahenten.

In Begleitung eines seiner Stabsoffiziere und eines Fahnenträgers trat Lee den wohl schwersten Gang seines Lebens an. An der Vorpostenlinie von einem Stabsoffizier Grants aufgenommen[226], wurde er von diesem zu einem als Ort der Kapitulationsverhandlung auserkorenen Wohnhaus geleitet[227], wo Lee nach kurzem Warten von Ulysses S. Grant, der erst eine halbe Stunde später eintraf, empfangen wurde.

Die Verschiedenartigkeit und Gegensätzlichkeit der beiden Armeeoberbefehlshaber trat während ihres Zusammentreffens in Appomattox Court House schon anhand ihres äußeren Erscheinungsbildes anschaulich hervor. Im Gegensatz zu Lee, der dem Anlaß entsprechend seine beste Galauniform angelegt hatte, erschien Grant im verschmutzten Uniformrock eines gemeinen Soldaten; selbst der standesgemäße Offiziersdegen fehlte[228]. Sein schäbiges, unscheinbares Äußeres rechtfertigte Grant später in seinen Memoiren mit dem ihm eigenen Pragmatismus; immerhin gestand er sich jedoch darin ein, daß sein Erscheinungsbild im Vergleich zum imposanten Auftreten Lees in einem "merkwürdigen" Mißverhältnis gestanden haben mußte[229].

Nachdem sich die beiden Generale die Hand gereicht hatten, entwickelte sich zunächst ein kurzes, die beiderseitige Anspannung lösendes Gespräch über vergangene Zeiten[230], bis Lee schließlich innehielt, um Grant an den

eigentlichen Anlaß ihrer Zusammenkunft zu erinnern. Die von Grant daraufhin in Gegenwart zahlreicher, von ihm hinzubestellter Unionsoffiziere[231] niedergeschriebenen und Lee vorgelegten Kapitulationsbedingungen fielen unerwartet mild aus; von einem "Unconditional Surrender", welches der Unionsoberbefehlshaber bislang als absolute Maxime vertreten hatte, war in den Bedingungen erstaunlicherweise nichts mehr zu finden. Die konföderierten Offiziere, denen zugestanden wurde, ihre Säbel und Privatpferde zu behalten, hatten lediglich auf Ehrenwort für sich und die von ihnen befehligten Einheiten zu versichern, nie mehr die Waffen gegen die Regierung der Vereinigten Staaten von Amerika zu erheben. Alle Infanteriewaffen, die gesamte verbliebene Artillerie sowie "public property" mußten abgeliefert werden. Im Gegenzug wurde den Offizieren und Mannschaften der konföderierten Armee gestattet, auf Ehrenwort nach Hause zurückzukehren, ohne von der Unionsregierung weiter belangt zu werden. Diese großmütigen Bedingungen in Verbindung mit Grants Zusage, auch den Mannschaften der Kavallerieabteilungen zur Existenzsicherung ihre meist aus Privatbesitz stammenden Pferde zu belassen und den ausgehungerten Resten seiner Armee darüber hinaus 25.000 Verpflegungssätze zu gewähren[232], waren für Lee, für den eine bedingungslose Kapitulation niemals in Frage gekommen wäre, durchaus annehmbar[233]. Nach der Unterzeichnung der Kapitulationsurkunde und einem kurzen Händedruck trennten sich die beiden Armeeoberbefehlshaber, um die Vereinbarungen in die Tat umzusetzen.
Als die Nachricht der Kapitulation die Unionslinien erreichte, brachen die wartenden Blauröcke in begeisterten Jubel aus. Den aus zahllosen Artilleriegeschützen umgehend abgefeuerten Freudensalut ließ Grant jedoch erstaunlicherweise verbieten[234]. Überhaupt erwies sich der Unionsoberbefehlshaber als großmütiger und am Schicksal des unterlegenen Südens durchaus anteilnehmender Sieger. Seine Empfindungen an jenem Tag beschrieb er später dementsprechend: *"I felt like anything rather than rejoicing at the downfall of a foe who had fought so long and valiantly, and had suffered so much for a cause"*[235].
Auf Wunsch des Unionsgenerals kam es am Vormittag des nächsten Tages zwischen den beiden Feldherrn zu einem zweiten und vorerst letztmaligen Zusammentreffen. Im Verlauf eines halbstündigen, auf dem Pferderücken zwischen den Vorpostenlinien geführten Gesprächs versuchte Grant sein Gegenüber davon zu überzeugen, seinen unumstrittenen Einfluß auf die Bevölkerung und die noch im Felde stehenden Streitkräfte des Südens geltend zu machen und letztere flächendeckend zur Kapitulation zu bewegen. Jefferson Davis bis zur letzten Sekunde und sogar darüber hinaus ergeben, lehnte Lee dieses Ansinnen mit der Begründung, dazu ohne die Genehmigung des

Präsidenten nicht befugt zu sein, jedoch kurz entschlossen ab[236]. Dessen ungeachtet hatte Grant sein vor Jahresfrist entworfenes strategisches Konzept so gut wie erreicht. Ohne auch nur einen Gedanken an die Abnahme der für den 12. April 1865 angesetzten Übergabezeremonie zu verschwenden[237], schickte sich der hochzufriedene Unionsoberbefehlshaber an, Appomattox Court House noch am Abend desselben Tages Richtung Washington zu verlassen.

Die Kapitulation der Nord-Virginia-Armee unter General Robert E. Lee setzte dem Versuch der Konföderierten Staaten von Amerika, ihre Unabhängigkeit zu behaupten, unwiderruflich ein Ende. Auch wenn die geographischen Rahmenbedingungen eine Fortsetzung des Kampfes womöglich noch über Monate hinweg erlaubt hätten[238], verhallte der verzweifelte, an die Bevölkerung der Südstaaten gerichtete Aufruf des konföderierten Präsidenten, einen Bandenkrieg gegen die Invasoren aus dem Norden zu entfachen, weitestgehend ungehört[239]. Im Gegensatz zu den Nordstaaten, die schon während und vor allem nach Ende des Sezessionskriegs einen wirtschaftlichen Aufschwung in bisher nicht gekanntem Ausmaß erlebten, mußten die elf sezedierten Staaten neben den ungeheuren, gemessen an den Verlusten des Nordens ungleich höheren Einbußen an Menschenleben überdies die langwierige Schädigung ihrer wirtschaftlichen und sozialen Infrastruktur hinnehmen. Zwei Drittel des Volksvermögens, große Teile der vorhandenen Industrie sowie vierzig Prozent des Viehbestands waren der vierjährigen Auseinandersetzung zum Opfer gefallen[240].

In Ansehung der völligen Niederlage erließ Robert E. Lee am 10. April 1865 seinen letzten Heeresbefehl, in dem er sich voller Dankbarkeit von seinen Soldaten verabschiedete: *"After four years of arduous service, marked by unsurpassed courage and fortitude, the Army of Northern Virginia has been compelled to yield to overwhelming numbers and resources. (...) I have determined to avoid the useless sacrifice of those whose past services have endeared them to their countrymen. (...) With an increasing admiration of your constancy and devotion to your country, and a grateful remembrance of your kind and generous consideration for myself, I bid you all an affectionate farewell"*[241]. Auch wenn einzelne konföderierte Einheiten den Widerstand auf dem westlichen Kriegsschauplatz noch einige Tage bis Wochen fortsetzen sollten, war damit das unumstößliche Ende des amerikanischen Bürgerkriegs besiegelt[242].

---

[1] Neben diesen waren in den Südstaaten zu Kriegsbeginn immerhin 132.000 freie Schwarze ansässig, während in den in der Union verbliebenen sklavenhaltenden Grenzstaaten Delaware, Kentucky, Maryland und Missouri noch einmal ebenso viele unfreie sowie 226.000 freie Schwarze lebten. GALLMAN, J. Matthew: The North Fights the Civil War. The Home Front. Chicago 1994, 23.

[2] HATTAWAY, Herman M.: The Civil War Armies: Creation, Mobilization and Development. In: Förster, Stig und Nagler, Jörg (Hg.): On the Road to Total War. The American Civil War and the German Wars of Unification, 1861-1871. Washington 1997, 174. Die genannten Angaben beziehen sich auf das Ergebnis der Volkszählung von 1860. Seit 1790 werden in den Vereinigten Staaten im Zehn-Jahres-Rhythmus landesweit Daten zur Bevölkerungsstruktur erhoben. Bei deren Auswertung ist allerdings zu berücksichtigen, daß diese lediglich eine allgemeine, statistische Momentaufnahme des demographischen Verhaltens abbilden.

[3] Ebd., 174f.

[4] Während die schon zu Vorkriegszeiten vergleichsweise geringe Einwanderung in die Südstaaten während des Sezessionkriegs infolge der von der Unionsmarine aufrechterhaltenen Seeblockade gegen Null tendierte, zogen die industriell aufstrebenden Nordstaaten in den vier Kriegsjahren stattliche 800.000 Immigranten aus Übersee an. Im Jahre 1860 war fast ein Drittel der amerikanischen Bevölkerung im Ausland geboren worden; im Gegensatz zu vier Millionen Nordstaatlern allerdings nur 392.000 Südstaatler. GALLMAN, 23. Eines der größten Einwandererkontingente setzte sich aus Angehörigen der deutschen Volksgruppe zusammen. Zu den 1860 offiziell gezählten 1,27 Millionen Amerikanern deutscher Herkunft - von denen sich über eine Million in den Nordstaaten niedergelassen hatte - kamen allein bis 1864 weitere 100.000 Personen aus deutschen Landen hinzu, so daß die Unionsarmee alleine aus dieser Volksgruppe insgesamt 216.000 Soldaten rekrutieren konnte. Darunter befanden sich zudem zahlreiche Einwanderer, die vor ihrer Ausreise in ihrer Heimat bereits Militärdienst hatten leisten müssen und nun für ihre ungedienten Kameraden besonders wertvoll waren. Einen weitaus größeren Beitrag zur Professionalisierung des Unionsheers leisteten indes etliche, aus den verschiedensten Gründen aus heimischen Diensten geschiedene deutsche Offiziere mit solider militärischer Ausbildung. Der wohl bekannteste Vertreter dieser Gruppe war der im Zuge der Revolution von 1848 nach Amerika geflohene, im Bürgerkrieg bis zum Generalmajor aufgestiegene Franz Sigel. Vgl. KAUFMANN, 131ff. Angesichts dieser Zahlen dürfte es kaum überraschen, daß sich mehr als dreißig Unionsregimenter - wie etwa das 9th Wisconsin oder das 46th New York Regiment - fast ausschließlich aus Deutschen zusammensetzten. Neben Iren - mit 150.000 Soldaten das zweitgrößte Einwandererkontingent - dienten überdies Tausende von Kanadiern, Engländern, Schotten, Skandinaviern und Franzosen in teils nach der jeweiligen Nationalität zusammengestellten Regimentern. ROBERTSON, 27f. Während sich der Anteil europäischer Einwanderer in der Konföderationsarmee auf wenige Prozente belief, stammte zirka ein Viertel der Unionsarmee aus Übersee. Daß die Einwanderer überwiegend jüngeren Jahrgängen angehörten, beweist auch die Tatsache, daß drei Viertel der Angehörigen des Unionsheers jünger als 30 Jahre alt waren. GALLMAN, 67.

[5] Von den 50.000 Schienenkilometern der Vereinigten Staaten lagen keine 15.000 im Süden, davon fast 3.000 Kilometer in Virginia. Das vielerorts in schlechtem Zustand befindliche Schienennetz wich durch unterschiedliche Spurbreiten voneinander ab, weshalb Frachtgut wie auch Truppentransporte oft mehrfach umgeladen werden mußten. Dem stand in den Nordstaaten ein zusammenhängendes, gut ausgebautes Eisenbahnnetz gegenüber, das sowohl den Transport als auch die effektive Mobilisierung der der Union zur Verfügung stehenden Ressourcen ungeheuer erleichterte.

[6] Vgl. GOFF, Richard: Confederate Supply. Durham 1969, 242ff.

[7] GALLMAN, 98f. Schätzungen zufolge hatten die Preise in den Südstaaten im Frühjahr 1865 das zweiundneunzigfache des Vorkriegsniveaus erreicht.

[8] ENGERMAN, Stanley L. und GALLMAN, J. Matthew: The Civil War Economy: A Modern View. In: Förster, Stig und Nagler, Jörg (Hg.): On the Road to Total War. The American Civil War and the German Wars of Unification, 1861-1871. Washington 1997, 247. Zu den staatlichen Eingriffen zählte nicht nur die Einführung der Wehrpflicht sowie diverser Sondersteuern, sondern auch Requirierungen in großem Stil. Eine der frühesten Maßnahmen war indes die Aufhebung der in den Verfassungen der beiden Kriegsparteien enthaltenen, den Schutz der persönlichen Freiheit vor willkürlicher Verhaftung gewährenden Habeas-Corpus-Akte durch den konföderierten Kon-

greß im Februar 1862. Obwohl dem Präsidenten damit die Einführung des Kriegsrechts gestattet wurde, machte Jefferson Davis im Gegensatz zu Abraham Lincoln, dessen Regierung im September 1862 dem Beispiel der Südstaaten folgte, nur selten davon Gebrauch.

[9] REID, Brian H.: The American Civil War and the Wars of the Industrial Revolution. London 1999, 67. Die Nordstaaten, die ihren Bedarf an Kriegsmaterial im Gegensatz zur Konföderation, deren Fabriken unter Regierungsaufsicht standen, weitestgehend auf dem freien Markt deckten, produzierten 1860 das siebzehnfache an Textilien, das dreißigfache an Schuhen, das vierundzwanzigfache an Lokomotiven sowie das zweiunddreißigfache an Schußwaffen. Außerdem erzeugten die Bundesstaaten im Norden die Hälfte des Getreides, vier Fünftel des Weizens und sogar sieben Achtel des Hafers. Von den 1.642 Banken befanden sich 1860 ferner nur 221 im südlichen Landesteil. Vgl. GALLMAN, 24ff.

[10] Diese beliefen sich mit 2,3 Milliarden US-Dollar für die Unionsseite auf mehr als siebzig Prozent des amerikanischen Bruttosozialprodukts von 1859, während die konföderierte Seite etwas über eine Milliarde US-Dollar für ihre Kriegsanstrengungen ausgab. GALLMAN 95.

[11] Die Vorkriegsarmee setzte sich aus genau zehn Infanterie-, fünf Kavallerie- und vier Artillerieregimentern zusammen. Von den 197 vorhandenen Kompanien lagen gerade einmal achtzehn in Garnisonen östlich des Stroms. HATTAWAY, 174. Nach einer Statistik vom 30. Juni 1860 wies die Armee exakt 1.098 Offiziere auf, von denen - Offiziere des Sanitätsdiensts ausgenommen - 555 aus sklavenfreien und 395 aus sklavenhaltenden Staaten stammten. KUEGLER, Dietmar: Die Armee der Südstaaten im amerikanischen Bürgerkrieg. Wyk 1987, 23.

[12] WILLIAMS, T. Harry: The Military Leadership of North and South. In: Donald, David: Why the North Won the Civil War. [o.O.] 1960, 27f.

[13] Vgl. BOGER, Jan: Der US-Bürgerkrieg 1861-1865. Soldaten, Waffen, Ausrüstung. Stuttgart ³1991, 28.

[14] HATTAWAY, 175. Hinzu kamen noch bis zu 400 Unteroffiziere und Mannschaften, die ebenfalls den Dienstherrn wechselten.

[15] MCPHERSON, Für die Freiheit sterben, 318. So waren beispielsweise ein Drittel der 1861 in Regimentern aus Virginia dienenden Stabsoffiziere ehemalige Kadetten des "Virginia Military Institute" in Lexington. Von den 1.902 zu Kriegsbeginn an dieser Akademie befindlichen Kadetten kämpften nicht weniger als 1.781 für die Sache des Südens.

[16] Am 6. März 1861, zwei Tage nach dem Amtsantritt Abraham Lincolns, verabschiedete der konföderierte Kongreß zwei Gesetze, welche Präsident Davis dazu berechtigten, neben dem Aufbau einer regulären Armee in Stärke von 10.600 Mann die Milizverbände der einzelnen Staaten für sechs Monate einzuberufen und darüber hinaus die Bildung einer aus 100.000 Einjährig-Freiwilligen bestehenden Freiwilligenarmee in die Wege zu leiten. Bis zur Beschießung Fort Sumters am 12. April waren innerhalb eines Monats immerhin 27.200 Freiwillige zu den Waffen geeilt. HATTAWAY, 175. Der auf der Gegenseite Mitte April auf Grundlage des Milizgesetzes von 1792 erfolgten Mobilmachung 75.000 Freiwilliger folgte unmittelbar nach der ersten, von der Union verlorenen Manassas-Schlacht im Juli 1861 der Beschluß des US-Kongresses, weitere 500.000 Freiwillige für drei Jahre zu den Waffen zu rufen, so daß die Unionsarmee bereits im Dezember 1861 auf 661.000 Mann angestiegen war, was den Personalbestand der ebenfalls anwachsenden konföderierten Truppen bei weitem überschritt. MARSHALL-CORNWALL, 13f.

[17] JONES, Archer: Civil War Command and Strategy. The Process of Victory and Defeat. New York [u.a.] 1992, 3. Die Sollstärke eines aus zehn Kompanien bestehenden Regiments lag bei etwa 1.000 Mann einschließlich 35 Offizieren. Nähere Erläuterungen zu der auf beiden Seiten nahezu identischen Einheits- und Verbandsgliederung finden sich bei MARSHALL-CORNWALL, 20. Bedingt durch Verluste, Desertion und krankheitsbedingte Ausfälle erreichten allerdings nur die wenigsten Regimenter nach ihrer Aufstellung jemals wieder ihre ursprüngliche Sollstärke. Statistiken zufolge bestand ein durchschnittliches Unionsregiment schon im April 1862 aus nur noch 560 Mann; ein Schnitt, der im Juli 1863 sogar nochmals auf klägliche 375 Soldaten gesunken war. ROBERTSON, 21.

[18] BERINGER, Richard E. (Hg.): Why the South Lost the Civil War. Athens, London 1986, 41ff. Während man im Norden Generale bis 1864 grundsätzlich nur bis zum Dienstgrad Generalmajor beförderte - vordergründig wohl aus Respekt vor George Washington, dem einzigen dauerhaften Generalleutnant der amerikanischen Geschichte - schuf die Konföderation eine weitaus effektivere Rangstruktur, in der Generale ohne weiteres bis zur Vier-Sterne-Ebene aufsteigen konnten. Dabei blieb die Besoldung für alle Generalsränge gleich, so daß den fähigeren unter ihnen je nach individuellem Verdienst problemlos das Aufrücken in die höheren Ränge ermöglicht wurde. Nicht weniger als 146 konföderierte Generale konnten eine Ausbildung in West Point, weitere zwanzig den erfolgreichen Besuch einer anderen Militärakademie vorweisen. KUEGLER, 28. Von den über 400 konföderierten Offizieren, die im Verlauf des Sezessionskriegs einen Generalsrang erreichten, ließen 69 auf dem Schlachtfeld ihr Leben, womit die konföderierte Führungselite einen weitaus höheren Blutzoll entrichtete als der Norden, der bei fast 600 Generalen die vergleichsweise geringe Zahl von 47 im Kampf gefallenen Generalen zu verzeichnen hatte. Vgl. HEIDLER und HEIDLER, Bd. 5, 2461ff.

[19] JONES, 4f. Dieses bei europäischen Armeen undenkbare Phänomen beruhte auf der Grundannahme, daß jeder Bürger grundsätzlich jedes öffentliche Amt übernehmen könne. Obwohl sich das ausschlaggebende Kriterium für die Rangverteilung der gewählten Offiziere meist aus dem jeweiligen Beliebtheits- und Bekanntheitsgrad sowie dem gesellschaftlichen Einfluß zusammensetzte, konnten die einfachen Soldaten die Fähigkeiten der gewöhnlich aus ihrem heimatlichen Umfeld stammenden zukünftigen Vorgesetzten durchaus zutreffend einschätzen. Daher wählten diese aus eigenem Interesse nach Möglichkeit Personen mit solider militärischer Ausbildung oder anderweitigen Verdiensten. Bis Ende 1862 war die Offizierswahl bei beiden Kriegsparteien weitestgehend verschwunden und so mancher Offizier, der seine Inkompetenz bewiesen hatte, ersetzt. REID, 143.

[20] ROBERTSON, 13.

[21] Ebd., 122ff. Besonders nachteilig wirkte sich der Mangel an Respekt gegenüber Vorgesetzten aus, die häufig als ehemalige Mitbürger bekannt waren. Offiziere, die nicht durch Vorbild führten oder ihre Unfähigkeit offenbar werden ließen, wurden von den unteren Rängen schonungslos abgeurteilt. Im Gegensatz zur Unionsarmee bestand im Süden jedoch insgesamt ein weitaus engeres, festgefügteres Vertrauensverhältnis zwischen Offizieren und Mannschaften, was sich auch positiv auf die disziplinären Verhältnisse auswirkte. Nicht wenige konföderierte Offizier als Angehörige der Oberschicht das Befehlen und Führen von Menschen gewohnt waren. Auch wenn die militärischen Führer beider Seiten das Kriegshandwerk oftmals erst in der Praxis unter schmerzlichen Verlusten erlernen mußten, wird sich mancher, vormals aus der Mitte der Gesellschaft kommender Unionsoffizier damit ungleich schwerer getan haben.

[22] Zahlreiche anschauliche, teils recht amüsante Beispiele liefert ROBERTSON, 48ff. Eines davon sei hier genannt. Als Ausbilder von Angehörigen des 14th Illinois Regiments war Ulysses S. Grant im Mai 1861 unter anderem damit beschäftigt, die Soldaten im Umgang mit der Waffe zu schulen. Während einer Schießübung lagen von 160 abgegebenen Schüssen gerade einmal drei im Ziel - ein in etwa 150 Metern Entfernung aufgestelltes Faß - was den wenig erfreuten Grant zu der ironischen Bemerkung veranlaßte, daß man den ganzen Tag von seinen Soldaten beschossen werden könne, ohne es überhaupt zu bemerken.

[23] REID, 68.

[24] Auf dem europäischen Waffenmarkt - hauptsächlich in Großbritannien - erwarb die konföderierte Regierung über 200.000 teils veraltete Gewehre, die sie angesichts der anfangs recht durchlässigen Blockade auch überführen konnte. MARSHALL-CORNWALL, 21. Trotz der Zerstörung von Harpers Ferry durch konföderierte Truppen in den ersten Kriegstagen produzierte allein das "Springfield Arsenal" in Massachusetts für die Unionstruppen im ersten Kriegsjahr etwa die gleiche Zahl an Gewehren. Bis 1865 würden die beiden staatlichen Waffenschmieden des Nordens annähernd 1,5 Millionen Langwaffen hergestellt haben; eine für das 19. Jahrhundert einma-

lige Produktionsleistung. REID, 68f.

[25] Die ungeheuere Typenvielfalt vornehmlich im Süden, wo vor allem auf dem westlichen Kriegsschauplatz viele meist veraltete glattläufige Vorderladermusketen, Steinschloß- und sogar Schrotflinten aus Privatbesitz geführt wurden, brachte eine Vielzahl an nur mühsam zu bewältigenden Problemen in Sachen Wartung, Instandsetzung und Munitionsbeschaffung mit sich. Obwohl die konföderierten Truppen im Zuge der Siegesserie des Jahres 1862 mehr als 100.000 Gewehre - in der Mehrzahl moderne Springfield-Gewehre mit gezogenem Lauf - erbeuteten, konnten die Verbände des Südens erst im Verlauf des Jahres 1863 hinreichend mit Langwaffen ausgerüstet werden. Vgl. WILEY, Bell I.: The Life of Johnny Reb. The Common Soldier of the Confederacy. Indianapolis, New York, 1943, 286ff. sowie den aufschlußreichen Bericht des Chefs des Waffen- und Gerätewesens der Nord-Virginia-Armee, Oberst William Allan, betreffend die mit der heterogenen Bewaffnung einhergehenden Schwierigkeiten in seiner Armee. COMMAGER, 93ff. Einen detailreichen Überblick über die beinahe unüberschaubare Typenvielfalt beider Seiten gibt BOGER, 42ff.

[26] Dies läßt sich unter anderem auch darin ablesen, daß laut Statistik 94 von Hundert Verwundungen des Sezessionskriegs durch Gewehrgeschosse, fünf von Hundert durch Artilleriefeuer und lediglich ein Prozent durch Hieb- oder Stichwaffen verursacht wurde. ADAMS, George W.: Doctors in Blue. The Medical History of the Union Army in the Civil War. Baton Rouge, London 1996, 113. Abgesehen von der Reiterschlacht bei Brandy Station im Juni 1863 und einigen kleineren, aufgesessen geführten Gefechten hatte die Kavallerie ihre klassische, schlachtentscheidende Aufgabe im amerikanischen Bürgerkrieg bereits weitestgehend verloren. Die berittenen Einheiten dienten vorwiegend der Gefechtsaufklärung und kämpften meist abgesessen als schnell verlegbare Infanterie. Erfolgversprechende Einsätze der Artillerie fanden weniger in der Vorbereitung und Begleitung von Infanterieangriffen statt, sondern eher in der Abwehr derselben mittels Kartätschen- und Schrapnellfeuer.

[27] Neben der taktischen Unbeweglichkeit auf allen Befehlsebenen war es vor allem das unter Aufsicht des Kriegsministers Jefferson Davis in den 1850er Jahren eingeführte Minié-Vorderladergewehr mit gezogenem Lauf, welches aufgrund verbesserter Reichweite, Feuergeschwindigkeit, Treffgenauigkeit und größerer Durchschlagsleistung hauptverantwortlich für das massenhafte Sterben auf den Schlachtfeldern war. Mit dem Hauptexponat dieses Types, dem Springfield-Gewehr - einem Einzellader im Kaliber .58 - das in verschiedenen Ausführungen nach und nach zur Standardwaffe auf beiden Seiten wurde, konnten über eine effektive Kampfentfernung von 250 Metern nach einem komplizierten, mehrschrittigen Ladevorgang fünf bis sechs Schuß in der Minute abgegeben werden. Vgl. BOGER, 31ff. In der zweiten Hälfte des Sezessionskriegs kamen - hauptsächlich auf Seiten der Unionskavallerie - erstmals auch einige Tausend der damals hochmodernen, neu entwickelten Hinter- und Mehrlader zum Einsatz.

[28] Eine dieser wieder eingeschränkten Wehrdienstausnahmen war das in weiten Bevölkerungskreisen verpönte Stellvertreterprinzip, demzufolge sich wolhabende Bürger gegen Bezahlung von der Wehrpflicht freikaufen und einen Ersatzmann stellen konnten. Vom Wehrpflichtgesetz weiterhin ausgenommen waren Staatsbedienstete, Politiker, Unternehmer, Eisenbahner, Telegraphisten, Lehrer und Angehörige kriegswichtiger Betriebe. Eine andere unpopuläre Ausnahmeregelung, nämlich die Freistellung von Plantagenbesitzern mitsamt ihrer Aufseher, sofern erstere mehr als zwanzig Sklaven ihr Eigen nennen konnten, blieb ebenfalls bestehen. Da indes nur 365.000 Südstaatler Sklaven besaßen, von denen wiederum nur rund 20.000 so begütert waren, daß sie sich über zwanzig und gar nur zirka 3.000 mehr als einhundert Sklaven halten konnten, galt diese Wehrdienstausnahme nur für einen vergleichsweise kleinen Personenkreis, der kaum ins Gewicht fiel. OTT, Wilfried: Der zerbrochene Traum. Die Geschichte des amerikanischen Sezessionskriegs und seine Auswirkungen auf die Gegenwart. Puchheim 1987, 59.

[29] Im Februar 1864 erließ der konföderierte Kongreß angesichts dessen sogar ein für südstaatliche Verhältnisse bemerkenswertes Gesetz, das den Einsatz von freien Schwarzen in den Streitkräften

zuließ. Bis Jahresende wurden 1.464 freie Schwarze eingezogen und als Ordonnanzen, Köche, Schuhmacher, Kutscher und Straßenarbeiter eingesetzt. JORDAN, 62.

[30] Dieses Problem stellte sich übrigens für beide Kriegsparteien. Während die Nordstaaten jedem Vertragsverlängerer finanzielle Prämien und dreißig Tage Sonderurlaub in Aussicht stellten, wodurch sich gut die Hälfte der Veteranen zum Weiterdienen bewegen ließ, entschlossen sich einzelne Staaten der Konföderation, die Betroffenen - denen sie immerhin eine knappe Bedenkzeit einräumten - per Gesetz weiterzuverpflichten. Viele Einheiten konnten dennoch ihrer Zwangsverpflichtung zuvorkommen, wie etwa das 2nd Florida Regiment, dessen Männer einen gemeinsamen Beschluß folgenden Wortlauts verfaßten: "*Wheras, we (...) believe, as we did, from the first, that the cause in which we are engaged (...) is just and right, and that our liberties, our honor, and all that makes life dear to us, depend upon maintaining it. (...) Be it resolved, That we are determined never to give that cause up (...) we (...) reenlist for the war*". Zit. nach: TRUDEAU, Noah A.: Bloody Roads South. The Wilderness to Cold Harbor. May-June 1864. Boston [u.a.] 1989, 11f.

[31] Vgl. JUNKELMANN, 104. Da eine beachtliche Anzahl der Wehrpflichtigen im Laufe ihrer Dienstzeit desertierte und sich zudem viele Freiwillige oft mehrmals und mitunter nur für kurze Zeit anwerben ließen, läßt sich die tatsächliche Größe der konföderierten Streitkräfte nicht mehr zweifelsfrei feststellen. Die einzigen verläßlichen Angaben zum Personalumfang lassen sich den zum Neujahrstag jeden Kriegsjahres erhobenen Stärkemeldungen entnehmen. Demnach konnte die Konföderationsarmee am 1. Januar 1864 eine Präsenzstärke von 278.000 Soldaten vermelden, während weitere 187.000 als abwesend galten, also beurlaubt, krank oder desertiert waren. Von diesem Zeitpunkt an nahm die Mannschaftsstärke kontinuierlich ab, so daß ein Jahr später nur noch 196.000 Mann präsent waren, 205.000 hingegen abwesend. Die Unionsarmee nahm dagegen von Jahr zu Jahr gewaltigere Ausmaße an und erreichte bis Januar 1865 bei 339.000 Abwesenden eine Präsenzstärke von 960.000 Soldaten.

[32] Auch wenn sich die Proklamation der Sklavenbefreiung durch Präsident Lincoln im Bewußtsein der Nachwelt als das Kriegsziel schlechthin verankert hat und teils bis heute als solches dargestellt wird, hatte die damalige politische Wirklichkeit mit dieser Wunschvorstellung nur wenig gemein. Schon in seiner Amtseinführungsrede hatte Lincoln das Hauptziel des bevorstehenden Krieges formuliert; den Erhalt der Union um jeden Preis. Noch am 22. August 1862 vertrat er diese Position in einem Brief an Horace Greely, den einflußreichen Herausgeber des "New York Tribune", welchem er unmißverständlich zu verstehen gab, daß er die Union unter allen Umständen erhalten wolle, und alles, was er in Bezug auf die Sklaverei unternehme, nur geschehe, um genau dieses Ziel zu verfolgen. Könne er die Union erhalten - so Lincoln weiter - ohne auch nur einen Sklaven zu befreien, würde er es tun. JUNKELMANN, 73. Gleichwohl trug die zunehmende Verhärtung und Dauer des Bürgerkriegs dazu bei, die Wiederherstellung des status quo ante als eigentliches Kriegsziel in der öffentlichen Wahrnehmung in den Hintergrund treten zu lassen.

[33] Vormals waren entlaufene oder im Zuge des Vormarsches der Union freigesetzte Sklaven als Kontrabande - also feindliches, zu beschlagnahmendes Eigentum - betrachtet und zu Arbeitsdiensten für die Streitkräfte der Nordstaaten herangezogen worden. Bis April 1865 geriet rund eine halbe Million Sklaven in die Hände des Nordens, wovon fast ein Fünftel in die Unionsarmee eintrat. Insgesamt würden bis Kriegsende 186.000 Schwarze - teils freiwillig, teils durch Einberufung - den blauen Waffenrock der US-Armee getragen haben. Vgl. BOYER, Paul S. [u.a.]: The Enduring Vision. A History of the American People. Lexington [3]1996, 478ff.

[34] Im Zuge der ersten Einberufungswelle im Frühsommer 1863 kam es in einigen Großstädten des Nordens zu blutigen Unruhen. Die mit Abstand schwersten Ausschreitungen spielten sich Mitte Juli in New York ab, wo sich Angehörige der direkt betroffenen, sozial deklassierten Bevölkerungsschichten - vornehmlich irische Einwanderer - denen der Loskauf von der Wehrpflicht aufgrund ihrer spärlichen finanziellen Mittel von vorneherein verwehrt blieb, zusammenrotteten,

um zunächst gewaltsam gegen die Einberufungsbehörden und schließlich gar gegen die schwarze Gemeinde der Stadt vorzugehen. Die viertägigen Krawalle, die erst mit Hilfe eigens von der Front abgezogener Bundestruppen beendet werden konnten, kosteten weit über hundert Menschenleben. Vgl. GALLMAN, 147f.

[35] Viele der Prämienjäger - eine besonders illustere Personengruppe, die sich zu einem großen Teil aus zwielichten Gestalten und Kleinkriminellen aus den Armutsvierteln der Ballungszentren des Nordens zusammensetzte - schrieben sich mitunter dutzendemale unter falschem Namen bei verschiedenen Musterungsstellen ein, um dergestalt in den Genuß der für Freiwilligmeldungen gewährten Handgelder zu gelangen. Diese sogenannten "bounty jumpers" trugen ebenso wie zahllose dienstunwillige oder -untaugliche Wehrpflichtige aus den Niederungen der Gesellschaft zu manigfaltigen Problemen im täglichen Dienstbetrieb der Truppe bei, da sie nur selten die Bereitschaft erkennen ließen, sich den Bedingungen des Zusammenlebens in der militärischen Gemeinschaft unterzuordnen und mit der Ankunft dieser Personengruppen oft vermehrt Schlägereien und Kameradendiebstähle Einzug hielten. Die altgedienten Verteranen, welche oft aus wirklicher Überzeugung zu den Fahnen geeilt waren, beäugten die Neuankömmlinge im allgemeinen mißtrauisch bis verächtlich und scheuten nicht selten davor zurück, diese mit brutalen, aber wirkungsvollen Methoden intern zu maßregeln. Vgl. hierzu ausführlicher CATTON, Bruce: A Stillness at Appomattox. London [u.a.] 1953, 23ff.

[36] GALLMAN, 66.

[37] GALLAGHER, 28f. Damit hatte der Süden mehr als drei Viertel seiner männlichen Bevölkerung im wehrfähigen Alter ausheben können, der Norden hingegen weit weniger als die Hälfte. Davon fielen auf Seiten der Südstaaten insgesamt 94.000 Mann, weitere 164.000 Soldaten starben an Krankheiten. Jeder dritte Uniformträger der Konföderation kam im Sezessionskrieg ums Leben, fast jeder zweite wurde auf dem Schlachtfeld getötet oder verwundet. Die Gegenseite mußte sogar 110.000 Gefallene und 250.000 tödlichen Krankheiten zum Opfer gefallene Soldaten verzeichnen. Obwohl jeder sechste Unionssoldat in den vier Kriegsjahren umkam, wurden weniger als zwanzig Prozent im Gefecht getötet oder verletzt. Der Bürgerkrieg kostete zusammengerechnet gut 620.000 Menschen das Leben; eine Zahl, die in der amerikanischen Geschichte ohne Beispiel bleibt. Keiner der zahlreichen, von den Vereinigten Staaten vor- und nachher geführten Kriege hat auch nur annähernd hohe Verlustraten erreicht.

[38] Ursächlich für die Versorgungs- und Nachschubschwierigkeiten der konföderierten Armeen war neben den unvorteilhaften äußeren Rahmenbedingungen in erster Linie die anfangs dezentralisierte und damit ineffiziente Struktur der Quartiermeister- und Versorgungsbehörde. Überdies versäumte es die konföderierte Regierung, dem Kriegsministerium die notwendigen Finanzmittel bereitzustellen und das Beschaffungswesen in preislicher Hinsicht zu reglementieren, was die Anhäufung von Vorräten, Spekulatentum sowie Inflation zur Folge hatte. Den einzelnen Militärbezirken gelang es zudem oftmals nicht einmal, auch nur die Minimalanforderungen des Kriegsministeriums zu erfüllen. HAGERMAN, The American Civil War and the Origins of Modern Warfare, 118.

[39] Vgl. dazu KUEGLER, 69f. Besonders nachteilig für die Versorgung und Bewegung der Truppen wirkte sich das schlechte Schienennetz aus, das sich im Besitz von nicht weniger als 113 selbständigen Eisenbahngesellschaften befand, deren Eigentümer ihre Interessen gegenüber der Zentralregierung oft rücksichtslos durchzusetzen wußten und den Regierungstransporten nur nachrangige Bedeutung beimaßen. Dabei spielte nicht in jedem Fall bloßes Profitstreben, sondern auch manch anderes, unehrenhaftes Motiv eine Rolle. Im Winter 1862/63 bat Lee Präsident Davis - über die katastrophale Versorgungslage seiner Armee klagend - vergebens um Ablösung des inkompetenten Direktors der R.F.&P.-Eisenbahngesellschaft, deren Dienstleistungen in keiner Weise den an diese gestellten Forderungen entsprachen. Was der General nicht wußte, war die Tatsache, daß es sich bei dem Direktor Samuel Ruth um einen bezahlten Agenten aus dem Norden handelte, der alles daran setzte, die Züge seines Unternehmens zum Nachteil der Konföde-

tion fahren zu lassen. DOWDEY, Lee, 333.
[40] So meldete die Nord-Virginia-Armee im Spätherbst 1863 für die Ernährung ihres Tierbestands einen Tagesbedarf von 180 Tonnen Getreide, was zwanzig Güterwagenladungen entsprach und aus den landwirtschaftlichen Gebieten des Südens mühsam per Bahn herangeschafft werden mußte. GOFF, 196. Die Knappheit an Futtermitteln führte dazu, daß seit 1862 fünfundsiebzig Prozent der Verluste an den ohnehin knappen Armeepferden nicht im Zuge von Kampfhandlungen, sondern infolge von Unterernährung und dadurch bedingter Krankheiten entstanden. HAGERMAN, The American Civil War and the Origins of Modern Warfare, 120.
[41] Zur Einsparung von Transportraum und Schonung der unterernährten Zugtiere wurde das zulässige Gesamtgewicht der Fuhrwerke und sogar das mitgeführte Marschgepäck der Offiziere im April 1863 per Anordnung drastisch reduziert. Die Mannschaften, die auf beiden Seiten ihre persönliche Ausrüstung stets selbst tragen mußten, waren davon natürlich nicht betroffen. Ebd., 128.
[42] Ebd., 126.
[43] KUEGLER, 72. Erst im März 1865 unterstellte der konföderierte Kongreß in einem letzten Verzweiflungsakt sämtliche Bahnlinien, Dampfschiffahrtsgesellschaften und Telegraphenstationen dem Kriegsministerium, welchem das Recht eingeräumt wurde, alle Bediensteten dieser Einrichtungen dienstzuverpflichten. Ein nennenswerter Einfluß auf den Verlauf der Kampfhandlungen war dieser viel zu spät eingeleiteten Maßnahme jedoch nicht mehr beschieden. Unabhängig davon wurden sowohl die Quartiermeister- als auch die Versorgungsbehörde im Frühjahr 1863 zentralisiert, gestrafft und mit zusätzlichen Kompetenzen ausgestattet, wodurch das konföderierte Logistikproblem allerdings nur geringfügig entschärft werden konnte. HAGERMAN, The American Civil War and the Origins of Modern Warfare, 127. Infolge der ständigen Entwertung des konföderierten Dollars hatten die Versorgungsbehörden große Schwierigkeiten, Nachschubgüter in ausreichender Menge zu beschaffen, da diese von den Produzenten aus Gründen der Profitmaximierung mitunter gezielt zurückgehalten wurden. Aufgrund ungenügender Transportkapazitäten verkamen in den Nachschubdepots des Südens von 1863 bis Kriegsende zudem immense Mengen an Nahrungsmitteln. WILEY, 97. Allein 1863 gingen auf dem Schienenweg obendrein mehr als 6.000 Zentner Fleisch und Gemüse durch Diebstahl verloren. GOFF, 197.
[44] Am 19. Oktober 1863 wandte sich Lee an den konföderierten Generalquartiermeister, Brigadegeneral Alexander R. Lawton, und teilte diesem schriftlich mit, daß er angesichts der kümmerlichen Ausstattung seiner Truppen mit Kleidung, Decken und Schuhen nicht in der Lage sein würde, der hinter den Rappahannock zurückgewichenen, ihm gegenüberliegenden Potomac-Armee nachzusetzen. DOWDEY, The Wartime Papers of R. E. Lee, 610. Etwa zur gleichen Zeit ließ er den seit November 1862 amtierenden konföderierten Kriegsminister James A. Seddon ein Schreiben ähnlichen Inhalts zukommen, in welchem er auf den geradezu erbärmlichen Zustand seiner Armee verwies: "*Nothing prevented my continuing in his* [General Meade's] *front but the destitute condition of the men, thousands of whom are barefooted, a great number partially shod, and nearly all without overcoats, blankets, or warm clothing*". Zit. nach WILEY, 147.
[45] Dessen ungeachtet mußten die Tagesrationen der Soldaten immer wieder kurzzeitig herabgesetzt werden, wie etwa Anfang Januar 1864, als jedem Armeeangehörigen lediglich spärliche 100 Gramm Pökelfleisch zustanden. Ende Februar waren die Restbestände der Armee auf zwei Rationen Brot und eine Ration Fleisch pro Tag zusammengeschmolzen, so daß Jefferson Davis Kriegsminister Seddon auf Betreiben Lees anwies, alle zivilen Passagierzüge zugunsten militärischer Fracht einzuschränken, was dazu führte, daß sich die Versorgungslage der Nord-Virginia-Armee bis Ende März spürbar verbesserte. Doch schon Anfang April waren die Bestände abermals auf eine Tagesration zusammengeschrumpft, so daß nur ein erneutes Einschreiten des Kriegsministeriums die Lage entschärfen konnte. GOFF, 196ff. Für Lee war es in Anbetracht dessen eine Selbstverständlichkeit, sich trotz seiner herausgehobenen Stellung den Gegebenheiten anzupassen. Als Mittagsverpflegung wurde in seinem Hauptquartier gewöhnlich nur zweimal die Woche

Fleisch, ansonsten überwiegend Brot und Gemüse serviert. Seinen mit ihm tafelnden Stabsoffizieren erklärte der General, daß er es angesichts seiner nicht ausreichend verköstigten Männer nicht für angemessen halte, üppig zu speisen. WOODWARD, 327. Überdies lehnte es Lee ab, die wenig opulenten, gemeinsamen Mittagessen standesgemäß auf edlem Porzellan servieren zu lassen und bestand statt dessen darauf, einfache Blechteller und -tassen zu verwenden. TAYLOR, Duty Faithfully Performed, 113.

[46] Diese entwickelten sich zu einer enormen Belastung des ohnehin nur wenig leistungsfähigen Eisenbahnnetzes Virginias. Erschwerend wirkten sich überdies die Rückschläge auf dem westlichen Kriegsschauplatz aus, da die Nachschubzüge aus Georgia und dem tiefen Süden durch den Ende 1863 erfolgten Verlust von Knoxville und Chattanooga, Tennessee, nicht mehr die bisherige, nun unterbrochene Hauptstrecke benutzen konnten, sondern sich gezwungenermaßen über Nebenstrecken durch North und South Carolina quälen mußten. Da der schon 1861 geplante Bau des strategisch wichtigen Lückenschlusses zwischen Greensboro, North Carolina, und Danville, Virginia, trotz bereitgestellter Finanzmittel unterblieben war, rollten die für die Nord-Virginia-Armee bestimmten Versorgungszüge auf ihrem letzten Stück Weges von Weldon, North Carolina, über ein einspuriges Gleis von 130 Kilometern Länge mit Endstation Richmond. Über dieses Nadelöhr kam nicht nur ein Großteil des Nachschubs für 130.000 Hauptstädter, sondern auch für noch einmal halb so viele konföderierte Soldaten unter Lees Kommando. GOFF, 197. Auf das so wichtige Transportwesen im südlichen Virginia und North Carolina hatte Lee keine direkten Einflußmöglichkeiten. DOWDEY, Lee, 415.

[47] HAGERMAN, The American Civil War and the Origins of Modern Warfare, 144. Den Unbilden des Wetters fast schutzlos ausgesetzt, mit abgewetzten Uniformen und abgetragenem Schuhwerk, oft ohne eine ausreichende Menge an Zeltbahnen, forderten die Kriegswinter massenhafte Ausfälle unter den kampierenden Soldaten beider Seiten, von denen nicht wenige Opfer von Erfrierungen oder tödlichen Lungenentzündungen wurden. ROBERTSON, 155.

[48] Der Union gelang es, innerhalb weniger Monate nach Kriegsbeginn ein gutfunktionierendes, aufeinander abgestimmtes Nachschubsystem zu schaffen. Obwohl die Bedarfsdeckung auf dem freien Markt ungezählte Fälle von Korruption, Spekulantentum und Kriegsgewinnlerei mit sich brachte und die gelieferten Waren oft von minderer Qualität waren, konnten sich die Unionsstreitkräfte zu Recht als die bei weitem besser ausgerüstete Streitmacht bezeichnen. Vgl. GALLMAN, 92ff.

[49] Im Vergleich zu den schlecht ernährten und zerlumpten konföderierten Soldaten waren die Angehörigen der Unionsarmee mit persönlicher Ausrüstung regelrecht überladen, was sich unter anderem auch nachteilig auf ihre täglichen Marschleistungen auswirkte, die weit unter denen des Gegners lagen. Dies vor Augen, stellte der sich wiederholt über den unnötig hohen, von den Unionssoldaten beanspruchten Lebensstandard beklagende Quartiermeister der Potomac-Armee, Brigadegeneral Rufus Ingalls, Anfang 1864 alarmiert fest, die Truppe sei *"generally overloaded, fed and clad, which detracts from their marching capacity, and induces straggling"*. Zit. nach: HAGERMAN, The American Civil War and the Origins of Modern Warfare, 250.

[50] Ebd., 246.

[51] Carl von Clausewitz (1780-1831) war Mitarbeiter des preußischen Heeresreformers und Generalstabschefs Scharnhorst. Kurz vor seinem Ableben schuf er mit seinem Hauptwerk "Vom Kriege" einen bis heute gültigen Klassiker der Militärliteratur.

[52] Vgl. CLAUSEWITZ, Carl von: Vom Kriege. Bonn ^{18}1973, 214ff.

[53] Im Gegensatz zu Lee verfügte Grant über allenfalls fragmentarische Kenntnisse militärgeschichtlichen Schrifttums. So konnte er etwa auf die schmeichelhafte, gegen Ende des Krieges gestellte Frage eines jungen, nicht benannten Offiziers nach seiner Meinung zu den in der ersten Hälfte des 19. Jahrhunderts in bestimmten Kreisen vieldiskutierten Werken des Militärschriftstellers Antoine Henri Jomini (1779-1869) nur entgegnen, daß er diese nie gelesen habe. Davon unbenommen legte Grant dem Fragesteller seine vom militärtheoretischen Diskurs wei-

testgehend unbelastete, aber dennoch stichhaltige persönliche Sicht von Kriegführung dar: *"The art of war is simple enough. Find out where your enemy is. Get at him as soon as you can. Strike at him as hard as you can and as often as you can, and keep on moving"*. Zit. nach: WILLIAMS, The Military Leadership of North and South, 43.

[54] WILLIAMS, Lincoln and his Generals, 307.

[55] Der von seinem Oberkommandierenden über dessen Denkansätze und Grundüberlegungen turnusmäßig unterrichtete, von militärischen Dingen jedoch vollkommen unbeleckte Lincoln legte zwar Wert auf die Einarbeitung und Berücksichtigung politischer Vorgaben in die laufenden Planungen, ließ Grant aber ansonsten freie Hand. WILLIAMS, Lincoln and his Generals, 348f.

[56] Eine dauerhafte Pattsituation an den Fronten hätte den "Friedensdemokraten" unter Lincolns nunmehrigem Gegenkandidaten George B. McClellan beste Aussichten auf einen Wahlsieg gegeben, da sich im Norden infolge der immensen Kriegskosten sowie der im Sommer 1864 ins Unermeßliche steigenden Verluste an Menschenleben zunehmende Kriegsmüdigkeit breitmachte.

[57] JONES, 183f.

[58] Zit. nach: HAGERMAN, The American Civil War and the Origins of Modern Warfare, 250 und TRUDEAU, 15.

[59] Dabei zielte Grant primär darauf, die durch Georgia führenden Eisenbahnstränge, welche Alabama und Mississippi mit South Carolina sowie letzteres mit Virginia verbanden, zu durchtrennen. Grant rechnete fest damit, daß sich Shermans Truppen - die eine nur vergleichsweise geringe Fläche des gegnerischen Territoriums besetzt halten müßten - rücksichtslos aus selbigem ernähren und das Land damit für die Versorgung der Konföderationsarmee unbrauchbar machen würden. Die Überlegung, auf der Vormarschstrecke befindliche feindliche Waffen- und Textilfabriken, Gießereien sowie alle weiteren Einrichtungen, die einen Beitrag zu den konföderierten Kriegsanstrengungen leisten könnten, zu zerstören, war als Adaption der von den Konföderierten meisterhaft angewandten Strategie der handstreichartigen Kavallerieangriffe auf rückwärtige Versorgungsdienste der Union fester Bestandteil des Grant'schen Kalküls. BERINGER, 313. Am 4. April 1864 skizzierte Grant in einem vertraulichen Brief an Sherman, in welchem er diesem in die Aufträge der einzelnen Stoßarmeen einwies, seine Vorstellungen von dessen zukünftiger Vorgehensweise in Feindesland: *"It is my design, (...) to work all parts of the army together, (...) toward a common centre. (...) You I propose to (...) get into the interior of the enemy's country as far as you can, inflicting all the damage you can against their war resources"*. Zit. nach: SHERMAN, 489f.

[60] SIMPSON, 272.

[61] Die Stoßarmeen über größeren Entfernungen mit ausreichendem Nachschub zu versorgen, erwies sich schon in der Planungsphase als nicht unproblematisch. Vom ersten Tag des Vormarsches an würden sich die Versorgungswege des Nordens immer weiter in die Länge ziehen, während der zurückweichende Verteidiger immer näher an die seinigen herangeführt werden würde. Erschwerend kam überdies hinzu, daß die in Virginia von West nach Ost verlaufenden, den Vormarsch der Potomac-Armee behindernden Flüsse - anders als im Westen, wo Grant diese als bevorzugte Transportwege hatte nutzen können - nur bedingt als solche zur Verfügung stehen würden, so daß die Unionsarmeen im wesentlichen auf die Versorgung mittels Eisenbahn und Fuhrwerken anstelle von Dampfschiffen mit ihrer weitaus größeren Frachtkapazität angewiesen sein würden. Vgl. hierzu näher JONES, 128ff.

[62] Der merkwürdigerweise als Befehlshaber für die 30.000 Mann starke "Army of the James" auserkorene, aus politischen Gründen zum General ernannte Butler war niemals zuvor auch nur ein einziges Mal mit einem eigenen Truppenkommando im Felde betraut worden. Von Lincoln 1862 zum Militärgouverneur von New Orleans ernannt, hatte er sich dort einen zweifelhaften Ruf erworben, indem er angesichts der öffentlich zur Schau gestellten unionsfeindlichen Haltung insbesondere der weiblichen Bevölkerung der Stadt eine Anordnung erließ, derzufolge jede Frau im Falle ungebührlichen Verhaltens gegenüber Offizieren und Mannschaften der Unionsarmee

als Prostituierte betrachtet und dementsprechend behandelt werden sollte. WARD, 126.
[63] Vgl. BERINGER, 315ff.
[64] WILLIAMS, Lincoln and his Generals, 301.
[65] Ebd., 301f.
[66] Augenscheinlich fiel es Halleck schwer, in der militärischen Hierarchie nun unter seinem ehemaligen Untergebenen zu stehen und von diesem Befehle entgegennehmen zu müssen. Seine Unzufriedenheit verhehlte Halleck keineswegs; anstatt Anordnungen Grants zügig weiterzuleiten oder auszuführen, scheute er sich nicht selten, selbige gegenüber seinem Vorgesetzten und sogar Dritten zu kritisieren und gelegentlich nach seinen Vorstellungen abzuändern. Dies hatte zur Folge, daß Grant Halleck im August 1864 kaltstellte und in der Befehlskette praktisch überflüssig machte, indem er ihm jegliche direkte Befehlsgewalt nahm und ihn damit letztlich zu einem bloßen Erfüllungsgehilfen degradierte. Vgl. SIMPSON, 372f.
[67] HEINZ, Falko: Robert E. Lee und Ulysses S. Grant. In: Magazin für Amerikanistik. Zeitschrift für amerikanische Geschichte. Bd. 2 (2001), 50. Damit hatte Grant ein für die Mitte des 19. Jahrhunderts geradezu revolutionäres Stabssystem geschaffen, welches - in seiner Perfektion lediglich durch die Arbeit des preußischen Generalstabs während des Deutsch-Französischen Kriegs (1870-1871) überboten - in seiner Grundkonzeption durchaus als Vorläufer moderner Stabssysteme der Gegenwart bezeichnet werden kann.
[68] FULLER, 74. Oberst Theodore Lyman, der Grant in seiner Funktion als Adjutant Generalmajor Meades in der letzten Kriegsphase des öfteren zu Gesicht bekam, bemerkte hierzu: *"Grant (...) directs all and his subordinates are only responsible as executive officers having more or less important functions"*. Zit. nach: HAGERMAN, The American Civil War and the Origins of Modern Warfare, 265.
[69] FULLER, 73.
[70] Dieser Umstand war aufmerksamen Beobachtern nicht verborgen geblieben. So beschrieb der ehrgeizige, von Kriegsminister Edwin M. Stanton im Winter 1862/63 als Berichterstatter in Grants Hauptquartier entsandte Journalist Charles A. Dana Grants Stab im Juli 1863 als *"a curious mixture of good, bad, & indifferent (...) a mosaic of accidental elements & family friends"*. Zit. nach: SIMPSON, 278. Tatsächlich waren einige der handverlesenen Stabsoffiziere Grants diesem schon seit seiner Dienstzeit auf dem westlichen Kriegsschauplatz bekannt und dort von dem General für sich verpflichtet worden. Dazu gehörten neben seinem Adjutanten und nunmehrigen Oberst John A. Rawlins die in West Point geschulten Oberstleutnante Orville E. Babcock, Cyrus B. Comstock, Frederick T. Dent - Jahrgangskamerad und Schwager des Generals - und Horace Porter, die Grant als professionelle Ratgeber zur Seite standen. Gegen Ende des Krieges gelang es Grant sogar, die Beförderung des von ihm zum Chef des Stabes ernannten Rawlins, welcher - mehr Vertrauter als Untergebener - als einziger das Privileg besaß, seinen Vorgesetzten frei und offen zu kritisieren, gegen den anfänglichen Widerstand des Militärausschusses des Senats durchzusetzen, was Rawlins den Rang eines Brigadegenerals einbrachte.
[71] Hilfreich erwies sich für die Südstaaten neben dem traditionellen Verteidigervorteil, der es ermöglichte, die Faktoren Raum und Zeit zu eigenen Gunsten zu nutzen, vor allem die immense Größe des von schlechten Verkehrswegen und geographischen Hindernissen durchzogenen konföderierten Staatsgebiets, wodurch der Vormarsch der Invasoren aus dem Norden teils erheblich verzögert wurde. JONES, 10. Ein weiterer Vorteil war zudem das Fehlen eines entscheidenden Punktes, dessen Wegnahme den Krieg zwingend beendet hätte. Dies zeigte sich unter anderem darin, daß selbst der Verlust von New Orleans - der größten Hafenstadt des Südens - nichts daran änderte, daß der Sezessionskrieg volle drei Jahre fortdauerte. Ob der Fall Richmonds in den ersten Kriegsjahren den konföderierten Widerstandswillen gebrochen hätte, sei dahingestellt.
[72] Vgl. CONNELLY und JONES, The Politics of Command, 34f. Gleichwohl fand manch anderer, in der Hierarchie der konföderierten Streitkräfte unter ihm stehende General durchaus die Gelegenheit, sich weitläufig mit strategischen Fragen zu befassen und der konföderierten Regierung

entsprechende Vorschläge zu unterbreiten.

[73] Zu Lees Fokussierung auf den östlichen Kriegsschauplatz trug sicherlich auch die Tatsache bei, daß sich seine direkte Befehlsgewalt bis Juni 1864 lediglich auf den von ihm kommandierten Militärbezirk im Norden Virginias erstreckte. TAYLOR, Duty Faithfully Performed, 235.

[74] FREEMAN, An Abridgment in One Volume, 503.

[75] Schon zu Beginn des Krieges bemerkte Lee gegenüber dem von ihm geschätzten Oberst John D. Imboden: *"The conflict will be mainly in Virginia"*. Zit. nach: FULLER, 254. Es ist anzunehmen, daß Lees starke Bindung an seinen Heimatstaat bei diesem Urteil eine entscheidende Rolle spielte. Bezeichnenderweise errang General Lee nicht einen Sieg außerhalb Virginias; alle Feldzüge in das Gebiet der Union scheiterten, während seine siegreichen Schlachten ausnahmslos auf dem Territorium seines Heimatstaats stattfanden.

[76] MCPHERSON, Drawn with the Sword, 140.

[77] Vgl. CONNELLY und JONES, The Politics of Command, 38ff.

[78] Ebd., 43f.

[79] Ebd., 135. Ende August 1863 berief Davis Lee eigens von der Front ab, um diesen im Rahmen einer beinahe zwei Wochen währenden Lagebesprechung trotz einigen Sträubens zu veranlassen, zwei Divisionen der Nord-Virginia-Armee unter General Longstreet zur Unterstützung des in Bedrängnis geratenen General Braggs nach Tennessee in Marsch zu setzen. Infolge von Versorgungsschwierigkeiten und schlechter Eisenbahnverbindungen erreichten allerdings gerade einmal fünf Brigaden, also weniger als die Hälfte der beiden am 9. September verladenen Divisionen drei Wochen später ihr Marschziel in Georgia, um dort am 20. September 1863 während des letzten Tages der Schlacht bei Chickamauga gerade noch rechtzeitig auf dem Gefechtsfeld einzutreffen und den konföderierten Sieg zu vollenden.

[80] Vgl. HAGERMAN, The American Civil War and the Origins of Modern Warfare, 109ff.

[81] WILLIAMS, Lincoln and his Generals, 313. Dies bestätigte unter anderem auch der preußische Militärbeobachter Major Scheibert, der Lees Wirken Mitte 1863 eine Zeitlang persönlich begutachten konnte. Er berichtete später, der General habe gewöhnlich rund um die Uhr gearbeitet, Meldungen entgegengenommen, Befehle ausgegeben und ständig Korrespondenz mit dem Präsidenten und anderen Funktionsträgern betrieben, was zwar geschäftig, aber dennoch in aller Ruhe und Gelassenheit vonstatten gegangen wäre. SCHEIBERT, 300.

[82] In Ermangelung ausreichend qualifizierter Stabsoffiziere - selbige wurden auf beiden Seiten zuvorderst mit Truppenkommandos betraut - erwies sich die Zusammenarbeit mit den teils unzureichend besetzten Brigade- und Divisionsstäben für Lee als äußerst mühsam und schwierig. Angesicht dessen hatte General Lee Präsident Davis bereits Anfang 1863 - zielend auf eine effektive Regulierung von Truppenbewegungen sowie auf eine bessere Überwachung der Ausführung erteilter Befehle - vorgeschlagen, eine Reserve an bewährten Stabsoffizieren zur Aus- und Weiterbildung befähigten Nachwuchses aus dem Truppendienst zu bilden. Da Davis diesen konstruktiven Vorschlag schlichtweg ignorierte, blieb Lee keine andere Wahl, als sich für die restliche Dauer des Krieges mit den gegebenen Verhältnissen abzufinden. DOWDEY, Lee, 335.

[83] Ebd., 217f. Zu den Angehörigen seines Stabes pflegte Lee ein herzliches, aber dennoch auf der nötigen Distanz beruhendes Verhältnis. Neben mit den verschiedenen militärischen Organisationsbereichen betrauten Offizieren waren es vor allem die eng mit ihm zusammenarbeitenden Oberstleutnante Charles Marshall, Charles S. Venable und Walter Herron Taylor - sein im "Virginia Military Institute" ausgebildeter Adjutant - deren professionelle Arbeit der Armeeoberbefehlshaber sehr schätzte. Der Erstgenannte übte vor dem Krieg übrigens den Beruf eines Rechtsanwalts, der zweite den eines Mathematikprofessors aus.

[84] Im Mittelpunkt der komplexen Persönlichkeit Robert E. Lees standen die Schlagworte Dienst und Selbstbeherrschung. Unter dem Leitwort Dienst verstand er eine eng mit der göttlichen Vorsehung verschlungene Pflicht, die den menschlichen Lebensweg bestimmen würde. CONNELLY, 200. Daß Lee ein tief religiöser Mensch war, läßt sich nicht zuletzt aus seiner umfangreichen

Korrespondenz und vielen seiner Armeebefehlen ablesen. Sein Adjutant Oberstleutnant Taylor, der dem General von Mai 1861 bis zur Kapitulation zur Seite stand - wodurch ihm wie kaum einem zweiten Einblicke in die Persönlichkeit seines Vorgesetzten gewährt wurden - äußerte sich in seinen Jahre später veröffentlichten Kriegserinnerungen zu Lees wohl zentralster Lebensmaxime wie folgt: *"Duty first was the rule of his life, and his every thought, word and action was made to square with duty's inexorable demands"*. Zit. nach: TAYLOR, Walter H.: Four Years With General Lee. Bloomington 1962, 77. Der West Point-Absolvent Brigadegeneral Armistead L. Long, der von Juni 1862 bis September 1863 in Lees Stab, danach bis zur Kapitulation als Kommandeur einer Artilleriebrigade in der Nord-Virginia-Armee diente, bemerkte in einem zwanzig Jahre nach Kriegsende erschienenen Werk, das er aus persönlichen Erlebnissen, offiziellen Unterlagen sowie dem Nachlaß des Generals im Sinne eines kurz vor Lees Ableben von diesem geäußerten Wunsches zusammengestellt hatte und als Memoiren desselben herausgab, hierzu folgendes: *"That which moulded General Lee's life was something more than duty. It was a fine soldierly instinct that made him feel that it was his business to devote his life and powers to the accomplishment of high impersonal ends"*. Zit. nach: LONG, Armistead L.: Memoirs of R. E. Lee. Secaucus 1983, 433. Eine tendenziell ähnliche Aussage ist auch von Oberstleutnant Taylor überliefert: *"His one great aim and endeavour was to secure success for the cause in which he was enlisted; all else was made subordinate to this"*. Zit. nach: FULLER, 119.

[85] Lees spartanischer, von seinen Stabsoffizieren weitestgehend übernommener Lebensstil manifestierte sich unter anderem auch darin, daß diese ebenso wie er selbst nur selten in festen Unterkünften, sondern fast immer im Freien schliefen. So bestand beispielsweise das von Lee und seinem Stab während des Winters 1863/64 bei Orange Court House, Virginia, bezogene Hauptquartier den Worten Oberstleutnant Venables zufolge aus gerade einmal drei oder vier gewöhnlichen Armeezelten. TRUDEAU, 15.

[86] LONGSTREET, 631.

[87] WILLIAMS, Lincoln and his Generals, 310. Ursächlich hierfür war neben einer gehörigen Portion Skepsis seitens der altgedienten Veteranen vor allem Grants unscheinbares, wenig Aufsehen erregendes äußeres Erscheinungsbild wie auch der ihm eigene Mangel an charismatischen Führungseigenschaften. Gegenüber Außenstehenden und Fremden verhielt sich Grant stets reserviert und kurz angebunden, wenn auch nicht unbedingt unfreundlich. Diese Verhaltensweise änderte sich nur in Gegenwart guter Bekannter und alter Kameraden, denen gegenüber sich der General im allgemeinen redselig und entspannt zu geben pflegte. CATTON, Grant Takes Command, 160f. Obwohl Grant die Gabe besaß, selbst mit dem gewöhnlichsten Menschen ein zwangloses Gespräch zu führen, vermied er es nach Kriegsende - vermutlich aus Furcht, von seiner eigenen Vergangenheit eingeholt zu werden - generell, sich näher mit Angehörigen der einfacheren Volksschichten auseinanderzusetzen. MCFEELY, 2.

[88] Vgl. dazu SIMPSON, 284ff., der zahlreiche, mitunter recht illustre Äußerungen liefert. Stellvertretend für die von Anfang an kritische Grundhaltung der Veteranen der Potomac-Armee sei hier nur der Kommentar von Oberst Charles S. Wainwright genannt. Der Kommandeur einer Artilleriebrigade beschrieb die ersten Reaktionen der Angehörigen seines Armeekorps auf das Eintreffen des neuen Oberkommandierenden am 24. März 1864 wie folgt: *"It is hard for those who knew him when formerly in the army to believe that he is a great man; then he was only distinguished for the mediocrity of his mind, his great good nature and his insatiable love of whiskey (...) From what I have heard at corps headquarters this evening there was no enthusiasm shown by the men on the arrival of their new commander"*. Zit. nach: CATTON, Grant Takes Command, 155.

[89] Von General Meades Adjutant Oberst Lyman beispielsweise ist folgende Beschreibung Grants überliefert, deren letzter Satz recht treffend einen wesentlichen Charakterzug desselben umschreibt: *"His face has three expressions: deep thought, extreme determination, and great simplicity and calmness. (...) He habitually wears an expression as if he had determined to drive his head through a brick wall and was about to do it"*. Zit. nach: MACARTNEY, 35. Hauptmann Charles F.

Adams Jr., seit Frühjahr 1864 Chef von Grants Kavallierieeskorte, meinte nach einer der ersten Zusammenkünfte mit seinem Schutzbefohlenen respektlos, dieser ginge zwar aufgrund seines Äußeren ohne weiteres als kleiner, plumper und untersetzter Subalternoffizier durch, rühmte aber im gleichen Atemzug Grants Vorzüge: *"He handles those around him so quietly and well, he so evidently has the faculty of disposing of work and managing men, (...) and in a crisis he is one against whom all around, (...) would instinctively lean"*. Zit. nach: WILLIAMS, McClellan, Sherman and Grant, 82f. Eine glamouröse, aber dennoch akribische und nach wie vor lesenswerte Darstellung des Grant'schen Habitus findet sich übrigens in den Kriegserinnerungen von Horace Porter, einem seiner Stabsoffiziere. Vgl. PORTER, Horace: Campaigning with Grant. Lincoln, London 2000, 13ff.

[90] TRUDEAU, 13.

[91] In einer Ausgabe des auflagenstarken "New York Tribune" fand sich beispielsweise Ende März 1864 folgende, vor Zweckoptimismus strotzende Vorhersage: *"The mass of the army will heartily welcome Gen[eral]. Grant as their new commander, and we believe will fight under him as they never fought before"*. Zit. nach: SIMPSON, 285. Das Konkurrenzblatt "New York Herald" verstieg sich etwa zur gleichen Zeit sogar dazu, Grant als Idol der Potomac-Armee zu bezeichnen. Die zahlreichen Zeitungskorrespondenten, die das Hauptquartier des wenig auskunftsfreudigen Generals belagerten, wurden von diesem zwar toleriert, von wenigen Ausnahmen abgesehen aber nur mit Informationen von geringem Nachrichtenwert abgespeist. WILLIAMS, McClellan, Sherman and Grant, 101.

[92] WILLIAMS, Lincoln and his Generals, 303.

[93] Dies lag vor allem daran, daß die von Grant erteilten Befehle zuerst über Meade und seinen Stab liefen, was deren zeitliche Umsetzung oftmals erheblich verzögerte. Brigadegeneral Andrew A. Humphreys, Meades Stabschef, bemerkte hierzu folgerichtig, daß die Potomac-Armee von zwei Offizieren gleichzeitig kommandiert worden wäre. CATTON, Grant Takes Command, 156. Vor diesem Hintergrund muß wohl auch nachstehendes, wenige Wochen nach Grants Kommandoübernahme geäußertes Urteil des in den Schatten des Unionsoberbefehlshabers gedrängten, von der Nordstaatenpresse geschmähten und daher zunehmend unzufriedenen Meade betrachtet werden: *"Grant is not a striking man, (...) has but little manner. (...) His early education was undoubtedly very slight. In fact, (...) his West Point course was pretty much all the education he ever had; and since his graduation I don't believe he has read or studied anything"*. Zit. nach: MACARTNEY, 34f.

[94] Zit. nach: SIMPSON, 271.

[95] FOOTE, Shelby: The Civil War. A Narrative. Bd. 3. Red River to Appomattox. New York 1974, 127f. Neben der Ausgliederung eines Armeekorps unter Generalmajor Ambrose E. Burnside, welches er bis zu dessen Wiedereingliederung Ende Mai 1864 seinem direkten Befehl unterstellte, ließ Grant auf Betreiben Meades zwei der restlichen fünf ihre Sollstärke weit überschreitenden Armeekorps auflösen und auf die übriggebliebenen Korps aufteilen, was die betroffenen Soldaaten - ihrer militärischen Heimat beraubt - alles andere als dankbar zur Kenntnis nahmen. Zudem vereinte Grant die verstreuten Kavallerieregimenter der Union zu einem der Potomac-Armee unterstellten Kavalleriekorps unter Generalmajor Philip H. Sheridan. Da Grants Maßnahmen sichtbare Erfolge zeitigten, gab er Halleck am 26. April 1864 folgende, euphorische Lageorientierung: *"The Army of the Potomac is in splendid condition and evidently feels like whipping somebody (...) I feel much better with this command than I did before seeing it"*. Zit. nach: Ebd., 132.

[96] Ein nicht unbedeutender Anteil der Soldaten, die im Frühjahr 1864 die Reihen der Potomac-Armee auffüllten, bestand im Gegensatz zum freiwillig eingetretenen Ersatz der Vorjahre aus Wehrpflichtigen und bezahlten Ersatzmännern. Im Sommer 1864 waren zudem nicht weniger als 30 von Hundert Mannschaftsdienstgraden des Großverbands in Übersee geborene Einwanderer. BURNE, Alfred H.: Lee, Grant and Sherman. A Study in Leadership in the 1864-65 Campaign.

Lawrence 2000, 66.

[97] Tatsächlich gelang es den konföderierten Streitkräften bis Anfang 1864 etliche Male, mittels Massierung von Verteidigungskräften im Angriffsschwerpunkt der losgelöst voneinander agierenden Unionsarmeen, den Vormarsch derselben zu verzögern oder gar zum Stehen zu bringen. Dieses Problem schilderte Grant lange nach dem Krieg folgendermaßen: *"The Army of the Potomac was a separate command and had no territorial limits. There were thus seventeen distinct commanders. Before this time these various armies had acted separately and independently of each other, giving the enemy an opportunity often of depleting one command, not pressed, to reinforce another more actively engaged. I determined to stop this"*. Zit. nach: LONG, Personal Memoirs of U.S. Grant, 364f.

[98] Von den 533.000 unter seinem Kommando stehenden Unionssoldaten waren alleine 40.000 in von der Konföderation zu keinem Zeitpunkt des Sezessionskriegs bedrohten Militärbezirken des Nordens und Westens stationiert. Von den übrigen 493.000 Mann war annähernd ein Drittel damit beschäftigt, die eigenen Verkehrswege und Nachschublininen, die Grenzstaaten sowie das besetzte feindliche Territorium zu sichern, ohne effektiv gegen die konföderierten Streitkräfte eingesetzt werden zu können. Vgl. CATTON, Grant Takes Command, 141f. Grants Maßnahmen führten dazu, daß beispielsweise allein aus den Festungswerken rund um Washington mehrere Tausend monatelang unbeschäftigter Festungsartilleristen ihren sicheren Dienstort verlassen mußten, um sich alsbald als einfache Linieninfanteristen in den Reihen der Potomac-Armee wiederzufinden.

[99] FOOTE, Bd. 3, 14f. Von über einhundert von Grant vorgeschlagenen Generalen enthob Lincoln - wohl aus Furcht, sich angesichts der bevorstehenden Präsidentschaftswahlen damit neue politische Gegner zu schaffen - allerdings nicht mehr als ein Dutzend ihres Kommandos.

[100] MACARTNEY, 335.

[101] In der Unionshauptstadt konnte sich Grant einiger Verbindungen zu mehr oder weniger einflußreichen Persönlichkeiten rühmen, die er geschickt für seine persönlichen Belange auszunutzen verstand. Zu diesem Netzwerk zählten der einflußreiche Kongreßabgeordnete Elihu B. Washburne, der ihm 1861 zu seiner Wiedereinstellung und Ernennung zum Oberst verholfen hatte, der einstige Journalist Charles A. Dana - inzwischen zum Staatssekretär im Washingtoner Kriegsministerium aufgestiegen - sowie der nunmehrige Chef des Amts für Kavalleriewesen, Generalmajor James H. Wilson. JONES, 181f.

[102] WILLIAMS, Lincoln and his Generals, 308.

[103] Ebd., 302. Der darob keineswegs erboste Lincoln bemerkte zu diesem Umstand: *"General Grant is a copius worker and fighter, but a very meager writer or telegrapher"*. Zit. nach: WILLIAMS, McClellan, Sherman and Grant, 97.

[104] SIMPSON, 290f. So geschehen etwa im Falle des nach Missouri verbannten Generalmajors William S. Rosecrans, den Grant wegen eigenmächtigen Handelns als Befehlshaber des dortigen Militärbezirks seines Postens entheben lassen wollte, was Lincoln ebenso untersagte wie die von Grant mit Unterstützung Hallecks geforderte Ablösung des von Lincoln aus politischen Gründen protegierten Generalmajors Nathaniel P. Banks, dessen Unvermögen die in Louisiana angesetzte Unionsoffensive binnen kurzem zum Scheitern gebracht hatte. Im letztgenannten Fall ließ sich Lincoln nach wochenlangem Zögern Mitte Mai 1864 immerhin davon überzeugen, einer Ablösung zuzustimmen.

[105] Zit. nach: COMMAGER, 972. Tags darauf verfaßte Grant ein überschwängliches Dankesschreiben mit folgendem Wortlaut: *"The confidence you express (...) is acknowledged with pride. (...) From my first entrance into the volunteer service (...) to the present day, I have never had any cause of complaint (...) And since the promotion which placed me in command of all the Armies, (...) I have been astonished at the readiness with which everthing asked for has been yielded, without even an explanation being asked. Should my success be less than I desire and expect, the least I can say is, the fault is not with you"*. Zit. nach: Ebd., 973.

[106] So etwa im Februar 1865, als der sich freiwillig zur Truppe meldende 22jährige Präsidentensohn

Robert T. Lincoln auf Wunsch seines Vaters von Grant in dessen Generalstab aufgenommen wurde und von letzterem unverzüglich den Rang eines Hauptmanns verliehen bekam. PORTER, 388. Von 1881 bis 1885 würde Robert T. Lincoln als Kriegsminister unter dem kurz nach seinem Amtsantritt ermordeten Präsidenten James A. Garfield sowie dessen Nachfolger Chester A. Arthur auf die im Stabe Grants gesammelten Erfahrungen zurückgreifen können.

[107] Besonderer Wert wurde dabei auf die Schießausbildung der einfachen Soldaten gelegt. Da praktisch auf jedem Schlachtfeld des Sezessionskriegs immer wieder Tausende von nicht abgefeuerten Gewehren aufgesammelt werden mußten, erließ das Oberkommando der Potomac-Armee einen Armeebefehl, demzufolge jeder einzelne Soldat im Gegensatz zu früher den Lade- und Schießvorgang unter Aufsicht eines Offiziers durchgeführt haben sollte. CATTON, A Stillness at Appomattox, 35. Daß diese Anordnung berechtigt war, zeigt die Tatsache, daß etwa nach der Schlacht bei Gettysburg von 37.000 liegengebliebenen Gewehren über 24.000 noch geladen waren, davon 18.000 mit zwei oder gar mehreren Geschossen, was daran lag, daß der umständliche Ladevorgang viele der nur unzureichend an der Waffe ausgebildeten Soldaten im Eifer des Gefechts schlichtweg überforderte. BOGER, 34.

[108] ROBERTSON, 19.

[109] Lees Adjutant Oberstleutnant Taylor, dessen Aufgabe unter anderem darin bestand, die monatlichen Stärkemeldungen der Nord-Virginia-Armee zusammenzustellen, bezifferte die Gesamtzahl der am 20. April 1864 einsatzbereiten Soldaten auf knapp 64.000 Mann. TAYLOR, Four Years With General Lee, 124f.

[110] HAGERMAN, The American Civil War and the Origins of Modern Warfare, 243f.

[111] Infolge unzureichender Aufklärungsergebnisse taxierte Lee die Größe der ihm gegenüberliegenden Streitmacht auf zirka 75.000 Mann. BURNE, 11.

[112] DOWDEY, Lee, 114.

[113] Anfang Mai 1864 traf Lee gegenüber Brigadegeneral John B. Gordon, einem seiner von ihm sehr geschätzten Brigadekommandeure, folgende, recht optimistische Prognose: *"if we coul keep the Confederate Army between General Grant and Richmond, checking him for a few months longer, (...) some crisis in public affairs or change in public opinion, at the North might induce the authorities at Washington to let the Southern States go"*. Zit. nach: GORDON, 268. Seinen ungebrochenen Kampfeswillen demonstrierte Lee etwa zur gleichen Zeit gegenüber seinem Adjutanten Taylor indes mit diesen Worten: *"we have got to whip them; we must whip them; and it has made me feel better to think of it"*. Zit. nach: FREEMAN, R. E. Lee, Bd. 3, 264.

[114] TAYLOR, Duty Faithfully Performed, 169. Viele, sich ihrem General, ihrer Heimat, ihren Kameraden und der gerechten Sache des Südens verbunden fühlende Veteranen der Nord-Virginia-Armee verlängerten ihre Zeitverträge noch vor der drohenden gesetzlichen Zwangsverpflichtung freiwillig. Lees Vertrauen in seine Männer und ihr Glaube an ihn war wohl eine der zentralen Ursachen für den Korpsgeist, der die Nord-Virginia-Armee auf dem Schlachtfeld so erfolgreich werden ließ. Die Angehörigen der unteren Ränge waren Lees ganzer Stolz, ihnen galt nach Möglichkeit seine besondere Fürsorge. Schon in der Anfangsphase des Krieges schrieb er: *"My heart bleeds at the death of every one of our gallant men"*. Zit. nach: FULLER, 101. Sein Handeln als Vorgesetzter richtete Lee nach dem Grundsatz aus, daß natürliche Autorität ebenso wie verliehene Macht stets gerecht anzuwenden seien. Diesem Credo folgend, versuchte Lee, Kritik an Untergebenen zu vermeiden, selbst wenn er wußte, daß diese versagt hatten. Anstatt seine Untergebenen offen zurechtzuweisen, begegnete er als Armeeoberbefehlshaber Führungsschwächen seiner Kommandeure, indem er diesen einfach andere Verantwortungsbereiche übertrug. Vgl. CONNELLY, 196f. Sein Adjutant Taylor bemerkte hierzu: *"General Lee (...) was too careful of the personal feelings of his subordinate commanders, too fearful of wounding their pride, and too solicitous for their reputation. (...) Obedience to orders was, in his judgment, the cardinal principle with all good soldiers of every grade"*. Zit. nach: TAYLOR, Four Years With General Lee, 146f.

[115] BURNE, 10.

[116] FREEMAN, R. E. Lee, Bd. 3, 273. Das sumpfige, von dichtem Gestrüpp überwucherte und etliche Bächen durchzogene Gelände machte die zahlenmäßige Überlegenheit des Nordens zunichte, hinderte die stärkere Unionsartillerie an der freien Entfaltung und erschwerte die Formierung, Koordination und Bewegung einzelner Einheiten, die nicht selten den Anschluß zu ihren Nachbarn verloren und vereinzelt sogar das Feuer auf eigene Teile eröffneten. Am 6. Mai 1864 geschah der wohl fatalste Vorfall dieser Art, als Generalleutnant Longstreet durch eigenes Feuer verwundet wurde und dadurch bis Oktober 1864 ausfiel. POWER, J. Tracy: Lee's Miserables. Life in the Army of Northern Virginia from the Wilderness to Appomattox. Chapel Hill, London 1998, 18f.

[117] SIMPSON, 294.

[118] Wie es um diese äußere Gelassenheit wirklich bestellt war, schilderte Grants Stabsoffizier Porter in seinen Kriegserinnerungen. Um seine innere Anspannung zu überspielen, saß Grant während des Kampfgeschehens phasenweise scheinbar völlig teilnahmslos herum und beschäftigte sich - eine Zigarre nach der anderen rauchend - mit dem Schnitzen von Holzstöcken. Vgl. PORTER, 63ff. In Erwartung einer wichtigen Lagemeldung sagte er zu Porter: *"The only time I ever feel impatient is when I give an order for an important movement of troops in the presence of the enemy, and am waiting for them to reach their destination. Then minutes seem like hours"*. Zit. nach: Ebd., 63.

[119] Einem verstörten Brigadegeneral, der - die Nachricht von einem Einbruch der konföderierten Truppen in die eigenen Linien überbringend - Bedenken über Lees weitere Absichten kundtat, gab Grant hochgradig erregt folgendes zu verstehen: *"I am heartily tired of hearing about what Lee is going to do. (...) Go back to your command, and try to think what we are going to do ourselves"*. Zit. nach: Ebd., 70. Der mit diesem Ausspruch einhergehende Wutausbruch des Oberkommandierenden der Unionsstreitkräfte besaß absoluten Seltenheitswert. Daß Grant seine Selbstbeherrschung verlor, ist lediglich in zwei weiteren Fällen belegt, wobei sich ersterer noch am selben Tag zutrug. Als die eingedrückte Unionsfront am Abend des 6. Mai 1864 stabilisiert worden war, zog sich der General - vermutlich am Rande eines Nervenzusammenbruchs - für kurze Zeit in sein Zelt zurück, warf sich auf sein Feldbett und *"gave way to the greatest emotion"*. Zit. nach: TRUDEAU, 120. Zeuge dieses wohl einmaligen Vorfalls wurden unter anderem Grants Adjutant Rawlins sowie der Stabsoffizier Oberstleutnant T. S. Bowers, welche das Gesehene tags darauf dem zufällig zugegenen General James H. Wilson anvertrauten. Der zweite Fall spielte sich wenige Wochen später ab. Als der General mit seinem Gefolge an einer Nachschubkolonne vorbeiritt, sah er zufällig, wie ein Kutscher ohne ersichtlichen Grund auf seine Pferde einschlug, was zur Folge hatte, daß der vor Wut schäumende Pferdenarr Grant diesen zur Strafe sechs Stunden lang an einen Pfahl binden ließ. WOODWARD, 29.

[120] MCPHERSON, Für die Freiheit sterben, 714.

[121] Diese Episode ist in zahlreichen persönlichen Aufzeichnungen und Erlebnisberichten überliefert, so etwa im Tagebuch des Unteroffiziers Edward R. Crockett, der als Angehöriger des 4[th] Texas Regiment an besagtem Gegenstoß teilnahm: *"The Texas Brigade, (...) in front, with Gen[era]l. Lee close in rear & cheering them on to deeds of desperate daring. (...) The Texas Brigade is moving to the charge Gen[era]l. Lee following them slowly, soon the balls are whizzing by us and our rifles in fierce defiance are belching forth storms of leaden hail on the hated foe, now some one seizes Gen[era]l. Lee's bridle & says he must go no farther, he stops & to our great relief turns back"*. Zit. nach: POWER, 44.

[122] FULLER, 215.

[123] WILLIAMS, McClellan, Sherman and Grant, 83. Ein nicht genannter Unionsveteran erinnerte sich später an die beflügelnden Auswirkungen des Grant'schen Marschbefehls auf seine Einheit wie folgt: *"Our spirits rose, (...) We marched free. The men began to sing"*. Zit. nach: FOOTE, Bd. 3, 191.

[124] Zit. nach: WILLIAMS, McClellan, Sherman and Grant, 108.

[125] So wählte er den eigenen Standort nach Möglichkeit stets mit äußerster Sorgfalt und zuungunsten des Gegners, um dort seine zahlenmäßig unterlegenen Kräfte auf engem Raum zu konzentrieren

und effektiv zu gliedern, wobei er sich wann immer möglich eine taktische Reserve zurückhielt, um feindliche Einbrüche jederzeit abriegeln zu können. Bereits im November 1863 hatte Lee dieses ursprünglich für Offensivoperationen formulierte Prinzip mit folgenden Worten umrissen: *"It is only by the concentration of our troops that we can hope to win any decisive advantage"*. Zit. nach: FREEMAN, An Abridgment in One Volume, 506.

[126] FULLER, 216. Damit war Lee seiner Zeit um einiges voraus. Die Anlage von ausgebauten und tief gestaffelten Verteidigungsstellungen war - vom Krimkrieg (1853-1856) einmal abgesehen - ein Mitte des 19. Jahrhunderts noch vollkommen ungebräuchliches Mittel der Kriegführung.

[127] Lee hatte die Frontausbuchtung unter anderem deshalb schaffen lassen, weil es deren halbrunde Form ermöglichte, trotz der erhöhten Flankengefährdung möglichst schnell Reserven an bedrohte Frontabschnitte zu verschieben. Im Verlauf der Kämpfe würde sich dies mehrfach auszahlen. Da das Gelände um Spotsylvania zwar waldreich, anders als die Wilderness jedoch mit zahlreichen Lichtungen und Freiflächen versehen war, ließ sich dieser Umstand beim Stellungsbau sehr zum Vorteil der konföderierten Verteidiger ausnutzen, die neben den obligatorischen Schützengräben und Baumverhauen auch unzählige Hindernisse im Vorfeld anlegten. POWER, 28f. Infolge des dicht bewachsenen Geländes konnten die angreifenden Unionstruppen - die sich ebenso wie die Kombattanten beider Seiten in der Wilderness oftmals nur mit Hilfe von Kompanden zu orientieren vermochten - den Gegner meist erst dann erkennen, wenn sie schon auf dessen Stellungen aufgelaufen waren.

[128] Die für kurze Zeit in die feindlichen Linien eingebrochene Infanteriebrigade unter Oberst Emory Upton machte dabei nicht weniger als 1.200 konföderierte Gefangene. FULLER, 218. Bezugnehmend auf die überproportional hohen Verluste, die die angreifenden Unionsverbände an diesem Großkampftag erlitten hatten, nahm Grant gegenüber einem Zeitungskorrespondenten am späten Abend des 10. Mai 1864 gewohnt pragmatisch Stellung: *"We have had hard fighting to-day, and I am sorry to say we have not accomplished much. We have lost a good many men, and I suppose I shall be blamed for it. I do not know any way to put down this rebellion and restore the authority of the Government except by fighting, and fighting means that men must be killed"*. Zit. nach: SIMPSON, 307. Am Morgen des 11. Mai überreichte Grant dem ihn seit dem ersten Tag des Feldzugs begleitenden Elihu B. Washburne, der sich anschickte, nach Washington zurückzukehren, einen an Kriegsminister Stanton adressierten Brief, in welchem er seine unerschütterliche Siegeszuversicht und Entschlossenheit, die Angriffe rücksichtslos und ohne Unterlaß fortzusetzen, darlegte: *"The result to this time is much in our favor. Our losses have been heavy as well as those of the enemy. (...) I purpose to fight it out on this line if it takes all summer"*. Zit. nach: Ebd., 307f.

[129] Die Frontausbuchtung, die bald darauf den ehrfürchtigen Namen "Bloody Angle" erhielt, verwandelte sich im Verlauf der stundenlangen, an Intensität während des gesamten Sezessionskriegs unübertroffenen Kämpfe des 12. Mai 1864 in einen regelrechten Hexenkessel. Die immer wieder anstürmenden, zahlenmäßig weit überlegenen Unionsdivisionen bissen sich an den verschlammten Schutzwällen und Gräben der konföderierten Verteidiger fest, so daß sich die mitunter nur wenige Meter voneinander entfernt gegenüberliegenden Soldaten fast durchweg in blutigen, mit Bajonetten und Gewehrkolben geführten Nahkämpfen zu Leibe rückten. An denjenigen Frontabschnitten, an denen Handgemenge eher die Ausnahme blieben, war das Gewehrfeuer so heftig, daß dadurch sogar kleinere Bäume regelrecht niedergemäht wurden. Vgl. hierzu ausführlicher POWER, 26ff.

[130] Aufgrund der ungünstigen Sichtverhältnisse konnten die Unionstruppen die an vorderster Front stehenden, größtenteils überraschten Verteidiger überrennen und die Masse der an der Einbruchsstelle liegenden Infanteriedivision mitsamt ihres Kommandeurs Generalmajor Edward Johnson gefangennehmen. Zum Entsetzen der Konföderierten erwiesen sich die wegen der schweren Regengüsse des Vortags völlig durchnäßten Papierpatronen in vielen Fällen als unbrauchbar, wodurch die angreifenden Blauröcke leichtes Spiel hatten. Hinzu kam, daß Lee unwissentlich zum Erfolg des feindlichen Einbruchs beitrug, indem er einen Teil der Artillerie

am Vortag an einen anderen Frontabschnitt verlegen ließ. Als diese am Morgen des 12. Mai zurückbeordert wurde, fielen den eingebrochenen Unionssoldaten mehr als 20 Geschütze in die Hände. FREEMAN, An Abridgment in One Volume, 384f. Da sich die Angriffsformationen der Union in der Frontlücke miteinander verzahnten und damit nur schwer kontrollierbar wurden, konnten diese den Angriffsschwung jedoch nicht in vollem Maße ausnutzen. FULLER, 218. Zwei Tage später wurden die kümmerlichen Reste der ehemals vier Brigaden der Division Johnsons - so waren in einer Kompanie des 33rd Virginia Regiment lediglich der Kompaniechef und drei Soldaten übriggeblieben - zu einer einzigen, personell unterbesetzten zusammengefaßt. TRUDEAU, 190.

[131] General Gordon schilderte diesen Vorfall in seinen Kriegserinnerungen später folgendermaßen: *"As he rode majestically in front of my line of battle, (...) Lee looked like a very god of war. Calmly and grandly, he rode to a point near the centre of my line (...) evidently resolved to lead in person the desperate charge and drive* [General] *Hancock back or perish in the effort. (...) Instantly I spurred my horse (...) and grasping his bridle in my hand, I checked him. (...) I shouted to General Lee, 'You must go to the rear'. The echo, 'General Lee to the rear, General Lee to the rear!' rolled back with tremendous emphasis the throats of my men; and they gathered around him, turned his horse in the opposite direction, (...) ready to shove him by main force to the rear"*. Zit. nach: GORDON, 278f. Vgl. dazu auch LONG, Memoirs of R. E. Lee, 338. Da sich Lee über seinen nur schwer ersetzbaren Wert als Armeeoberbefehlshaber im Klaren gewesen sein muß, ist davon auszugehen, daß weniger der ihm eigene Wagemut, sondern eher die folgerichtige Einschätzung der kritischen Lage den Ausschlag für dessen tollkühne Aktionen gab. Als die Nordstaatler die konföderierten Linien durchbrachen, wird es dem General überdies in beiden Fällen so gut wie unmöglich gewesen sein, mit den verantwortlichen Offizieren schnell genug Verbindung aufzunehmen, so daß sein persönliches Eingreifen durchaus nachvollziehbar erscheint. Auf Letztgenannte schien sich Lee im vierten Kriegsjahr indes nicht mehr voll verlassen zu können. Gegenüber seinem Korpskommandeur Generalleutnant Ambrose P. Hill, der noch Anfang April 1865 fallen sollte, ließ Lee bei Spotsylvania als Reaktion auf das nicht befehlsgemäße Handeln eines Brigadekommandeurs nachstehende, dies bestätigende Aussage fallen: *"The soldiers know their duties better than the general officers do and they have fought magnificently. (...) Sometimes I would like to mask troops and then deploy them, but if I were to give the proper order, the general officer would not understand it; so I have to make the best of what I have and lose much time in making dispositions"*. Zit. nach: THOMAS, Robert E. Lee, 332.

[132] Ungeachtet des letztlich durchschlagenden Erfolgs der von Lee in der Wilderness und bei Spotsylvania bewiesenen persönlichen Tapferkeit stieß dessen eigenhändiges Führen von Kampfverbänden in der öffentlichen Meinung des Südens auf wenig Gegenliebe. In einem Leitartikel vom 17. Mai 1864 schrieb der Herausgeber des "Richmond Whig": *"It is abundantly established that General Lee has greatly exposed himself in the late battles. Against this, we earnestly protest. (...) Too great a cause and too many hopes rest on General Lee's shoulders to admit the exposure of his life. (...) Lee cannot be spared"*. Zit. nach: POWER, 45f. Die Sorge um Lees körperliche Unversehrtheit wurde auch von Präsident Davis geteilt, der den General drei Tage nach dem Geschehen in einem besorgten Brief folgendes wissen ließ: *"I have been pained to hear of your exposure of your person in various conflicts. The country could not bear the loss of you"*. Zit. nach: Ebd., 46. Daß Lees Handeln kein außergewöhnlicher Einzelfall war und der Grundsatz des Führens von vorne in der Nord-Virginia-Armee auf allen Befehlsebenen praktiziert wurde, beweist nicht zuletzt die Tatsache, daß im Verhältnis zu den Mannschaften weitaus mehr Offiziere - insbesondere der unteren Ränge - fielen.

[133] An jenem schicksalschweren Tag erreichte Lee eine Hiobsbotschaft, die dessen Freude über den schwer erkämpften Abwehrerfolg erheblich trübte. Mit dem Tod des von ihm sehr geschätzten Generalmajors James E. B. Stuart, der bei dem Versuch, Sheridans Kavallerie von Richmond abzudrängen, während eines Gefechts bei Yellow Tavern tags zuvor tödlich verwundet worden

war, verlor Lee nicht nur einen seiner fähigsten Generale, sondern auch den wohl besten Reiterführer des Sezessionskriegs.

[134] In einem Grants Optimismus spiegelnden, die Lage allerdings nur bedingt richtig wiedergebenden Brief an seine Frau Julia vom 13. Mai 1864 fanden die extrem hohen Gefallenenzahlen beiläufig Erwähnung: *"We have lost many thousand men killed and wounded and the enemy have* [sic!] *no doubt lost more. I have reinforcements now coming up which will greatly encourage our men and discourage the enemy correspondingly. I am very well and full of hope. (...) The world has never seen so bloody or so protracted a battle as the one being fought and I hope never will again"*. Zit. nach: CATTON, Grant Takes Command, 238f.

[135] Vgl. SIMPSON, 309ff.

[136] Der von Abraham Lincoln eingesetzte Sigel war am 15. Mai 1864 bei New Market im Shenandoahtal von einer nur halb so starken Streitmacht unter Generalmajor John C. Breckinridge - der im Februar 1865 als letzter das Amt des konföderierten Kriegsministers übernehmen sollte - geschlagen worden, was Grant dazu veranlaßte, Sigel durch den umstrittenen, für seine Rücksichtslosigkeit bekannten Generalmajor David S. Hunter ersetzen zu lassen. Nur einen Tag später konnte auch der Vorstoß Butlers von Verbänden General Beauregards wenige Kilometer vor Richmond bei Drewry's Bluff zurückgewiesen werden, woraufhin sich die Armee Butlers auf einer kleinen Halbinsel am Ufer des James eingrub und für die restliche Dauer des Krieges von den Konföderierten in Schach gehalten werden konnte.

[137] Die öffentliche Meinung des Nordens, die angesichts des Grant'schen Vormarsches die Einnahme Richmonds und damit das Ende der Kampfhandlungen schon in greifbare Nähe gerückt sah, kühlte nach den Rückschlägen in Virginia Mitte Mai 1864 merklich ab und machte erster Enttäuschung und Pessimismus Raum, was sich auch auf die Beurteilung des Armeeoberbefehlshabers auswirkte. Vgl. SIMPSON, 321.

[138] Einem zuversichtlichen, am 23. Mai 1864 abgefaßten Lagebericht an Jefferson Davis läßt sich nachstehende, Lees ungebrochenen Kampfgeist verdeutlichende, auf Grant gemünzte Absichtserklärung entnehmen: *"Whatever route he pursues I am in a position to move against him, and shall endeavor to engage him while in motion. (...) His difficulties will be increased as he advances, and ours diminished"*. Zit. nach: DOWDEY, The Wartime Papers of R. E. Lee, 747f. Nicht nur, daß Lee den Vormarsch seines Kontrahenten bald darauf tatsächlich aufs Neue zum Stehen bringen würde; auch letztere Annahme würde sich bewahrheiten, denn je näher Grant seine Armee an Richmond heranführte, desto länger wurden - wie schon im Rahmen der Operationsplanung befürchtet - deren Nachschubwege, während sich die der Konföderierten dementsprechend verkürzten.

[139] BURNE, 47.

[140] HAGERMAN, The American Civil War and the Origins of Modern Warfare, 262.

[141] SIMPSON, 324. Meade versäumte es, seinen Korpskommandeuren einen für alle verbindlichen Angriffsbefehl zu erteilen, weshalb diese ihr Antreten unabhängig voneinander planten und nur mangelhaft miteinander absprachen. Darüber hinaus unterließen es letztere, den genauen Verlauf wie auch die Beschaffenheit der gegnerischen Verteidigungslinien erkunden zu lassen, was zusammengenommen den Erfolg der morgendlichen Attacke von Anfang an in Frage stellte.

[142] BURNE, 48.

[143] Zahlreiche Veteranen der Potomac-Armee ahnten die Folgen dieser Entscheidung mit untrüglichem Gespür voraus. Am Abend des 2. Juni beobachtete Oberstleutnant Porter während eines Botengangs in vorderster Linie, daß sich die Angehörigen der Sturmregimenter in sicherer Erwartung ihres Todes Zettel mit Namen und Anschrift auf die Rückseiten ihre Uniformröcke hefteten, um nach ihrem Ableben einwandfrei identifiziert werden zu können. PORTER, 174f. Daß die Unionssoldaten zu dieser aus jetziger Sicht ungewöhnlichen Methode griffen, erklärt sich daraus, daß die um den Hals getragene, in den US-Streitkräften bis heute gebräuchliche blechgeprägte Erkennungsmarke erst Jahrzehnte später eingeführt wurde.

[144] An das hügelige Gelände angepaßt, bestanden die von Lees Armee bei Cold Harbor angelegten Feldbefestigungen aus einer Vielzahl sorgfältig ausgebauter, miteinander verzahnter Schanzen, Schützengräben und Brustwehren, die den Verteidigern die Möglichkeit gaben, die angreifenden Unionsregimenter in gezieltes Kreuzfeuer zu nehmen. Vgl. Catton, A Stillness at Appomattox, 158f. Meades Adjutant Oberst Lyman bemerkte hierzu: "*It is a rule that, when the Rebels halt, the first day gives them a good rifle-pit; the second, a regular infantery parapet with artillery in position; and the third a parapet with an abatis in front and entrenched batteries behind. Sometimes they put this three day's work into the first twenty-four hours*". Zit. nach: Trudeau, 278f.

[145] Der Verlauf des verhängnisvollen Frontalangriffs wurde von zahllosen Teilnehmern schriftlich festgehalten. Den Schilderungen von Oberst William Oates, Kommandeur des 15th Alabama Regiment, läßt sich beispielsweise folgende, sehr anschauliche Beschreibung der verheerenden Wirkung des konföderierten Abwehrfeuers entnehmen: "*The fire was terrific from my regiment, (...) The blaze of* [artillery] *fire (...) went right into the ranks of our assailants and made frigthful gaps through the dense mass of men. They endured it but for one or two minutes, when they retreated, leaving the ground with their dead and dying. (...) After (...) forty minutes another charge was made (...) which (...) received the most destructive fire I ever saw. They were subjected to a front and flank fire from the infantry, (...) while my piece of artillery poured double charges of canister into them. (...) In two minutes not a man of them was standing. (...) The dead covered more than five acres of ground about as thickly as they could be laid*". Zit. nach: Commager, 1000f. Die gegen den von Oberst Oates verteidigten Abschnitt anrennenden Nordstaatler der ersten Welle gehörten zum 12th New Hampshire Regiment, aus dessen Reihen eine eindrucksvolle, von einem nicht genannten Hauptmann niedergelegte Schilderung des Sturmlaufs überliefert ist: "*To give a description of this terrible charge is impossible, (...) To those exposed to the full force and fury of that dreadful storm of lead and iron that met the charging column, it seemed more like a volcanic blast than a battle, and was just about as destructive*". Zit. nach: Catton, A Stillness at Appomattox, 162f. Etwas direkter formulierte es Hauptmann Lemuel Abbott, Kompaniechef im 10th Vermont Regiment, das andernorts an der ersten Welle des Sturmangriffs teilnahm: "*We never even reached the enemy's works (...) We advanced under a murderous fire in our front from the enemy's artillery, sharpshooters and then in range of its main line of battle (...) were simply slaughtered*". Zit. nach: Trudeau, 286.

[146] Ward, 294.

[147] Der Entschluß, den fatalen Sturmangriff des 3. Juni 1864 zu befehlen, war kennzeichnend für Grants sture Beharrlichkeit und seine Furcht, ein einmal begonnenes Vorhaben abzubrechen. In seinen Memoiren beschrieb Grant diese Eigenart wie folgt: "*One of my superstitions had always been when I started to go anywhere, or do anything, not to turn back, or stop until the thing intended was accomplished*". Zit. nach: Long, Personal Memoirs of U.S. Grant, 20. Selbst wenn er einsah, einen Fehler gemacht zu haben, zog er es vor, lieber nochmals an der selben Stelle vorzugehen, um beim nächsten Anlauf wenn möglich erfolgreicher zu sein, als zu einer anderen Zeit und an einem anderen Ort erneut anzusetzen.

[148] Vgl. Long, Personal Memoirs of U.S. Grant, 442f.

[149] Zit. nach: Ebd., 442.

[150] Zit. nach: Ebd., 444f. Dies war übrigens das einzige Mal, daß Grant eine seiner Entscheidungen als Truppenführer im Nachhinein öffentlich revidierte. Daß Grant zunächst keine Veranlassung sah, explizit zur Katastrophe von Cold Harbor Stellung zu nehmen, zeigt unter anderem sein nach Kriegsende über seine Tätigkeit als Armeeoberbefehlshaber abgefaßter Rechenschaftsbericht, in dem sich hierzu gerade einmal zwei lapidare Sätze finden: "*On the 3rd of June we again assaulted the enemy's works in the hope of driving him from this position. In this attempt our loss was heavy, while that of the enemy I have reason to believe comparatively light*". Zit. nach: Woodward, 325.

[151] Gegen Mittag des 3. Juni 1864 wurde Lee von einigen, durch den bis in die konföderierte

Hauptstadt zu vernehmenden Schlachtenlärm angelockten Regierungsvertetern aufgesucht, denen er auf die Frage, welche operativen Reserven ihm im Falle eines Durch-bruchs Grants zur Verfügung stünden, entgegnete: *"Not a regiment; and that has been my condition ever since fighting commenced on the Rappahannock. If I shorten my lines to provide a reserve he will turn me. If I weaken my lines to provide a reserve he will break them"*. Zit. nach: FOOTE, Bd. 3, 293. Mit diesen knappen, womöglich etwas übertriebenen Worten umriß Lee eines der seit Beginn der feindlichen Großoffensive existierenden Grundprobleme seiner Operationsführung.

[152] Unmittelbar nach dem gescheiterten Großangriff setzte quer durch alle Dienstgradgruppen harsche, allerdings nur in den seltensten Fällen öffentlich artikulierte Kritik an der Armeeführung ein. Oberst Emory Upton, seines Zeichens am Sturmangriff beteiligter Brigadekommandeur, schrieb seiner Schwester am 4. Juni 1864 vertraulich: *"I am disgusted with the generalship displayed. Our men have, in many instances, been foolishly and wantonly sacrificed. Assault after assault has been ordered upon the enemy's intrenchments, when they knew nothing about the strength or position of the enemy"*. Zit. nach: COMMAGER, 1002. Tags darauf verfaßte er einen Brief an dieselbe Adressatin, in welchem er mit den Korpskommandeuren der Potomac-Armee abermals hart ins Gericht ging: *"Our loss was very heavy, and to no purpose. (...) My brigade has lost about three hundred men. (...) Some of our corps commanders are not fit to be corporals. Lazy and indolent, (...) they will order us to attack the enemy, no matter what their position or numbers"*. Zit. nach: Ebd., 1002.

[153] Leutnant Elias Davis, Angehöriger des 10th Alabama Regiment, der als Augenzeuge das seit zwei Tagen andauernde Leiden der vor den konföderierten Linien verstreuten Unionisten mitansehen mußte, traf am 5. Juni 1864 nachstehende, nicht von der Hand zu weisende Feststellung: *"Grant is a barbarian: he cares neither for his living nor dead soldiers"*. Zit. nach: POWER, 66.

[154] Vgl. CATTON, Grant Takes Command, 270ff. Der genaue Wortlaut des sich über zwei Tage erstreckenden Schriftwechsels findet sich bei LONG, Personal Memoirs of U.S. Grant, 442ff. In diesem Zusammenhang erwähnenswert ist die Äußerung des für das Sanitätswesen der Nord-Virginia-Armee zuständigen Lafayette Guild, der berichtete, daß Lee ansonsten stets bereitwillig seine Einwilligung zur schnellen Bergung und Bestattung der auf dem Boden des Südens gefallenen Nordstaatler gegeben habe. Lee, so der Sanitätsoffizier Guild, *"did not want a single Yankee to remain on our soil dead or alive"*. Zit. nach: CUNNINGHAM, Hugh: Doctors in Gray. The Confederate Medical Service. Baton Rouge 1958, 118.

[155] WARD, 295.

[156] So hatte allein das von Generalmajor Winfield S. Hancock geführte Armeekorps, in dem rund 20 Brigade- und zirka 100 Regimentskommandeure ausgefallen waren, seit Angriffsbeginn zusammen mehr als 20.000 Mann verloren. Wie sich dies in den einzelnen Verbänden auswirkte, zeigt das Beispiel der zu Hancocks Korps gehörigen, am 4. Mai mit 6.800 Soldaten angetretenen, zwischenzeitlich mehrfach mit Personalersatz aufgefüllten Infanteriedivision unter Brigadegeneral John Gibbon, welche bis Mitte Juni 1864 die stattliche Zahl von 7.970 Toten, Verwundeten und Vermißten zu beklagen hatte. Manch vormals stolzes und bewährtes Regiment wie etwa das 24th Michigan Regiment, welches, auf weniger als 100 Mann zusammengeschmolzen, in einer Kompanie nur noch einen Feldwebel und einen gemeinen Soldaten zählte - war so stark dezimiert, daß es auf andere Einheiten und Verbände aufgeteilt werden mußte. Vgl. hierzu ausführlicher CATTON, A Stillness at Appomattox, 212ff.

[157] Das zwischen den beiden Kriegsparteien herrschende Ungleichgewicht läßt sich geradezu beispielhaft an der Anzahl der zwischen dem 4. Mai und dem 12. Juni 1864 die Lücken beider Armeen füllenden Soldaten ablesen. Nach vorsichtigen Schätzungen erhielt die Nord-Virginia-Armee in diesem Zeitraum rund 14.000 Mann Personalersatz. TAYLOR, Four Years With General Lee, 136f. Der Potomac-Armee konnte hingegen Ersatz in Höhe von zirka 28.000 Mann nachgeführt werden, was die Verluste jedoch in beiden Fällen nicht auszugleichen vermochte, zumal auf Seiten des Nordens im Frühsommer 1864 eine nicht mehr genau feststellbare, in die

Tausende gehende Zahl von ihre dreijährige Dienstzeit beendenden Veteranen entlassen werden mußte. Vgl. CATTON, Grant Takes Command, 240f.

[158] JUNKELMANN, 208. Selbst Mary Lincoln, die Präsidentengattin, teilte diese Ansicht: *"Grant is a butcher and not fit to be at the head of an army. He loses two men to the enemy's one. He has no management, no regard for life"*. Zit. nach: WARD, 304.

[159] Dennoch ließ es sich der davon ebenfalls betroffene Lincoln nicht nehmen, seinen potentiellen Mehrheitsbeschaffer auf einer in New York stattfindenden Wahlkundgebung am 4. Juni 1864 mit folgenden Worten zu ehren: *"My previous high estimate of Gen*[eral]. *Grant has been maintained and heigthened by what has occured in the remarkable campaign he is now conducting"*. Zit. nach: MCFEELY, 170. Inwieweit Lincoln zu diesem Zeitpunkt schon Kenntnis vom vollen Ausmaß des tags zuvor erfolgten desaströsen Sturmangriffs von Cold Harbor besaß, ist fraglich. Nichtsdestotrotz wurde er vier Tage später erneut zum Präsidentschaftskandidaten nominiert.

[160] Wie schon das Wirken Lees in den ersten drei Kriegsjahren vermuten läßt, besaß dieser offenbar die natürliche Gabe, den Charakter und die Absichten seines jeweiligen Gegenspielers relativ folgerichtig einzuschätzen. Auf die Schlachtenfolge des Frühsommers 1864 bezogen, bemerkte General Gordon hierzu später voller Bewunderung: *"Lee's native and untutored genius enabled him to place himself in Grant's position, and to reason out his antagonist's mental process, to trace with accuracy the lines of his marches, and to mark on the map the points of future conflicts"*. Zit. nach: GORDON, 297.

[161] FULLER, 99.

[162] Noch am 27. Juli 1864 eröffnete Lee seinem mittlerweile zum Brigadegeneral avancierten Sohn George Washington Custis folgende, Grants Vorgehensweise trotz ihrer Kürze zutreffend beschreibende Beurteilung: *"His talent & strategy consists in accumulating overwhelming numbers"*. Zit. nach: DOWDEY, The Wartime Papers of R. E. Lee, 825. Im Gegensatz zu Grant war Lee - dem mit zunehmender Dauer des Krieges ohnehin immer weniger Ressourcen gleich welcher Art zur Verfügung standen - meist sehr darauf bedacht, seine ihm anvertrauten Kräfte zu schonen, auch wenn er mit seinen bisweilen sehr gewagten und verlustreichen Unternehmungen oft das genaue Gegenteil dessen bewirkte.

[163] Neben sich im Anschluß an die Schlacht von Cold Harbor häufenden Fällen militärischen Ungehorsams griffen viele Unionssoldaten zum drastischen Mittel der Selbstverstümmelung, um sich drohenden Fronteinsätzen zu entziehen. Vgl. CATTON, A Stillness at Appomattox, 214f.

[164] Vgl. hierzu näher SIMPSON, 346ff. Dies zeigte Grant - dem solcherlei Probleme aus seiner Zeit im Westen praktisch unbekannt waren - einmal mehr, daß es sich bei der Potomac-Armee um einen alles andere als in sich geschlossenen Gefechtsverband handelte. Obwohl Grant zur Verbesserung der Situation sogar Kriegsminister Stanton und Generalstabschef Halleck einschaltete, vermochte auch deren eher bescheidenes Engagement nicht, den Kleinkrieg seiner Verbandsführer nachhaltig zu beenden.

[165] Gegenüber Generalleutnant Jubal A. Early, der nach dem Ausfall General Ewells das von diesem geführte Armeekorps Ende Mai übernommen hatte, traf Lee bereits Anfang Juni 1864 nachstehende, sich bald darauf bewahrheitende Vohersage: *"We must destroy the army of Grant's before he gets to the James River. If he gets there, it will become a siege, and then it will be a mere question of time"*. Zit. nach: THOMAS, Robert E. Lee, 339.

[166] Bis zum 18. Juni 1864 hatte Beauregard gerade einmal 38.000 Mann zusammenziehen können, denen nicht weniger als 95.000 Nordstaatler gegenüberstanden. Ebd., 338.

[167] Genaugenommen war die Situation vor Petersburg gar keine Belagerung im herkömmlichen Sinn, da den Verteidigern der nur teilweise eingeschlossenen, rund 18.000 Einwohner zählenden Stadt nach Richmond und andere Teile der Konföderation führende Eisenbahn- und Straßenverbindungen erhalten blieben. Um Richmond zu halten, mußte das als Verkehrsknotenpunkt für die Versorgung der konföderierten Hauptstadt sowie der mehr oder weniger bewegungslos in den Gräben verharrenden Truppen so wichtige Petersburg jedoch unter allen

Umständen behauptet werden. Dies vor Augen, tat Lee gegenüber Jefferson Davis schon am 25. Juni 1864 seine zu Recht gehegte Befürchtung kund, früher oder später von seinen Nachschublinien - allem voran von der kriegswichtigen "Weldon Railroad" - abgeschnitten zu werden. Vgl. WOODWORTH, 300.

[168] HESS, Earl J.: Tactics, Trenches, and Men in the Civil War. In: Förster, Stig und Nagler, Jörg (Hg.): On the Road to Total War. The American Civil War and the German Wars of Unification, 1861-1871. Washington 1997, 486f.

[169] Obwohl Earlys Truppen bis in die Außenbezirke Washingtons vordrangen, hielt dieser seine Kräfte für zu schwach, um erfolgreich gegen die Befestigungsanlagen der Unionshauptstadt vorgehen zu können. Dennoch versetzte Lee der ohnehin zunehmend kriegsmüden Öffenlichkeit des Nordens mit diesem, bei der Abordnung General Earlys ursprünglich gar nicht vorgesehenen Manöver einen schweren, wenngleich letztlich nur vorübergehend demoralisierenden Schlag.

[170] Nach seinem Einmarsch in das Shenandoahtal erhielt Sheridan von Grant Ende August 1864 folgende Instruktionen: *"Do all the damage to railroads & crops you can. Carry off stock of all descriptions and negroes so as to prevent further plantings. If the war is to last another year we want the Shenandoah Valley to remain a barren waste"*. Zit. nach: MCFEELY, 183. Ganz im Sinne der Grant'schen Anweisung machte sich Sheridan in den Folgewochen daran, das fruchtbare, als Kornkammer Virginias geltende Tal in Schutt und Asche zu legen. Nach wenigen Wochen hatten seine Truppen über 2.000 Scheunen voller Weizen und Heu, siebzig prall gefüllte Kornmühlen sowie Unmengen an landwirtschaftlichem Gerät vernichtet. JONES, 207. Um dem Treiben des konföderierten Kavallerieobersts John S. Mosby - dessen Einheiten das rückwärtige Operationsgebiet Sheridans durch ständige Überfälle auf dessen Nachschubkolonnen in Atem hielten - Einhalt zu gebieten, legte Grant dem Generalmajor im August 1864 überdies die Führung eines brutalen, gegen die gegnerische Zivilbevölkerung gerichteten Vergeltungsfeldzugs nahe, den sich der Massenhinrichtungen und Sippenhaft offenbar nicht abgeneigte Unionsoberbefehlshaber folgendermaßen vorstellte: *"The families of most of Mosby's men (...) should be taken (...) as hostages (...) When any of them are caught with nothing to designate what they are hang them without trial"*. Zit. nach: NEELY, Mark E.: Was the Civil War a Total War? In: Förster, Stig und Nagler, Jörg (Hg.): On the Road to Total War. The American Civil War and the German Wars of Unification, 1861-1871. Washington 1997, 44. Ob die Radikalität dieser Anweisung darauf zurückzuführen ist, daß Grant Mitte April 1864 während einer Eisenbahnreise nach Washington beinahe selbst Opfer von Mosby geworden wäre, erscheint eher unwahrscheinlich. Sheridan kam Grants Aufforderung indes erst im November 1864 nach, wobei er zwar das Niederbrennen der Ernte sowie aller Mühlen und Scheunen befahl, gegen die Zivilbevölkerung gerichtete Maßnahmen aber weitestgehend unterband.

[171] BERINGER, 320. Worauf sich die mit dem Sieg Sheridans endenden Kämpfe im Shenandoahtal allerdings sehr wohl auswirkten, war die sich allmählich hebende Stimmungslage im Norden. Nicht zuletzt dank des erfolgreichen Shenandoah-Feldzugs konnte Lincoln einen beträchtlichen Anstieg seiner Popularität verzeichnen, was letzen Endes mit dazu beitrug, die im November 1864 anstehenden Präsidentschaftswahlen für ihn zu entscheiden.

[172] Da die Projektile der herkömmlichen Feldkanonen mit ihrer gestreckten Flugbahn und ihrer relativ schwachen Sprengwirkung nur wenig gegen die meterdicken Befestigungen und Erdwälle ausrichten konnten, ließ Grant unmittelbar nach dem Erstarren der Grabenfront mindestens 40 Belagerungsgeschütze und 60 schwere Mörser herbeischaffen, die die konföderierten Linien regelmäßig mit Feuer belegten, was von Seiten der Südstaatler natürlich nicht unbeantwortet blieb. Zum Schutz vor den täglichen Artillerieduellen gingen beide Seiten allmählich dazu über, das eigene Stellungssystem mit metertiefen Bunkern und Kasematten zu vervollständigen. DAVIS, William C.: Death in the Trenches. Grant at Petersburg. Alexandria 1986, 65. Das Wirken der Unionsartillerie blieb im übrigen nicht auf militärische Ziele beschränkt; ohne jegliche taktische Notwendigkeit und ohne jedweden militärischen Nutzen wurden die Wohnbezirke Petersburgs

auf Geheiß Grants nach und nach restlos zusammengeschossen, wobei zahlreiche Zivilisten ums Leben kamen. DOWDEY, Lee, 494.

[173] Vor Richmond und Petersburg kam es infolge des monatelangen eintönigen Gegenüberliegens - nicht zuletzt zur Einschränkung der hundertfachen Tod bringenden Scharfschützentätigkeit - mitunter gar zum Abschluß zeitlich befristeter, informeller Waffenruhen, was vereinzelt sogar zur Fraternisierung einzelner Soldaten oder ganzer Einheiten führte. Vgl. ROBERTSON, 142f. Um die in vorderster Linie liegenden konföderierten Einheiten physisch und psychisch zu entlasten, wurden diese unter Anwendung eines von Lee initiierten Rotationssystems regelmäßig aus den Gräben abgezogen und zur Regeneration einige Tage in rückwärtige Ruhestellungen verlegt. TAYLOR, Duty Faithfully Performed, 191. Lee selbst bezog sein Hauptquartier übrigens erstmals in diesem Krieg infolge seines sich zeitweise verschlechternden Gesundheitszustands nicht in einem Armeezelt, sondern in einem in Petersburg gelegenen Wohnhaus. THOMAS, Robert E. Lee, 352.

[174] Allem Anschein nach trug die verfahrene Situation vor Petersburg dazu bei, Grants Vorliebe für Hochprozentiges noch zu verstärken. Während eines am 29. Juni 1864 unternommenen Frontbesuchs, in dessen Rahmen Grant Erkundigungen über die genaue Lage vor Ort einzuziehen gedachte, besuchte der Unionsgeneral in Begleitung General Butlers zwei seiner Korpskommandeure, um sich von diesen Bericht erstatten zu lassen. Sowohl im Hauptquartier General Burnsides als auch im Hauptquartier des Generalmajors William F. Smith ließ es sich der Generalleutnant nicht nehmen, sich der Whiskeyvorräte beider Offiziere zu bedienen, was zur Folge hatte, daß sich der volltrunkene Grant - wie Smith später berichtete - anschließend vom Rücken seines Pferdes herab übergeben mußte. SIMPSON, 349. Obwohl hierzu weder eine Stellungnahme Butlers noch möglicher weiterer Augenzeugen überliefert zu sein scheint, wurde dieser Vorfall damals der Öffentlichkeit ebenso wie manch anderer dieser Art verschwiegen. Dennoch versuchte der intrigante, unleidliche und schwatzhafte Smith offenbar bald darauf, aus Grants Entgleisung unter der Hand persönlichen Profit zu schlagen, was dieser zum Anlaß nahm, den Generalmajor Mitte Juli 1864 kurzerhand seines Kommandos zu entheben. Daß es sich bei dem erwähnten Grant'schen Alkoholexzess keinesfalls um einen für diesen Zeitraum atypischen Einzelfall handelte, beweist ein fatalistischer Brief, in dem Grants Adjutant Oberst Rawlins seiner Ehefrau am 28. Juli 1864 die Rückfälle seines Vorgesetzten schilderte: "*I find the General in my absence digressed from his true path. The God of Heaven only knows how long I am to serve my country as the guardian of the habits of him (...) Owing to this faltering of his, I shall not be able to leave* [him]". Zit. nach: MACARTNEY, 95f.

[175] Vgl. SIMPSON, 360ff.

[176] Obschon den Südstaatlern der Stollenbau nicht verborgen geblieben war, wurden sie von der Explosion überrascht. Die unterirdische Zündung von knapp vier Tonnen Sprengstoff brachte fast 300 über dem Stollenkopf liegenden konföderierten Soldaten binnen Sekunden den Tod. Oberst Fitz William McMaster, Kommandeur des unmittelbar neben der Explosionsstelle liegenden 17th South Carolina Regiment, beschrieb die Momente nach der Detonation sowie deren schockierende Auswirkung auf seine Männer folgendermaßen: "*Some scampered out of the lines; some, paralyzed with fear, vaguely scratched at the counterscarp as if trying to escape. Smoke and dust filled the air*". Zit. nach: DAVIS, 75.

[177] Zu Beginn des Unionsattacke hatten Teile der mehrheitlich unzureichend ausgebildeten Verbände, die infolge der unerwarteten Wucht der Explosion verschreckt nach hinten flohen, erst aufgehalten und zum Angriff nach vorne getrieben werden müssen, wo deren schlecht koordiniertes Antreten wegen des Versäumnisses, die vor den Unionslinien verlegten Sperren beizeiten zu räumen, zusätzlich verzögert wurde. Zudem befand sich der von Burnside als Führer vor Ort ausgewählte Generalmajor James H. Leddlie zum Zeitpunkt der Attacke nicht etwa bei seinen Truppen, sondern völlig betrunken in einem weit hinter den eigenen Linien befindlichen Unterstand, was diesem eine Kriegsgerichtsverhandlung und die unehrenhafte Entlassung aus der Unionsarmee einbrachte,

während Burnside selbst zwei Wochen später persönliche Konsequenzen zog und auf eigenen Wunsch seinen Abschied nahm. McFEELY, 179. Der gescheiterte Sturmangriff kostete den Norden zirka 3.000 Tote und Verwundete sowie mehr als 1.000 in Gefangenschaft geratene Soldaten, während die Konföderation insgesamt rund 1.500 Mann verlor. Bei dieser Gelegenheit trafen die Veteranen der Nord-Virginia-Armee übrigens zum ersten Mal auf schwarze Unionssoldaten in größerer Zahl. Die auf ihren Einsatz brennenden, hinter den vordersten Angriffsspitzen in den Krater strömenden Schwarzen wurden ebenso wie ihre weißen Kameraden gnadenlos zusammengeschossen und nach der Gefangennahme von den Konföderierten erbarmungslos und fast ohne Ausnahme exekutiert. TAYLOR, Duty Faithfully Performed, 194.

[178] SIMPSON, 366.

[179] FOOTE, Bd. 3, 131. Bei diesem äußerst unpopulären Schritt ließ sich Grant von der Überlegung leiten, daß der im Verhältnis von eins zu eins praktizierte Austausch den händeringend nach Personalersatz suchenden Süden nach seinem Dafürhalten eindeutig zum Vorteil gereiche. Diese auf puren Nützlichkeitserwägungen basierende Position erläuterte Grant unter anderem auch General Butler, dem er im Herbst 1864 in einem Brief folgendes mitteilte: *"It is hard on our men held in southern prisons not to exchange them, but it is humanity to those left in the ranks to fight our battles. Every man we hold, when released on parole or otherwise, becomes an active soldier against us at once, either directly or indirectly. If we commence a system of exchange which liberates all prisoners taken, we will have to fight on until the whole South is exterminated"*. Zit. nach: CATTON, Grant Takes Command, 372. Ob die von Grant geäußerte Annahme, daß die in die Freiheit entlassenen Südstaatler nach der Rückkehr in ihre Heimat unter Bruch des von ihnen gegebenen Ehrenworts sofort wieder zu den Waffen greifen würden, den Tatsachen entsprach, ist unklar. Gleichwohl wird dem Unionsoberbefehlshaber das von ihm billigend in Kauf genommene Leiden der in den Lagern des Nordens wie auch des Südens zusammengepferchten Kriegsgefangenen nicht entgangen sein. Nach offiziellen Zahlen nahmen die konföderierten Streitkräfte bis Kriegsende über 211.000 Nordstaatler gefangen, von denen fast 17.000 auf Ehrenwort entlassen wurden, während die Unionsarmee von annähernd 463.000 konföderierten Gefangenen fast 248.000 auf freien Fuß setzte. Von den ungefähr 215.000 Südstaatlern, die sich im Verlauf des Sezessionskriegs auf Dauer in der Kriegsgefangenschaft des Nordens befanden, starben Schätzungen zufolge etwa 25.000, von den rund 194.000 in konföderierte Gefangenschaft geratenen Unionssoldaten rund 30.000 an Hunger, Krankheiten und mangelhafter medizinischer Versorgung. Anders als in den Südstaaten, wo die außergewöhnlich hohe Sterberate in der oftmals miserablen Lagerverwaltung und dem chronischen Mangel an Nahrungsmitteln begründet lag, ließ sich selbige in den Nordstaaten vor allem auf das einvernehmliche Zusammenspiel korrupter Lieferanten mit der fahrlässig handelnden Militärverwaltung zurückführen. Vgl. KUEGLER, 82ff.

[180] CATTON, Grant Takes Command, 372.

[181] Ebd., 372f.

[182] SIMPSON, 384. Nicht zuletzt im Interesse der um das Wohl ihrer Soldaten besorgten konföderierten Regierung hatte Lee Grant vor seinem Einlenken ein umfangreiches Rechtfertigungsschreiben zukommen lassen, in welchem er die Politik des Südens, gefangengenommene Ex-Sklaven wieder in die Sklaverei zu überführen, vehement verteidigte, zugleich aber entschuldigend erklärte, daß der "Fronteinsatz" der schwarzen Kriegsgefangenen - bei denen es sich demzufolge offenbar mit Masse um ehemalige Sklaven gehandelt haben muß - auf ein Versehen der konföderierten Militärverwaltung zurückzuführen sei.

[183] Bereits Anfang 1863 hatte Grant Präsident Lincoln mitgeteilt, daß er jede nur erdenkliche Maßnahme einleiten werde, um dem Vorhaben, schwarze Soldaten zu rekrutieren, zum Erfolg zu verhelfen. Obgleich sich seine vormals relativ gleichgültige Haltung zur Sklavenfrage gewandelt zu haben schien, räumte er in Anknüpfung an die von ihm gemachte Zusage jedoch folgendes ein: *"I would do all this whether the arming of the Negro seemed to me a wise policy or not, because it is an order that I am bound to obey and I do not feel that in my position I have a right*

to question any policy of the Government". Zit. nach: WILLIAMS, McClellan, Sherman and Grant, 103.

[184] Nachstehende, vermutlich aus dem Jahre 1863 stammende Aussage Grants gibt Aufschluß über die ihm eigene, nutzenorientierte Denkweise: *"the emancipation of the Negro, is the heaviest blow yet given to the Confederacy. (...) By arming the Negro we have added a powerful ally. They will make good soldiers and taking them from the enemy weakens him in the same proportion they strengthen us"*. Zit. nach: WARD, 247.

[185] JORDAN, 62. Wieviele Personen auf diese Art und Weise zwangsrekrutiert werden konnten, ist offen.

[186] Entgegen seiner sonstigen Gewohnheit, die Südstaatler in Georgia mittels immer neuer Flankenmanövern zur Aufgabe von Raum zu zwingen, entschloß sich Sherman am 27. Juni 1864, die bei Kennesaw Mountain unweit von Atlanta eingegrabene Armee Johnstons frontal anzugreifen, was 3.000 seiner Soldaten mit dem Leben bezahlten, ohne daß dadurch etwas erreicht worden wäre.

[187] Die plündernd und brandschatzend durch Georgia ziehenden Truppen Shermans vernichteten auf ihrem Marsch zum Meer rund 90.000 Ballen Baumwolle sowie zahllose Plantagen, Fabriken und Lagerhäuser voller Nahrungsvorräte, machten annähernd 400 Kilometer Schienenstrang unbrauchbar und beschlagnahmten oder schlachteten über 13.000 Rinder sowie fast 7.000 Pferde und Maultiere. Den von seiner Armee angerichteten Sachschaden schätzte Sherman nicht ohne Stolz auf rund 100 Millionen US-Dollar. JONES, 211f. Der exzentrische, zeitweise manisch-depressive, von abgrundtiefem Haß auf den abtrünnigen Süden beseelte Sherman ließ nicht nur das auf seinen Befehl hin zwangsevakuierte Atlanta, sondern auch zahlreiche andere, auf seinem Vormarschweg befindliche Städte nach ihrer Einnahme in Flammen aufgehen. Vgl. dazu AUSTIN, Victor (Hg.): Der Amerikanische Bürgerkrieg in Augenzeugenberichten. Berlin [u.a.] 1963, 280ff. In einem langen, an Generalstabschef Halleck adressierten Brief vom 24. Dezember 1864 legte Sherman diesem die seiner Politik der verbrannten Erde zugrundeliegende Motivation dar: *"we are not only fighting hostile armies, but a hostile people, and must make old and young, rich and poor, feel the hard hand of war, as well as their organized armies"*. Zit. nach: SHERMAN, 705. Die von Sherman in den letzten beiden Kriegsjahren praktizierte Art der Kriegführung würde dieser in seiner von 1869 bis 1883 währenden Funktion als Oberbefehlshaber der US-Streitkräfte - wenn auch in abgewandelter Form - übrigens erneut zur Anwendung bringen, wobei die besiegten Südstaatler einfach durch einen neuen Feind, die Indianer, ersetzt wurden, gegen die der US-General einen ebenso rücksichtslosen Vernichtungskrieg führen ließ. Daß Shermans gegen die Zivilbevölkerung des Südens gerichteter Feldzug in erster Linie auf die Vernichtung des materiellen Besitzes derselben zielte und willkürliche Erschießungen und Vergewaltigungen eher die Ausnahme blieben, war im übrigen ganz im Sinne seines Oberkommandierenden. Obgleich Grant die Kriegführung Shermans vorbehaltlos billigte und unterstützte, trat er aus Rücksichtnahme auf politische Notwendigkeiten dafür ein, Nichtkombattanten - von dem geschilderten Vorfall im Shenandoahtal einmal abgesehen - nur dann in die Kampfhandlungen miteinzubeziehen, wenn sich diese aktiv am Kampf gegen die Unionsarmee beteiligten. NEELY, 46f. Davon unbenommen war Grant zweifelsohne ebenso wie Sherman ein Vertreter des Konzepts der totalen Kriegs, wobei anzumerken ist, daß die Verwendung dieses Begriffs in Bezug auf den amerikanischen Bürgerkrieg unter führenden Fachhistorikern umstritten ist. Dafür, daß es sich beim Sezessionskrieg - zumindest in seiner Endphase - sehr wohl um einen totalen Krieg handelte, spricht nicht nur die brachiale, gegen die feindliche Zivilbevölkerung gerichtete Vorgehensweise der US-Armee, sondern auch die Tatsache, daß der erste ansatzweise industrialisierte Massenkrieg der Menschheitsgeschichte nicht nur von mehr oder weniger professionalisierten Armeen, sondern von ganzen Nationen unter Einbindung praktisch aller wirtschaftlichen und personellen Ressourcen geführt wurde.

[188] Damit hatte sich Lincolns in Grant gesetztes Vertrauen ausgezahlt. Dennoch war sich der Präsident allem Anschein nach keineswegs sicher, daß die Wahl zu seinen Gunsten ausfallen würde. Dies

zeigt die Tatsache, daß er noch kurz vor dem Wahltermin abertausende von Soldaten, deren Heimatstaaten es nicht gestatteten, im Felde zu wählen, eigens zu diesem Zweck beurlauben ließ, was der republikanischen Partei allein in Pennsylvania immerhin mehr als 14.000 Stimmen einbrachte. MACARTNEY, 328f. Inwieweit sich diese Stimmenzahl bei über vier Millionen abgegebenen Stimmen - von denen mehr als 2,2 Millionen auf Lincoln entfielen - auf das Wahlergebnis auswirkte, ist jedoch fraglich.

[189] So beklagte sich Lee bei Seddon mit Schreiben vom 23. August 1864 wie folgt : *"Unless some measures can be devised to replace our losses, the consequences may be disastrous. I think there must be more men in the country liable to military duty than the small number of recruits received would seem to indicate. (...) Our numbers are daily decreasing, and the time has arrived in my opinion when no man should be excused from service, except for the purpose of doing work absolutely necessary for the support of the army"*. DOWDEY, The Wartime Papers of R. E. Lee, 843f. Zugleich unterbreite Lee Seddon den Vorschlag, jeden entbehrlichen Angehörigen der Musterungsbehörden zur Truppe zurückzukommandieren, wo man diese seiner Ansicht nach dringlicher gebrauchen konnte. Bereits Anfang 1864 hatte der General dem Kriegsminister folgende Lagebeurteilung zukommen lassen: *"In view of the vast increase of the forces of the enemy, of the savage and brutal policy he has proclaimed, which leaves us no alternative but success or degradation worse than death, if we should save the honor of our families from pollution, our social system from destruction, let every effort be made, every means be employed, to fill and maintain the ranks of our armies, until God (...) shall bless us with the establishment of our independence"*. DOWDEY, Lee, 335.

[190] Zit. nach: DOWDEY, The Wartime Papers of R. E. Lee, 847ff.

[191] HESS, 492. Allein zwischen dem 15. Februar und dem 18. März 1865 begangen fast 3.000 Soldaten der Nord-Virginia-Armee Fahnenflucht. Vgl. FREEMAN, Douglas S.: Lee's Lieutenants. A Study in Command. Bd. 3. Gettysburg to Appomattox. New York 1951, 624f. Die Bereitschaft einzelner Soldaten, zu desertieren, war indes stark vom inneren Gefüge der jeweiligen Einheit wie auch vom Anteil der darin dienenden Wehrpflichtigen abhängig. In der überwiegenden Mehrzahl der Fälle erwiesen sich allerdings weniger der ständig drohende "Heldentod" oder die teilweise unsäglichen Zustände in den Stellungen und Unterständen als ausschlaggebend für die Entscheidung, die eigenen Kameraden im Stich zu lassen; ausgelöst wurde selbige vielmehr oftmals durch besorgte Briefe notleidender und hungernder Familienangehöriger. Der bei Petersburg eingesetzte Luther Mills, ein einfacher Soldat aus North Carolina, hielt diesen Sachverhalt im März 1865 mit folgenden Worten fest: *"It is useless to conceal the truth any longer. Most of our people at home have become so demoralized that they write to their husbands, sons and brothers that desertion now is not dishonorable"*. Zit. nach: ROBERTSON, 136. Daß Lee dieser Umstand nicht verborgen blieb, läßt sich einem am 24. Februar 1865 an Kriegsminister Breckinridge gerichteten Schriftstück entnehmen, in welchem er mit Bezug auf die Desertion von mehr als 400 Soldaten innerhalb einer Periode von nur zwei Wochen die Vermutung äußerte, daß die Fahnenflucht dieser Männer offenbar maßgeblich durch Darstellungen ihrer vom Erfolg der Sache des Südens scheinbar nur noch wenig überzeugten Angehörigen beeinflußt worden wäre. DOWDEY, The Wartime Papers of R. E. Lee, 910. Obwohl während des Sezessionskriegs rund 100.000 konföderierte Soldaten desertierten, kehrten allein aus Virginia und North Carolina schätzungsweise 8.500 von 12.000 beziehungsweise 9.000 von 24.000 Deserteuren im Verlauf des Krieges aus freien Stücken früher oder später wieder zur Truppe zurück. GALLAGHER, 32.

[192] Schon am 13. April 1864 hatte sich Lee in einem Schreiben an Davis - der ihn wenige Wochen zuvor vergeblich gebeten hatte, standrechtliche Erschießungen ertappter Fahnenflüchtiger grundsätzlich auszusetzen - dafür ausgesprochen, aufgegriffene Deserteure konsequent und unnachgiebig zu bestrafen: *"It is certain that a relaxation of the sternness of discipline as a mere act of indulgence, unsupported by good reasons, is followed by an increase in the number of offenders. (...) Many more men would be lost to the service if a pardon be extended in a large*

number of cases (...) Desertion and absence without leave are nearly the only offences ever tried by our Courts". Zit. nach: COMMAGER, 514f.

[193] WOODWORTH, 303. Die Todesstrafe wurde im amerikanischen Bürgerkrieg von den Militärs beider Seiten gleichermaßen angewandt und durch Hängen oder Erschießen in zirka 500 Fällen vollstreckt. Bei zwei Drittel der Hingerichteten handelte es sich um überführte Deserteure. ROBERTSON, 135.

[194] POWER, 255. Ausgenommen hiervon waren lediglich bereits vorher begnadigte und zum Feind übergelaufene Soldaten.

[195] Ebd., 256.

[196] Welchen qualitativen Wert etwa die im Frühjahr 1864 einberufenen Soldaten für die Unionsarmee besaßen, zeigt ein drastisches, wenn auch nicht zwingend repräsentatives Beispiel. Von 625 von der Potomac-Armee für ein Infanterieregiment aus New Hampshire als Personalersatz angeforderten Rekruten desertierten 137 während des Transports sowie 118 innerhalb der ersten Woche nach Eintreffen bei ihrer neuen Stammeinheit, davon 36 ins eigene Hinterland und 82 zu den konföderierten Linien. FOOTE, Bd. 3, 130. Um der ständigen Fluchtversuche Herr zu werden, mußten im Norden etliche Lager und Kasernen, in denen wehrpflichtige Rekruten ausgebildet wurden, von regulären Armee-Einheiten - die man teils sogar eigens zu diesem Zweck von der Front in Virginia abgezogen hatte - bewacht werden. Dabei war seitens der Wachmannschaften nicht nur die Anwendung drakonischer Strafen für ertappte Fahnenflüchtige, sondern auch der Gebrauch der Schußwaffe an der Tagesordnung. Bei der Verlegung von 600 der Potomac-Armee zugewiesener Rekruten von einem als Unterkunft genutzten Zuchthaus in Albany, New York, an die Front in Virginia wurden auf dem Transport von den Wachmannschaften nicht weniger als vierzehn Soldaten auf der Flucht erschossen. CATTON, A Stillness at Appomattox, 29.

[197] SIMPSON, 374.

[198] Obwohl sich Grant darüber im Klaren gewesen sein wird, daß eine neue Einberufungswelle unmittelbar vor den Präsidentschaftswahlen ein gewisse politische Brisanz in sich barg, ließ er Stanton in einem Brief vom 13. September 1864 folgendes wissen: *"we ought to have the whole number of men called for by the President in the shortest possible time. A draft is soon over and ceases to hurt after it is made. (...) The enforcement of the draft and prompt filling up of our Armies will save the shedding of blood to an immense degree"*. Zit. nach: MCFEELY, 189.

[199] Im Verlauf des Bürgerkriegs wurden mindestens 200.000 Unionssoldaten fahnenflüchtig, von denen sich ein nicht unbedeutender Teil zusammen mit abertausenden noch nicht einberufener Wehrpflichtiger nach Kanada absetzte. GALLAGHER, 31. Interessanterweise unterschieden die konföderierten Behörden Unionssoldaten, die freiwillig die Seiten gewechselt hatten von solchen, die in der Schlacht gefangengenommenen worden waren. Während letztere ihr Dasein in Kriegsgefangenenlagern fristen mußten, wurden ersteren nicht selten Arbeitsplätze in der Kriegsindustrie angeboten. Nachdem die Zahl der Unionsdeserteure im Jahre 1864 auf durchschnittlich 7.300 Mann pro Monat angestiegen war, endete der Weg der zu den konföderierten Linien übergewechselten, oftmals aus höchst fragwürdigen Persönlichkeiten bestehende Masse der Unionsdeserteure seit dem Frühjahr 1864 jedoch ausnahmslos im Gefangenenlager. CATTON, A Stillness at Appomattox, 31.

[200] Eine der Ursachen für die in der Endphase des Krieges ungeachtet des siegreichen Vormarsches der Unionstruppen zunehmenden Fälle von Fahnenflucht sah der an der Aufrechterhaltung der Disziplin sehr interessierte Grant im Stellvertreterprinzip und dem daraus erwachsenen Symptom des Prämienjägers. Obgleich viele der in die Unionsarmee eingezogenen Wehrpflichtigen als Soldaten praktisch wertlos waren, zog Grant diese den von ihm verachteten "bounty jumpers" vor. William H. Seward, seines Zeichens US-Außenminister, erhielt vom Oberbefehlshaber der Unionsarmee am 19. August 1864 nachstehende, auf diese Personengruppe bezogene Klage: *"Of this class of recruits, we do not get one for every eight bounties paid to do good service"*. Zit. nach: SIMPSON, 375. Grants Abneigung gegen diese Art von Rekruten führte unter anderem dazu, daß in der Potomac-Armee im Frühjahr 1864 zur Vorbeugung mit hoher Wahrscheinlichkeit zu

erwartender Desertionen ein Befehl erlassen wurde, der es strikt untersagte, Prämienjäger zu jedweden Wach- und Sicherungsdiensten einzuteilen. CATTON, A Stillness at Appomattox, 25.

[201] Gleichwohl war das bis Kriegsende organisatorisch noch weitestgehend intakte konföderierte Nachschubwesen erstaunlicherweise in der Lage, die Minimalversorgung der Nord-Virginia-Armee noch bis Ende März 1865 mehr schlecht als recht sicherzustellen. Bis kurz vor Ende der Kampfhandlungen leisteten sich die Nachschubbehörden sogar den Luxus, eine für Notfälle angelegte, den Bedarf von Lees Armee für etliche Tage deckende Reserve zurückzuhalten. JONES, 217.

[202] WOODWORTH, 310f.

[203] Vgl. Ebd., 312ff.

[204] Lees in der Endphase des Krieges mit Jefferson Davis und anderen hochrangigen Persönlichkeiten geführter Korrespondenz läßt sich unzweifelhaft entnehmen, daß er die Kriegslage durchaus realistisch einzuschätzen wußte. Im vollen Bewußtsein seiner Vorbildfunktion trug er gegenüber den mit ihm verkehrenden Soldaten indes bis zuletzt eine ungetrübte Siegeszuversicht zur Schau, die der Ordonnanzoffizier Hauptmann John E. Cooke später wie folgt beschrieb: *"His countenance seldom, if ever, exhibited the least traces of anxiety, but was firm, hopeful, and encouraged those around him in the belief that he was still confident of success"*. Zit. nach: Dowdey, Lee, 509.

[205] Vgl. dazu FULLER, 113ff. Daß Lee von dieser Maxime selbst in für die Südstaaten existentiellen Fragen kaum abzuweichen bereit war, zeigt nachstehende Aussage. Als er kurz vor Kriegsende von einem führenden Abgeordneten des Kongresses - zu dem er dank Davis als einziger Soldat der Konföderationsarmee jederzeit und unangemeldet freien Zutritt hatte - nach seiner Meinung zur Verlegung des bedrohten Regierungssitzes gefragt wurde, entgegnete er diesem kurz entschlossen: *"That is a political question (...) and you politicans must determine it. I shall endeavour to take care of the army, and you must make the laws and control the Government"*. Zit. nach: WILLIAMS, The Military Leadership of North and South, 40f.

[206] Am 3. Februar 1865 kam es in Hampton Roads, Virginia, zur Zusammenkunft zweier hochrangiger, die Einleitung möglicher Friedensverhandlungen sondierender Regierungsdelegationen. Die von Präsident Lincoln und seinem Außenminister Seward auf der einen sowie dem konföderierten Vizepräsidenten Alexander H. Stephens auf der anderen Seite geführten Gespräche scheiterten schon nach wenigen Stunden an den für den Süden völlig unannehmbaren Bedingungen Lincolns, der nicht nur die Wiederherstellung der Union und die Abschaffung der Sklaverei, sondern darüber hinaus auch standhaft die Kapitulation der konföderierten Streitkräfte verlangte.

[207] Generalmajor Edward Ord war Nachfolger General Butlers, der von Grant Ende Januar 1865 wegen mehrfach bewiesener Inkompetenz - letztmalig bei einer Ende Dezember 1864 blutig abgewiesenen Attacke auf Fort Fisher - abgelöst worden war. Unter dem Vorwand, wiederholt vorgekommene Fälle von unerwünschtem Tauschhandel zwischen den in vorderster Linie liegenden Truppen beider Seiten zu unterbinden, hatte Ord Lees Korpskommandeur Generalleutnant Longstreet am 21. Februar 1865 zu einem Treffen zwischen der Frontlinie bewegen können. Beide Offiziere waren einhellig der Meinung, daß eine ehrenhafte Beendigung des Krieges nach dem Scheitern der Friedenskonferenz von Hampton Roads nur noch durch eine Übereinkunft der beiden Armeeoberbefehlshaber herbeigeführt werden könne und kamen daher überein, daß Longstreet seinem Vorgesetzten zu diesem Zweck unter Verweis auf Grants mögliche Verhandlungsbereitschaft ein Zusammentreffen mit selbigem nahelegen müsse. LONGSTREET, 583ff.

[208] In der fälschlichen Annahme, daß Grant dank seiner Position als Armeeoberbefehlshaber imstande wäre, nennenswerten Einfluß auf politische Entscheidungen der Unionsregierung auszuüben, sandte Lee diesem nach Rücksprache mit Kriegsminister Breckinridge am 2. März 1865 eine Note folgenden Inhalts: *"Sincerely desiring to leave nothing untried which may put an end to the calamities of war, I propose to meet you (...) with the hope that upon an intercharge of views it may be found practicable to submit the subjects of controversy between the belligerents to a*

[military] *convention"*. Zit. nach: Ebd., 585f.

[209] Vgl. MACARTNEY, 332f. Von Kriegsminister Stanton im Auftrag Lincolns über die Unerwünschtheit eines Friedensabkommens aufgeklärt, ließ Grant dem Oberbefehlshaber der konföderierten Streitkräfte am 4. März 1865 - dem Tag, an dem Lincoln seine zweite Amtszeit antrat - ein schlichtes Schreiben zukommen, in welchem er Lee unter Verweis auf die alleinige Zuständigkeit Präsident Lincolns schnörkellos mitteilte, nicht die Befugnis zu besitzen, über sein Angebot zu befinden.

[210] In dem bereits zitierten Brief vom 2. September 1864, in welchem Lee von Davis die vehemente Durchsetzung einer konsequenten Einberufungspolitik forderte, empfahl der General dem konföderierten Staatsoberhaupt folgendes: *"A considerable number* [of soldiers] *could be placed in the ranks by relieving all able bodied white man employed as teamsters, cooks, mechanics, and laborers, and supplying their places with negroes. I think measures should be taken at once to substitute negroes for whites in every place in the army (...) It seems to me that we must choose between employing negroes ourselves, and having them employed against us"*. Zit. nach: DOWDEY, The Wartime Papers of R. E. Lee, 848.

[211] Von Senator Andrew Hunter nach seinem Standpunkt zum möglichen Einsatz schwarzer Truppenkontingente gefragt, hatte Lee bereits am 11. Januar 1865 nachstehende Antwort verfaßt: *"We must decide whether slavery shall be extinguished by our enemies and the slaves be used against us, or use them ourselves (...) My own opinion is (...) that with proper regulations they can be made efficient soldiers. (...) Long habits of obedience and subordination, coupled with the moral influence which in our country the white man possesses over the black, furnish an excellent foundation for that discipline which is the best guaranty of military efficiency"*. Zit. nach: JORDAN, 239. Um den Kampfeswillen der zu rekrutierenden Schwarzen zu steigern, regte Lee sogar deren Befreiung aus der Sklaverei an. Daß dieser - nicht realisierte - Vorschlag in Teilen der Südstaatenpresse nur wenig Begeisterung entfachte, zeigt die Reaktion des "Richmond Examiner", der Zweifel äußerte, ob man den General angesichts dessen überhaupt noch als "good Southerner" bezeichnen könne. TAYLOR, Duty Faithfully Performed, 200f.

[212] Die Zielvorgabe des Gesetzes bestand darin, 300.000 Sklaven und freie Schwarze im Alter zwischen 18 und 45 Jahren aus allen Staaten des Südens einzuziehen. Im Gegensatz zur Unionsarmee, in der man die Farbigenregimenter in Sachen Besoldung und Ausrüstung anfangs bewußt schlechter stellte, entsprach beides ebenso wie auch die Verpflegung der unter Führung weißer Offiziere in eigenständigen Einheiten einberufenen Schwarzen exakt derjenigen der weißen Soldaten. JORDAN, 242.

[213] Zit. nach: McPHERSON, Drawn with the Sword, 154.

[214] Obwohl Lee darauf drängte, die Arbeit der Musterungsbehörden zu beschleunigen und überdies sogar die Abstellung einer Anzahl seiner fähigsten Offiziere als zukünftige Führer schwarzer Truppenteile anordnete, konnten trotz der außergewöhnlichen Tatsache, daß sich etliche freie Schwarze unaufgefordert zum Dienst in den konföderierten Streitkräften meldeten, bis Anfang April 1865 nur wenige einsatzbereite Kompanien aufgestellt werden. Vgl. JORDAN, 245ff.

[215] Über welchen Personalbestand die beiden Armeen Ende März 1865 genau verfügten, ist leider nicht klar ersichtlich, da die in der Literatur angegebenen Zahlen teils erheblich voneinander abweichen. Die Angaben zur Gesamtstärke der konföderierten Truppen reichen von 35.000 bis 58.000, der der Unionstruppen von 76.000 bis 150.000 Mann, wobei jeweils letztere wahrscheinlicher erscheinen.

[216] TAYLOR, Duty Faithfully Performed, 207. Mit diesem, von Davis schweren Herzens gebilligten Plan verfolgte Lee die sich schon bald als undurchführbar erweisende Absicht, sich zur Erhöhung der eigenen Schlagkraft auf kurz oder lang mit der Shermans Vormarsch in North Carolina geringfügig verzögernden Armee Joseph E. Johnstons - dem letzten, neben der Nord-Virginia-Armee noch halbwegs intakten Großverband des Südens - zu vereinen.

[217] Die von Generalmajor John B. Gordon geführte Attacke kostete die Konföderierten fast 5.000

Gefangene, die sich - vollkommen demoralisiert - den nachstoßenden, numerisch weit überlegenen Nordstaatlern auf dem Rückzug aus den wieder aufgegebenen Befestigungsanlagen mehr oder weniger bereitwillig ergaben.

[218] Vgl. BURNE, 187ff. Bei Five Forks war es der Unionskavallerie unter General Sheridan infolge eines Führungsfehlers durch Zufall gelungen, sich in den Rücken der dort zur Verteidigung eingerichteten Südstaatler zu manövrieren und die schon in Gettysburg schwer in Mitleidenschaft gezogene, rund 5.000 Mann starke Infanteriedivision des Generalmajors George E. Pickett fast vollständig einzukesseln und die Masse derselben gefangenzunehmen.

[219] Am 1. April 1865 lagerten in Richmond laut Aussage des für das Versorgungswesen zuständigen Brigadegenerals Isaac M. St. John nicht weniger als 650.000 von den konföderierten Nachschubbehörden aufgesparte Verpflegungssätze ein, die - von Lee angefordert - den ausbrechenden Truppen allerdings nicht mehr zugeführt wurden. Ebd., 205. FULLER, 240, nennt sogar die offensichtlich viel zu hoch gegriffene Zahl von 6,5 Millionen Verpflegungssätzen; einen Nachweis hierfür bleibt er allerdings schuldig.

[220] Ohne ausreichende Verpflegungsreserven ausgebrochen, hoffte Lee, sich mehrerer, auf seiner Marschstrecke gelegener Nachschubdepots bedienen zu können. Die dort eingelagerten Vorräte vermochten den Bedarf der Truppe indes kaum zu decken; anstelle der etwa bei Amelia Court House erwarteten 350.000 Verpflegungssätze fanden Lees Truppen dort am 4. April 1865 lediglich zweihundert Kisten voller Artilleriemunition vor, so daß sich die Erwartungen des konföderierten Armeeoberbefehlshabers letztlich als Trugschluß erwiesen. FOOTE, Bd. 3, 909. Abgesehen von hunderten von Toten und Verwundeten sowie Abertausenden von in Gefangenschaft geratenen Soldaten mußte Lee in den ersten Apriltagen zudem hunderte Fälle von Fahnenflucht hinnehmen, deren Ausmaß sich unter anderem den Erinnerungen Grants entnehmen läßt. Dieser berichtete später von einem Treffen mit einem konföderierten Oberst, dessen gesamtes einst in dieser Gegend Virginias aufgestelltes Regiment in den letzten Kriegstagen desertiert war. LONG, Personal Memoirs of U.S. Grant, 551.

[221] Die Schlacht bei Sayler's Creek kostete Lee abermals rund 8.000 überwiegend in Gefangenschaft geratene Soldaten.

[222] Brigadegeneral William N. Pendleton, der an jenem Tag als Sprecher einer Gruppe führender konföderierter Offiziere an Lee herantrat, um diesem die Einleitung von Kapitulationsverhandlungen nahezulegen, erhielt von seinem Vorgesetzten als Reaktion auf dieses Ansinnen eine äußerst aufschlußreiche, Lees trotzigen Stolz hervorragend kennzeichnende Rechtfertigung: *"The enemy do [sic!] not fight with spirit, while our boys still do. Besides, if I were to say a word to the Federal commander he would regard it as a confession of weakness as to make it the condition of unconditional surrender - a proposal to which I will never listen"*. Zit. nach: LONG, Memoirs of R. E. Lee, 417.

[223] Zit. nach: DOWDEY, The Wartime Papers of R. E. Lee, 931f.

[224] Der volle Wortlaut des Schriftwechsels findet sich bei CATTON, Grant Takes Command, 458ff. Grants Antwortschreiben vom 8. April 1865 enthielt neben dem Angebot eines Treffens zwecks gemeinsamen Aushandelns der Übergabebedingungen lediglich die einzige Bedingung, daß die konföderierten Offiziere und Mannschaften zukünftig niemals wieder ihre Waffen gegen die Regierung der Vereinigten Staaten erheben sollen dürften. Von einer bedingungslosen Kapitulation war nicht die Rede; offenbar ging es Grant vor allem darum, Lee überhaupt zur Aufgabe zu bewegen, was er durch sein überaus kulantes Angebot zu erreichen gedachte. Daß letzterer vorerst noch weit davon entfernt war, sich geschlagen zu geben, zeigt seine am Abend desselben Tags verfaßte Antwortnote, in welcher er zwar einer Zusammenkunft zustimmte, die Kapitulation der Nord-Virginia-Armee jedoch ablehnte und statt dessen seine Bereitschaft zur Aufnahme von Waffenstillstandsverhandlungen für die gesamte Konföderationsarmee bekundete. Möglicherweise schwebte Lee damit sogar ein zwar nicht direkt angesprochener, aber dennoch impliziter Abschluß eines übergreifenden Friedensabkommens vor. Infolgedessen sah sich der von Lincoln

auf die Entgegennahme eines Kapitulationsangebots eingeschworene Unionsoberbefehlshaber veranlaßt, den Vorschlag Lees auszuschlagen und seine Kapitulationsaufforderung am Morgen des 9. April 1865 zu wiederholen.

[225] Am Abend zuvor hatte der konföderierte Armeeoberbefehlshaber einen letzten Kriegsrat gehalten und sich mit den ihm verbliebenen Spitzenoffizieren - darunter sein Neffe Generalmajor Fitzhugh Lee sowie die Generale Gordon, Longstreet, und Pendleton - und einigen seiner Stabsoffiziere über die Sinnigkeit weiteren Widerstands beraten. GORDON, 435f. Daß der in diesem Kreise beschlossene Ausbruchsversuch von vornherein nur geringe Aussicht auf Erfolg hatte, läßt sich an der Stärke des dafür ausgewählten Armeekorps aufzeigen. So verfügte eine der Angriffsdivisionen über nur noch 250, eine der Sturmbrigaden gar über nur noch ganze acht Soldaten. WARD, 377. Als Lee von seinem Stabsoffizier Oberstleutnant Venable vom Scheitern des Ausbruchsversuch unterrichtet wurde, verlieh der ernüchterte General seiner Enttäuschung mit nachstehenden, verbitterten Worten Ausdruck: *"There is nothing left me but to go and see General Grant, and I would rather die a thousand deaths"*. Zit. nach: GORDON, 438.

[226] Brigadegeneral Joshua Lawrence Chamberlain - vor dem Krieg Linguistikprofessor und bei Gettysburg als Regimentskommandeur an entscheidender Stelle maßgeblich am Sieg der Union beteiligt - wurde Augenzeuge von Lees Ankunft bei den Unionslinien. In seinen Kriegserinnerungen beschrieb er diesen eindrucksvollen Moment später wie folgt: *"there behind me, riding in between my two lines, appeared a commanding form, superbly mounted, richly accoutred, of imposing bearing, noble countenance, with expression of deep sadness overmastered by deeper strength. It is none other than Robert E. Lee! (...) I sat immovable, with a certain awe and admiration"*. Zit. nach: CHAMBERLAIN, Joshua L.: The Passing of the Armies. An Account of the Final Campaign of the Army of the Potomac. Lincoln 1998, 246.

[227] Das Haus, in dessen Wohnzimmer die Kapitulation vollzogen wurde, gehörte einem gewissen Wilmer McLean. Auf dessen vormaligen Anwesen in der Nähe von Washington war bereits die erste Schlacht des Sezessionskriegs, die Erste Manassas-Schlacht am 21. Juli 1861, ausgefochten worden. McLean gebührt somit die zweifelhafte Ehre, daß sowohl der Anfang als auch das Ende des amerikanischen Bürgerkriegs gewissermaßen auf seinem eigenen Grundstück stattgefunden haben.

[228] Eine Grant wohlgesonnene, den Kontrast zwischen den beiden Offizieren anschaulich hervorstellende Beschreibung läßt sich den Kriegserinnerungen von Grants Stabsoffizier Porter entnehmen. Vgl. PORTER, 473f. General Chamberlain, an dem Grant auf seinem Weg zu Lee vorbeiritt, schrieb später hingegen eine weitaus sachlichere Darstellung des Grant'schen Erscheinungsbilds nieder: *"Slouched hat without cord; common soldier's blouse, unbuttoned, (...) hight boots, mudsplashed to the top; trousers tucked inside; no sword"*. Zit. nach: CHAMBERLAIN, 246. Eine ungleich drastischere, aber dennoch erwähnenswerte Beschreibung lieferte dagegen der zum Gefolge des Unionsoberbefehlshabers gehörige Oberst Amos Webster: *"Grant, covered with mud in an old faded uniform, looked like a fly on a shoulder of beef"*. Zit. nach: CATTON, Grant Takes Command, 464.

[229] Dem eklatanten Gegensatz zwischen dem Aussehen Lees und demjenigen seiner Person widmete Grant in seinen Erinnerungen diesen nüchternen Satz: *"In my rough traveling suit, the uniform of a private with the straps of a lieutenant-general, I must have contrasted very strangely with a man so handsomely dressed, six feet high and of faultless form"*. Zit. nach: LONG, Personal Memoirs of U.S. Grant, 556. Vgl. dazu auch MCFEELY, 219. Demnach war Grants Aussehen keineswegs als Mißachtung oder gar Beleidigung Lees gedacht; vielmehr schien er sich dergestalt auf seine Weise höchstwahrscheinlich ebenso selbstsicher zu fühlen wie Lee in seiner Paradeuniform.

[230] Unter anderem erwähnte Grant, Lee während des Mexikokriegs begegnet zu sein, woran sich dieser jedoch nicht mehr erinnern konnte. Unabhängig davon vermochte es Lee offenbar während der gesamten Dauer der Verhandlung, seine Gefühlslage eisern zu verbergen und seinem Wesen getreu Haltung zu bewahren. In seinen Memoiren schrieb Grant hierzu später folgendes: *"What*

General Lee's feelings were I do not know. As he was a man of much dignity, with an impassable face, it was impossible to say whether he felt inwardly glad that the end had finally come, or felt sad over the result, and was too manly to show it". Zit. nach: LONG, Personal Memoirs of U.S. Grant, 555.

[231] Unter den Anwesenden befand sich neben Lees Begleiter Oberstleutnant Charles Marshall, den Unionsgeneralen Ord und Sheridan - letzterer übrigens ein hartnäckiger, aber erfolgloser Verfechter einer bedingungslosen Kapitulation - und mehreren Stabsoffizieren - darunter Grants Adjutant Rawlins, Horace Porter, Lincolns Sohn Robert sowie Orville E. Babcock, der Lee zur Zusammenkunft geleitet hatte - auch ein junger, wegen Tapferkeit vor dem Feinde mit dem vorläufigen Dienstgrad eines Generalmajors ausgestatteter Kavallerieoffizier namens George Armstrong Custer. Ehrgeizig und an die eigene Unbesiegbarkeit glaubend, wurde dieser im Juni 1876 in der Schlacht am Little Bighorn eines Besseren belehrt, als seine rund 250 Kavalleristen und er selbst von einer aus verschiedenen Indianerstämmen vereinten, weit über Tausend Krieger starken Streitmacht restlos niedergemacht wurden.

[232] Pikanterweise stammten diese Verpflegungssätze nicht etwa aus Unionsbeständen, sondern aus einer tags zuvor von Sheridans Kavallerie abgefangenen konföderierten Nachschubkolonne. CATTON, Grant Takes Command, 467. Gleichwohl war der von Grant zu Beginn seiner am 29. März 1865 begonnenen Großoffensive angeforderte, offenbar keineswegs reichhaltige Nachschubvorrat bemerkenswerterweise bis zum 9. April anscheinend weitestgehend aufgebraucht. PORTER, 483.

[233] Die genaue Fassung der Kapitulationsurkunde findet sich bei LONG, Personal Memoirs of U.S. Grant, 556f. Mit der Gewährung dieser überaus großzügigen Bedingungen hatte Grant den Konföderierten gewissermaßen eine Generalamnestie erteilt und seine Befugnisse bei weitem überschritten. Die Verbindlichkeit der Vereinbarung für null und nichtig erklärend, ließ der einen Straffrieden vehement befürwortende Kriegsminister Stanton selbige kurz darauf widerrufen, um anschließend die bedingungslose Kapitulation durchzusetzen. CAROCCI, 135.

[234] In seinen Memoiren gab Grant hierfür später folgende Begründung: *"The Confederates were now our prisoners, and we did not want to exult over their downfall"*. Zit. nach: LONG, Personal Memoirs of U.S. Grant, 559.

[235] Zit. nach: Ebd., 555.

[236] Ebd., 559. Abgesehen davon, daß Davis mit seinem Kabinett zu diesem Zeitpunkt bereits seit einer Woche auf der Flucht war, wurde diese Unterredung in der Folgezeit unterschiedlich tradiert. Möglich, wenngleich eher unwahrscheinlich, ist, daß Grant Lee auch ein Treffen mit Lincoln anbot, was der konföderierte Oberbefehlshaber jedoch sicherlich in jedem Fall ausgeschlagen haben wird. Vgl. hierzu näher CATTON, Grant Takes Command, 470f.

[237] Eine eindrückliche Schilderung derselben ist durch den von Grant in Anerkennung seiner soldatischen Leistungen zum Führer der die Übergabe entgegennehmenden Unionstruppen ernannten General Chamberlain überliefert: *"On they come, with the old swinging route step and swaying battle flags. In the van, the proud Confederate ensign. (...) As each successive division (...) halts, the men face inward towards us (...) then carefully 'dress' their line, each captain taking pains for the good appearance of his company, worn and half starved as they were. (...) They fix bayonets, stack arms. (...) Lastly, reluctantly, with agony of expression, they tenderly fold their flags, battle-worn and torn, blood-stained, (...) and lay them down; some frenziedly rushing from the ranks, kneeling over them, clinging to them, pressing them to their lips with burning tears. And only the Flag of the Union greets the sky!"*. Zit. nach: CHAMBERLAIN, 258ff. Im Zuge der formellen Übergabe der Nord-Virginia-Armee wurden insgesamt 28.356 konföderierte Soldaten - von denen nur rund die Hälfte überhaupt noch einsatzbereit und bewaffnet war - gezählt und nach Abgabe ihrer Schuß- und Blankwaffen auf Ehrenwort entlassen. LONGSTREET, 631.

[238] Vgl. BERINGER, 338f. Die Unionsarmeen hatten Anfang April 1865 nur einen Bruchteil des

konföderierten Territoriums effektiv besetzt, so daß kleinere Einheiten und Verbände der Südstaatler trotz des in jeder Hinsicht am Boden liegenden Truppenkörpers durchaus einen mittels Guerillataktiken geführten Kleinkrieg hätten fortführen können.

[239] GALLAGHER, 141. Auf den zwei Tage nach der Evakuierung Richmonds verfaßten Aufruf nahm Lee in einem an Davis gerichteten Lagebericht vom 20. April 1865, in welchem er dem Präsidenten die Umstände der Kapitulation schilderte, wie folgt Bezug: "*A partisan war may be continued, and hostilities protracted, causing individual suffering and the devastation of the country, but I see no prospect by that means of achieving separate independence*". Zit. nach: CATTON, Grant Takes Command, 472. Fraglich ist, ob der flüchtige Präsident dieses Schreiben je erhalten hat; eine Erwiderung desselben scheint jedenfalls nicht bekannt zu sein. Am 10. Mai 1865 wurde Davis in Georgia aufgegriffen, verhaftet und unter entwürdigenden Bedingungen in einer Gefängniszelle in Fort Monroe, Virginia, gefangengehalten. Obwohl entgegen seines ausdrücklichen Wunsches niemals eine Gerichtsverhandlung stattfand, wurde der als Hochverräter angeklagte Präsident der Konföderierten Staaten von Amerika erst im Dezember 1868 begnadigt und gegen Kaution auf freien Fuß gesetzt.

[240] GALLAGHER, 30.

[241] Zit. nach: DOWDEY, The Wartime Papers of R. E. Lee, 934f.

[242] Trotz der Kapitulation der Nord-Virginia-Armee standen Mitte April noch rund 100.000 konföderierte Soldaten in Alabama, Louisiana, Mississippi und anderen Teilen der Südstaaten unter Waffen. Nachdem Joseph E. Johnston am 26. April 1865 in North Carolina vor General Sherman die Waffen gestreckt hatte, sollte es noch bis Mitte Mai dauern, bis sich die letzten Grauröcke im Südwesten der ehemaligen Konföderation ergeben würden.

21) Lee kapituliert vor Grant. Zeitgenössisches Gemälde.

22) Appomattox Courthouse, der Ort der Kapitulation Lees.

23) Lee verabschiedet sich von seinen Truppen nach der Kapitulation. Zeitgenössische Skizze.

24) U. S. Grant (Mitte) während seiner Wahlkampagne für die Präsidentschaft im Juli 1868 in Fort Sanders, Wyoming.

25) R. E. Lee als Superintendent des Washington College. Zeitgenössischer Stich.

26) Präsident U. S. Grant.

27) Das letzte Foto von U. S. Grant wenige Tage vor seinem Tod.

4. Entwicklung von Lee und Grant nach Ende des Sezessionskriegs

4.1. Robert E. Lee als Direktor des Washington College

Wenige Tage nach der Kapitulation nach Richmond zurückgekehrt[1], stand Lee nach dem Ende der offenen Feindseligkeiten und der Niederlage der Konföderation vor einem Scherbenhaufen. Alle Ideale, für die er sich in den vergangenen vier Jahren eingesetzt hatte, waren durch den totalen Sieg der Union scheinbar bedeutungslos geworden. In der öffentlichen Meinung des Nordens wurde er ebenso wie die vielen anderen Offiziere, die sich zu Beginn des Krieges in die Dienste ihrer südlichen Heimatstaaten gestellt hatten, als Verräter betrachtet.

Ebenso wie viele andere führende Köpfe des konföderierten Staats- und Militärapparats erhielt Robert E. Lee nach der Kapitulation den Status eines "paroled prisoner of war", eines Kriegsgefangenen auf Ehrenwort, womit unter anderem auch der Entzug des amerikanischen Bürgerrechts einherging. Anfang Juni 1865 von einem Unionsgericht wegen Hochverrats angeklagt, wandte sich der General außer Diensten in der Überzeugung, daß sein in Appomattox gegebenes Ehrenwort ihn vor Strafverfolgung schütze, an Ulysses S. Grant und ersuchte diesen am 13. Juni 1865 um Weiterleitung einer an Präsident Andrew Johnson[2] gerichteten Bittschrift, in welcher Lee letzteren um Begnadigung sowie die vollständige Wiederherstellung seiner Bürgerrechte bat. Grant, der befürchtete, im Falle einer Gerichtsverhandlung von Lee des Wortbruchs geziehen zu werden, leitete die Eingabe unverzüglich an den Präsidenten weiter und empfahl diesem, dem Gesuch seines ehemaligen Gegners stattzugeben. Obwohl Johnson dies strikt ablehnte, erreichte der Unionsoberbefehlshaber unter Androhung seines Rücktritts, daß die Anklage gegen den vormaligen Südstaatengeneral fallengelassen und der anberaumte Prozeß ausgesetzt wurde[3]. Davon unbenommen blieb Lees Status als auf Ehrenwort entlassener Kriegsgefangener jedoch unverändert bestehen[4].

Ungeachtet dieser erniedrigenden persönlichen Behandlung bewahrte Lee seinem Wesen getreu Haltung und setzte sich schon bald für eine schrittweise Versöhnung der tief gespaltenen Landesteile ein. Anfang August 1865 vom ehemaligen Gouverneur Virginias, John Letcher, zu seiner Überraschung darum gebeten, das ihm angetragene, verwaiste Direktorat über das im Westen seines Heimatstaats in der Kleinstadt Lexington gelegene, durch den Krieg stark in Mitleidenschaft gezogene Washington College[5] zu übernehmen, willigte Lee nach kurzem Zögern ein und begann dort, sein Ansinnen, am Wiederaufbau des zerstörten Südens mitzuwirken, in Angriff zu nehmen.

Schon in seiner am 2. Oktober 1865 gehaltenen Antrittsrede bekannte sich Lee

öffentlich zu seiner Einstellung, daß nun um des Wiederaufbaus willens die Zukunft der heranwachsenden Generation im Mittelpunkt stehen müsse[6] . In diesem Sinn machte sich Robert E. Lee an die Arbeit. Obgleich er die Verwaltung des Schulbetriebs in weiten Teilen selbst übernehmen mußte[7] , gelang es dem einstmaligen Direktor der renommiertesten Militärakademie des Landes mittels Anstellung mehrerer neuer Professoren, Überarbeitung der Lehrpläne sowie der Erweiterung des klassischen Fächerkanons um mehrere technische und naturwissenschaftliche Studienfächer, die Studentenzahl während seiner fünfjährigen Amtszeit gegenüber dem Vorkriegsniveau zu vervierfachen[8] . Wie schon während seiner Zeit in West Point nahm sich Lee, der sich regelmäßig über den Werdegang seiner Studentenschaft berichten ließ, privater wie auch schulischer Problemfälle an, die er nicht selten zu persönlichen Gesprächen vorlud[9] . Dank des hohen, seinen Zöglingen entgegenbrachten Maßes an Fürsorge erfreute sich der Direktor des Washington College während seiner gesamten Amtszeit unter den Studenten der Anstalt größten Respekts.
Parallel zu Lees Bemühungen, das Washington College zu einer der führenden Hochschulen des Südens auszubauen, begann die Union mit der Durchsetzung der schon während des Sezessionskriegs für die Südstaaten erdachten Rekonstruktionspolitik. Am 17. Februar 1866 wurde der ehemalige Oberbefehlshaber der Konföderationsarmee nach Washington zitiert, um dort dem vom US-Kongreß eingesetzten "Joint Committee on Reconstruction" Rede und Antwort zu stehen und sein Handeln als General zu rechtfertigen. Im Verlauf der Anhörung verstand es Lee geschickt, die Versuche des ihn befragenden Senators Jacob M. Howard, ihn in die Enge zu treiben, zu unterlaufen und den ihm gestellten Fangfragen gekonnt auszuweichen[10] . Gleichwohl ließ Lee erkennen, daß sich seine bisherige Meinung zum Verhältnis zwischen Schwarzen und Weißen ebenso wenig geändert hatte[11] wie seine Überzeugung, im Sezessionskrieg für eine gerechte Sache gekämpft und auf der Seite des Rechts gestanden zu haben[12] . Dennoch konnte der ehemalige Oberkommandierende nach zweistündigem Verhör vollkommen unbehelligt die Heimreise antreten.
Nachdem der Kongreß im Juni 1866 gegen das Veto Präsident Johnsons die Verleihung des amerikanischen Bürgerrechts an alle ehemaligen Sklaven durchgesetzt hatte, wurde die vergleichsweise gemäßigte präsidiale Rekonstruktionspolitik im Verlauf des Jahres 1867 durch eine rigorosere Variante ersetzt und von dem im US-Kongreß tonangebenden, radikalen Flügel der republikanischen Partei trotz des Einspruchs Johnsons mittels mehrerer Gesetze abgesichert[13] . Die von den siegreichen Truppen des Nordens besetzten und in fünf Militärdistrikte eingeteilten, erst nach Jahren wieder formell in die Union aufgenommenen Südstaaten wurden unter ein hartes Besatzungsregime gestellt, was zu teils heftigem, meist verdecktem Widerstand der ansässigen Bevölkerung führ-

te. Von der schonungslosen und unversöhnlichen Rekonstruktionspolitik bitter enttäuscht, stellte Lee selbige nicht nur in Frage, sondern lehnte diese wie zu erwarten unumwunden ab[14]. Als einer von rund dreihundert prominenten Konföderierten, die, des Hochverrats verdächtigt, bis zuletzt von einer Begnadigung ausgenommen worden waren, wurde Lee - ebenso wie Jefferson Davis - erst am 25. Dezember 1868 im Rahmen einer letzten, von Präsident Johnson erlassenen Generalamnestie rehabilitiert und damit "vollwertiger" US-Bürger[15]. Keine zwei Monate nach dem Amtsantritt des zum neuen Staatsoberhaupt der Vereinigten Staaten gewählten Ulysses S. Grant kam es zu einer letztmaligen Zusammenkunft zwischen den beiden einstigen Gegenspielern. Am 1. Mai 1869 folgte Robert E. Lee einer durch Grant ergangenen Einladung, sich mit diesem im Weißen Haus zu einem Gespräch zu treffen. Was zu einem denkwürdigen Ereignis hätte werden können, endete allerdings in einem reinen Höflichkeitsbesuch. Fragen der Vergangenheit bewußt ausklammernd, verlief sich die von gegenseitigem Respekt getragene Unterhaltung der beiden ehemaligen Generale in zwanglosem Geplauder über gegenwartsbezogene Themen[16], so daß Lee schließlich unverrichteter Dinge nach Lexington zurückkehrte.

Obwohl Lee, der über vierzig Jahre seines Lebens in Uniform verbracht hatte, nach wie vor zu seiner soldatischen Vergangenheit stand[17], war diese offiziell nach dem Krieg für ihn kein Thema mehr. Seine persönlichen, äußerst aufschlußreichen Ansichten zu verschiedenen Schlachten und Truppenführern des Sezessionskriegs offenbarte der ehemalige Oberbefehlshaber der konföderierten Streitkräfte jedenfalls nur ein einziges Mal, und zwar gegenüber einem seiner Vettern[18]. Trotzdem war Lee sehr viel an einer gerechten, aus Sicht des Südens abgefaßten Darstellung des Sezessionkriegs wie auch der Geschichte seiner Nord-Virginia-Armee gelegen, wofür er - von bei ihm immer wieder vorstellig werdenden Journalisten und Historikern bestärkt - aufwendige und langwierige Korrespondenz mit alten Kameraden und ehemaligen Kampfgefährten führte[19]. Nicht zuletzt infolge seiner enormen Arbeitsbelastung und seines sich zunehmend verschlechternden Gesundheitszustands war es Robert E. Lee jedoch nicht mehr vergönnt, das von ihm angestrebte Werk zu vollenden.

Ende März 1870 brach er in Begleitung seiner Tochter Agnes zu einer zweimonatigen, durch den alten Süden führenden Abschiedsreise auf, die sich entgegen seiner Absicht trotz des inoffiziellen Charakters zu einem wahren Triumphzug entwickelte. Ganz gleich an welchem Ort der von der Bevölkerung des Südens verehrte ehemalige Oberkommandierende der Konföderationsarmee Station machte; überall wurde er von der ihn erwartenden Menge begeistert umjubelt und vereinzelt sogar mit Salutschüssen empfangen. Vielerorts bei einstigen Kameraden, Freunden und Bekannten zu Gast, kehrte Lee Ende Mai

wieder nach Lexington, den Ausgangspunkt seiner Reise, zurück[20].
Von einem am 28. September erlittenen Schlaganfall niedergestreckt, neigte sich das Leben des Robert Edward Lee schnell dem Ende entgegen. Am 12. Oktober 1870 verstarb der graue Feldherr nach kurzem Siechtum und wurde drei Tage später - auf seinem letzten Weg von einer in die Tausende gehenden Trauergemeinde begleitet - nach seinem letzten Willen in der Kapelle des Washington College zu Grabe getragen. Über die seinen Lebensprinzipien zugrundeliegende geistige Haltung legt folgende, in der Nachkriegszeit von Lee getätigte Aussage anschaulich Zeugnis ab: *"I did only what my duty demanded. I could have taken no other course without dishonour. And if it were all to be done over again, I should act in precisely the same manner"*[21].

4.2. Ulysses S. Grant als Politiker und Präsident der Vereinigten Staaten

Der Sieg über die Konföderierten Staaten von Amerika im Frühjahr 1865 beendete zwar im wesentlichen die militärische Karriere des Ulysses S. Grant, nicht aber dessen politische Ambitionen. Nach seiner ehrenhalber erfolgten Ernennung zum eigens für ihn durch den Kongreß geschaffenen Rang eines Vier-Sterne-Generals am 25. Juli 1866 berief Präsident Johnson den Oberbefehlshaber der Unionsstreitkräfte am 12. August 1867 zum vorläufigen Nachfolger des von ihm entlassenen, in fast allen politischen Fragen den Ansichten Johnsons widersprechenden Kriegsministers Stanton. Als der im ständigem Streit mit dem Präsidenten liegende Kongreß dessen Entscheidung im Januar 1868 für unrechtmäßig erklärte und aufhob, legte Grant, der wider die Verfassung fünf Monate lang gleichzeitig den Posten des Armeeoberbefehlshabers und des Kriegsministers bekleidet hatte[22], letztgenanntes Amt unverzüglich nieder[23]. Von Johnson als Bauernopfer im Kampf gegen die Opposition mißbraucht, stellte sich Grant fortan gegen den kurz darauf nur knapp der Amtsenthebung entgangenen Präsidenten und schlug sich offen auf die Seite der republikanischen Partei, woraufhin er von selbiger wie schon vier Jahre zuvor als möglicher Präsidentschaftskandidat gehandelt wurde.

Seine ungebrochene Popularität als Kriegsheld nutzend, ließ sich Grant nach seinem Abschied aus der Armee trotz seines Mangels an politischer Erfahrung im Mai 1868 von den Republikanern als Präsidentschaftskandidat aufstellen. Im Wahlkampf der Aussöhnung zwischen den beiden gespaltenen Landesteilen das Wort redend, zugleich aber für die Fortsetzung der radikalen Rekonstruktionspolitik eintretend, zog Ulysses S. Grant nach seinem mit Hilfe der Stimmen der erstmals wahlberechtigten schwarzen Bevölkerung im November 1868 über den demokratischen Gegenkandidaten Horatio Seymour - ehedem ein politischer Erzfeind Lincolns - errungenen Wahlsieg am 4. März 1869 als achtzehnter Präsident der Vereinigten Staaten von Amerika ins Weiße Haus ein[24].

Obwohl Grant als General ein hohes Maß an Durchsetzungsfähigkeit bewiesen hatte, zeigte er während seiner Zeit als Staatsoberhaupt nur selten Führungsstärke. In dem Glauben, die Regierungsgeschäfte auf gleiche Weise führen zu können wie vormals seinen Generalstab, umgab sich der in politischen Angelegenheiten nur wenig begabte Grant mit einem von ihm in politische Führungspositionen gehievten Personenkreis, der jedoch entgegen den Erwartungen des Präsidenten für die gewissenhafte und rechtschaffene Ausübung von Regierungsämtern oftmals alles andere als geeignet war. Die Haupt-qualifikation vieler seiner Kabinettsmitglieder - ehemalige Kriegskameraden, Geschäftsleute und Freunde der Familie - bestand häufig darin, daß diese ihm irgendwann einmal einen persönlichen Gefallen getan hatten und infolgedessen Grants Vertrauen besaßen[25]. Eher mittelmäßige politische Arbeit leistend, sorgten diese sowohl vor als auch nach dem erdrutschartigen, Ende 1872 gegen den Zeitungsmagnaten Horace Greely erneut errungenen Wahlsieg für eine Reihe von Affären und Skandalen[26], die Grants Wiederwahl jedoch zu keinem Zeitpunkt ernsthaft gefährden konnten[27]. Vollauf mit der Aufklärung der zahlreichen politischen Skandale sowie einer landesweiten, in die zweite, von Grant 1873 angetretene Amtszeit fallenden massiven Wirtschaftskrise beschäftigt, gelang es dem passiv waltenden Präsidenten überdies nur langsam, seine an Zustimmung verlierende Rekonstruktionspolitik zu entradikalisieren.

Vor die Herausforderung gestellt, die neue, auf die politische und soziale Gleichberechtigung der ehemaligen Sklaven zielende Gesellschaftsordnung gegen die hartnäckige Gegenwehr der Südstaatler durchzusetzen, bediente sich Präsident Grant aller ihm zur Verfügung stehender Mittel. Nachdem er den kurz nach Ende des Sezessionkriegs entstandenen, über Jahre hinweg als einen der Hauptträger des organisierten Widerstands agierenden Ku-Klux-Klan[28] im April 1871 hatte verbieten lassen und zur nachhaltigen Bekämpfung desselben im Oktober 1871 in Teilen South Carolinas - einem der Hauptunruheherde - sogar die Außerkraftsetzung eines verfassungsrechtlich garantierten Grundrechts anordnen ließ, gelang es Grant erst unter dem massiven Einsatz von Bundestruppen[29], den Umtrieben des Klans weitestgehend Einhalt zu gebieten[30]. Um die vornehmlich in den Staaten des tiefen Südens mit ihrem vergleichsweise hohen schwarzen Bevölkerungsanteil immer wieder aufflammenden bürgerkriegsähnlichen Auseinandersetzungen zu beenden, sah sich das Staatsoberhaupt von 1872 bis 1876 überdies veranlaßt, mehrfach größere Truppenkontingente zur Niederschlagung von Unruhen zu entsenden[31].

Ungeachtet der mit Beginn des Wahljahres 1876 in Presse und Öffentlichkeit laut werdenden Rufe, Ulysses S. Grant zum dritten Mal zum Präsidentschaftskandidaten zu nominieren, schied der trotz aller Affären und Skandale immer noch recht beliebte Präsident nach dem Ende seiner achtjährigen Amtszeit am 4. März 1877 sichtlich erleichtert aus dem Amt, um seinem Nachfolger und Parteigenossen Rutherford B. Hayes die Führung der Staatsgeschäfte zu überlassen. Mit Grants Abtritt und der Amtsübernahme durch Präsident Hayes, der das Gros der Besatzungstruppen aus den Südstaaten abziehen ließ, fand die zehnjährige Phase der radikalen Rekonstruktionspolitik ein Ende.

Ins Privatleben zurückgekehrt, trat der General außer Diensten und Präsident im Ruhestand im Mai 1877 eine mehr als zweijährige Weltreise an, in deren Verlauf er von zahlreichen gekrönten Häuptern und Staatsmännern mit großen Ehren empfangen wurde[32]. Sich nach seiner Heimkehr in die Vereinigten Staaten im September 1879 seines Lebensabends erfreuend, wurde Grant 1884 von einem jungen Spekulanten, in dessen Maklerfirma er den Großteil seines Vermögens investiert hatte, um fast seinen gesamten Kapitalbesitz betrogen. Am 23. Juli 1885 - nur eine Woche nach Fertigstellung seiner Memoiren[33] - verstarb der hochverschuldete Ulysses Simpson Grant nach monatelangem Leiden in Mount McGregor, New York, an den Folgen von durch jahrzehntelangen Tabakkonsum verursachtem Kehlkopfkrebs und wurde zweieinhalb Wochen später unter großer Anteilnahme der Bevölkerung in einem eigens für ihn geschaffenen Mausoleum in New York beigesetzt.

---

[1] Sein unweit von Washington gelegener Landsitz in Arlington war 1862 von der US-Regierung zwangsenteignet und zwei Jahre später durch den Unions-Generalquartiermeister Generalmajor Montgomery C. Meigs aus persönlicher Rachsucht zum bis heute durch die Vereinigten Staaten genutzten, zigtausende Soldatengräber umfassenden Nationalfriedhof umgewandelt worden. Aus diesem Grund lebte Lee während des Sommers 1865 gezwungenermaßen in einem von seiner Familie kurz nach Kriegsbeginn angemieteten, unzerstört gebliebenen Wohnhaus in Richmond.

[2] Nachdem Abraham Lincoln am 14. April 1865 - vier Jahre nach dem Fall Fort Sumters - als erster Präsident der amerikanischen Geschichte einem von dem fanatischen Südstaatenanhänger John Wilkes Booth ausgeführten Attentat zum Opfer gefallen war, hatte sein Vizepräsident Andrew Johnson die Amtsgeschäfte übernommen.

[3] THOMAS, Robert E. Lee, 370f. Als die Öffentlichkeit von der gegen Lee erhobenen Anklage in Kenntnis gesetzt wurde, boten sich sofort etliche Juristen überwiegend nordstaatlicher Provenienz - darunter sogar ein Senator - an, die Rolle seines potentiellen Strafverteidigers zu übernehmen. DOWDEY, Lee, 644.

[4] Nebenbei bemerkt war Lee beileibe nicht der einzige Bittsteller, der bei Präsident Johnson um Begnadigung nachsuchte. Im Sommer und Herbst 1865 wurde der US-Präsident mit Bittschriften ehemaliger, oftmals prominenter konföderierter Offiziere und Staatsbediensteter regelrecht überhäuft, denen mehrheitlich stattgegeben wurde. FRANKLIN, John H.: Reconstruction After the Civil War. Chicago, London ²1994, 33.

[5] Im Jahre 1749 gegründet, zählte das im Shenandoahtal gelegene Washington College zu einer der renommiertesten Lehranstalten Virginias. Nachdem sich die meisten der knapp einhundert Studenten zu Kriegsbeginn freiwillig zu den konföderierten Streitkräften gemeldet hatten und die Lehrgebäude ebenso wie das in unmittelbarer Nähe befindliche "Virginia Military Institute" Mitte Juni 1864 von den marodieren Truppen General Hunters verwüstet worden waren, stand die Anstalt im Sommer 1865 kurz vor der Auflösung. FREEMAN, An Abridgment in One Volume, 522.

⁶ FULLER, 131. Wie sich Lee die Umsetzung dieser Maxime im alltäglichen Lehrbetrieb vorstellte, erklärte er den Sachverwaltern der Hochschule in einem Schreiben wie folgt: *"I think it the duty of every citizen of the Country, to do all in his power to aid in the restoration of peace and harmony. (...) It is particularly incumbent upon those charged with the instruction of the young to set them an example of submission to authority"*. Zit. nach: TAYLOR, Duty Faithfully Performed, 220. Ergänzen läßt sich der letztgenannte Grundsatz durch eine weitere, von Lee gegenüber einem seiner Professoren getätigte Aussage: *"As a general principle, you should not force young men to do their duty, but let them do it voluntarily, and thereby develop their characters"*. Zit. nach: THOMAS, Robert E. Lee, 397.

⁷ Nur zeitweise von einem Sekretär unterstützt, bestand Lees ausgefüllter Tagesablauf nicht nur in der Erledigung der aus seinem Direktorat erwachsenden Pflichten, sondern darüber hinaus auch in der Abwicklung zahlloser Kleinigkeiten, wie etwa buchhalterischer Aufgaben und dergleichen mehr. Die Ansicht vertretend, daß jeder Fragesteller eine Antwort verdient habe, erachtete es Lee zudem als Selbstverständlichkeit, die Flut der an ihn gerichteten Briefe aus dem ganzen Süden zu beantworten, was seine Arbeitsbelastung weiter steigerte. FREEMAN, An Abridgment in One Volume, 523. Welch uneingeschränkte Verehrung der General in der Bevölkerung der Südstaaten nach wie vor genoß, zeigen in den an ihn adressierten Schreiben verwendeten Anreden wie "Most noble General", "Hero of the South" oder "Honored Sir". THOMAS, Robert E. Lee, 383.

⁸ Vgl. Ebd., 399f.

⁹ CONNELLY, 217.

¹⁰ So parierte Lee beispielsweise die Frage, was er davon halte, daß die Bevölkerung des Südens die konföderierten Kriegsschulden bezahlen müsse und darüber hinaus auch noch an der Bezahlung der Kriegsschulden der Union beteiligt werde, mit der Feststellung, daß die Zahlung derselben vom Abschluß eines Friedensvertrags abhängig gemacht werden müsse, woraufhin Howard flugs das Thema wechselte. FISHWICK, Marshall W.: Lee After the War. New York 1963, 113f.

¹¹ Auf die Frage Howards, ob er Schwarze für genauso intelligent hielte wie Weiße, entgegnete Lee zurückhaltend, aber dennoch eindeutig: *"I do not think that I am particularly qualified on that subject as you seem to intimate; but I do not think that he* [the black man] *is as capable of acquiring knowledge as the white man is"*. Zit. nach: JORDAN, 100. Nach seiner Meinung zur absehbaren Gewährung des Wahlrechts an die in die Freiheit entlassenen Schwarzen gefragt, sprach Lee selbigen die Fähigkeit, vernünftige Wahlentscheidungen zu treffen, ab. Überdies verlieh er seiner Überzeugung Ausdruck, daß es für seinen Heimatstaat Virginia besser sei, dessen vergleichsweise geringen schwarzen Bevölkerungsanteil in die Staaten des tiefen Südens abzuschieben. THOMAS, Robert E. Lee, 382. Noch im Sommer des Jahres 1868 gab Lee dem ehemaligen Unionsgeneral Rosecrans auf dessen Bitte um eine Stellungnahme zur Sklavenbefreiung eine Erwiderung, aus der die Kontinuität seiner Denkweise anschaulich hervorgeht: *"It is true that the people of the South (...) are, for obvious reasons, inflexibly opposed to any system of laws that would place the political power of the country in the hands of the negro race. But this opposing springs (...) from a deep-seated conviction, that, at present, the negroes have neither the intelligence nor the other qualifications which are necessary to make them safe depositories of political power"*. Zit. nach: FREEMAN, R. E. Lee, Bd. 4, 376.

¹² Lee war überdies der festen Überzeugung, mit seiner Parteinahme für die Konföderierten Staaten von Amerika für ewig geltende Rechte, Wahrheiten und Werte eingestanden zu haben. Nach Ende des Sezessionskriegs bemerkte er hierzu: *"I have fought against the people of the North because I believed they were seeking to wrest from the South its dearest rights"*. Zit. nach: WARD, 410. Um die Abspaltung der Südstaaten zu rechtfertigen, bemühte Lee stets das Verfassungsrecht, genauer den Gegensatz zwischen Regierungsgewalt und dem Recht der Einzelstaaten, worin er eine der Ursachen des Kriegsausbruchs ausmachte. CONNELLY, 211.

¹³ Vgl. BOYER, 502ff.

¹⁴ In einem im Oktober 1867 verfaßten Brief an seinen ehemaligen Kampfgefährten Longstreet,

der sich mit den politischen Gegebenheiten anzufreunden begann, offenbarte Lee diesem seine Ansicht zu den Rekonstruktionsgesetzen: *"While I think we should act under the law and according to the law imposed on us, I cannot think the course pursued by the dominant political party the best for the interests of the country, and therefore cannot (...) give them my approval"*. Zit. nach: DOWDEY, Lee, 687. In einem 1868 mit dem ehemaligen Südstaatenoberst William P. Johnston, einem seiner Professoren, geführten Gespräch bezichtigte Lee die "Yankees" pauschal, wenn auch nicht unzutreffend der Rachsucht und Böswilligkeit, von der er sich vor dem Krieg keine Vorstellung gemacht habe. CONNELLY, 212.

[15] DOWDEY, Lee, 714. Davon unbenommen wurde ihm auch weiterhin das Recht, ein politisches Amt zu bekleiden, verweigert. Daß Lee zu den allerletzten, von Johnson begnadigten Südstaatlern gehörte, erklärt sich sicher nicht nur aus seinem Bekanntheitsgrad und seiner unzweifelhaften Vorbildfunktion für die Bevölkerung des geschlagenen Südens, sondern vielmehr auch daraus, daß seiner Personalakte ein für die Begnadigung obligatorisches Dokument fehlte; der Treueid auf die Verfassung der Vereinigten Staaten. Diesen hatte Lee jedoch bereits am 2. Oktober 1865, dem Tag seiner Amtsübernahme in Lexington, vor Zeugen geleistet. Obwohl er den dazugehörigen Schriftsatz im Anschluß direkt an Präsident Johnson geschickt hatte, ging ihm daraufhin weder eine Eingangsbestätigung noch eine wie auch immer geartete andere Antwort zu. Das Dokument landete nämlich auf dem Schreibtisch von Außenminister Seward, der es einfach zu den Akten gab, wo es erst im Jahre 1970 durch einen Archivar im Nationalarchiv der Vereinigten Staaten wiederentdeckt wurde. Die Gründe, die Seward zu diesem Schritt veranlaßt haben, sind nicht bekannt und lassen Raum für Spekulationen. THOMAS, Robert E. Lee, 380f.

[16] FISHWICK, 181f. Allem Anschein nach war es vor allem Lee, der keinerlei Interesse daran zeigte, auf die Kriegszeit einzugehen. Sicherlich auch vor diesem Hintergrund sowie der Lee eigenen Verschlossenheit beurteilte Grant die Person des konföderierten Ex-Generals später wie folgt: *"He was a large, austere man, and I judge difficult of approach to his subordinates"*. Zit. nach: LONG, Personal Memoirs of U.S. Grant, 453. Während der nach Ende seiner Präsidentschaft unternommenen zweijährigen Weltreise gab Grant eine weitere öffentliche, infolge der zeitlichen Distanz wohl etwas verblaßte Einschätzung der Persönlichkeit seines einstigen Kontrahenten zum Besten: *"I never ranked Lee so high as some others in the army; that is to say I never had so much anxiety when he was in my front as when Joe Johnston was in front. Lee was a good man, a fair commander, and had everything in his favour. (...) Lee was of a slow, cautious nature, without imagination, or humor, always the same, with grave dignity"*. Zit. nach: FULLER, 108.

[17] Einer seiner Studenten - ein Veteran der Nord-Virginia-Armee namens Milton W. Humphreys, der später einmal selbst Dozent am Washington College werden würde - rechtfertige seinen außergewöhnlichen Arbeitseifer gegenüber seinem Direktor mit der Bemerkung, die in der Armee verlorengegangene Zeit wieder aufholen zu wollen, woraufhin ihm Lee ungehalten ins Wort fiel: *"However long you live and whatever you accomplish, you will find that the time you spent in the Confederate army was the most profitably spent portion of your life. Never again speak of having lost time in the army"*. Zit. nach: THOMAS, Robert E. Lee, 401.

[18] DOWDEY, Lee, 729. Demnach hielt Lee den brillanten Organisator, aber zögerlichen und unentschlossenen Heerführer McClellan für seinen größten Gegenspieler. Als Hauptgrund für seinen Einmarsch nach Maryland 1862 nannte er die prekäre Ernährungslage seiner Armee. Zur Schlacht von Gettysburg bemerkte er, daß ihm die Niederlage erspart geblieben wäre, wenn sein angriffslustiger, zwei Monate zuvor gefallener Korpskommandeur Jackson, der die Schlacht seiner Ansicht nach bereits am ersten Gefechtstag für den Süden entschieden hätte, noch am Leben gewesen wäre.

[19] Vgl. CONNELLY, 212f. Dieses Unterfangen erwies sich indes als äußerst schwierig, da die meisten Armeeakten beim Rückzug aus Richmond verloren gegangen waren oder als in Washington eingelagertes Beutegut nicht eingesehen werden durften.

[20] Lees überwiegend per Eisenbahn durchgeführte, sich weit über dreitausend Kilometer erstrek-

kende Reise führte ihn durch zahlreiche Städte Virginias, North und South Carolinas sowie Georgias, wo er von manchem seiner Kampfgefährten freudig empfangen wurde. Neben Joseph E. Johnston, Alexander R. Lawton und anderen Ex-Generalen und Offizieren traf Lee auch seinen ehemaligen Adjutanten Taylor, den einst gefürchteten Kavallerieoberst Mosby sowie eher zufällig auch seinen ehemaligen Divisionskommandeur Pickett. Obwohl beide Seiten die Form wahrten, verlief die überaus kurze Begegnung mit letzterem eisig; Pickett, der den Verlust seiner Division bei Gettysburg nie verwunden hatte, bezeichnete Lee anschließend erregt als alten Mann, der seine Männer bei Gettysburg habe massakrieren lassen. Vgl. FREEMAN, An Abridgment in One Volume, 568ff.

[21] Zit. nach: FULLER, 97.

[22] Welche politischen Qualifikationen der Vier-Sterne-General mit sich brachte, läßt sich den Aufzeichnungen des seit 1861 amtierenden Marineministers Gideon Welles entnehmen, der mit Grant am 22. August 1867 - keine zwei Wochen nach dessen Ernennung zum Kriegsminister - eine längere Unterredung führte. Über den Verlauf des Gesprächs entsetzt, hielt Welles noch am selben Tag in seinem Tagebuch folgendes fest: *"It pained me to see how little he understood of the fundamental principles and structure of our government, and of the Constitution itself. (...) General Grant has become severly afflicted with the Presidential disease, and it warps his judgment, which is not very intelligent or enlightened at best. He is less sound on great and fundamental principles, vastly less informed, than I had supposed possible for a man of his opportunities"*. Zit. nach: WOODWARD, 390f.

[23] Nach der Amtsniederlegung unverzüglich in sein Armeehauptquartier zurückgekehrt, beschwerte sich der aufgebrachte, in seiner persönlichen Ehre verletzt fühlende Grant bei Präsident Johnson wenig später in einem Brief wie folgt: *"Mr. President, when my honor as a soldier and integrity as a man have been so violently assailed, pardon me for saying that I can but regard this whole matter (...) as an attempt to involve me in a resistance of law for which you hesitated to assume the responsibility, and thus destroy my character before the country"*. Zit. nach: Ebd., 393.

[24] Im Zuge des Wahlkampfs war Grant mit einem keine sechs Jahre zurückliegenden Vorfall konfrontiert worden, der dem Bewerber um das Präsidentenamt eine erwähnenswerte Stellungnahme entlockte. Nachdem die schon unmittelbar nach ihrem Erlaß im Dezember 1862 vieldiskutierte "General Order No. 11" im Spätsommer 1868 erneut in der öffentlichen Diskussion auftauchte, gab der um Schädigung seines Rufes besorgte Grant dem Kongreßabgeordneten Isaac N. Morris mit Schreiben vom 14. September 1868 zur Entstehung derselben nachstehende Erklärung: *"The order was issued without reflection and without thinking of Jews as a sect or race to themselves but simply as persons who had successfully (...) violated an order, which greatly inured to the help of the rebels"*. Zit. nach: KORN, 144. Obwohl die "General Order No. 11" während der Wahlkampagne letzten Endes nur eine untergeordnete Rolle spielte, zeigt die Tatsache, daß Grant als gewähltes Staatsoberhaupt mehrere Juden in mehr oder weniger wichtige Regierungsämter berief, welchen Stellenwert er nunmehr dem Sinngehalt seiner vor Jahren erlassenen Anordnung beimaß. So bot er dem bekannten Bankier Joseph Seligman 1869 das von diesem allerdings ausgeschlagene Amt des Finanzministers an, ernannte den 1865 zum Brigadegeneral beförderten Edward S. Solomon im Jahre 1870 zum Gouverneur des "Washington Territory" und entsandte den vormaligen Großmeister des 1843 in New York gegründeten B'nai-B'rith-Ordens, Benjamin F. Peixotto, im gleichen Jahr als Honorarkonsul nach Bukarest, um die rumänische Regierung zur Unterbindung der sich in ihrem Land häufenden antisemitischen Ausschreitungen zu bewegen. ENCYCLOPAEDIA JUDAICA, Bd. 7, 856.

[25] Vgl. FONER, Eric: Reconstruction. America's Unfinished Revolution 1863-1877. New York [u.a.] 1988, 445.

[26] BOYER, 521f. So ging etwa die Aufdeckung des ersten größeren Korruptionsfalls auf Kosten des Vizepräsidenten Schuyler Colfax, der wegen Verstrickung in betrügerische Finanztransaktionen im Eisenbahngeschäft 1872 seinen Hut nehmen mußte. Ein weiterer, großer Korruptionskandal

geriet drei Jahre später ans Licht der Öffentlichkeit, als Grants ehemaliger Stabsoffizier und nunmehriger Privatsekretär Babcock, der sich von einer im Whiskey-Geschäft tätigen Unternehmensgruppe bereitwillig hatte bestechen lassen, um dieser Steuern in Millionenhöhe zu ersparen, von Finanzminister Benjamin Bristow überführt werden konnte. Im Jahre 1876 wurde schließlich auch Kriegsminister William E. Belknap entlarvt, für Handelsposten in Indianerreservaten bestimmte öffentliche Mittel in großem Umfang veruntreut zu haben, woraufhin dieser seiner Entlassung durch freiwilligen Rücktritt zuvorkam. Der in keine der Affären persönlich involvierte, sich wider besseren Wissens aber solange wie möglich vor seine Vertrauten stellende Präsident büßte infolge dieser nur die Spitze des Eisbergs darstellenden Skandale einiges an Beliebtheit ein. Nicht zu Unrecht bezeichnete Grants neuer Vizepräsident Henry Wilson selbigen im Jahre 1875 daher intern als "*millstone around the neck of our* [republican] *party*". Zit. nach: SCATURRO, Frank J.: President Grant Reconsidered. Lamham [u.a.] 1998, 94.

[27] Gleichwohl führte die von Grant praktizierte Vetternwirtschaft und Ämterpatronage zur Entstehung des von seinen politischen Gegner gebrauchten Begriffs "Grantism", welcher schnell zum Inbegriff für Bestechung, Betrug und Korruption wurde. Während des Wahlkampfs verpaßten selbige Grant zudem den ohne Frage despektierlich gemeinten Spitznamen "Kaiser Ulysses". Ebd., 77.

[28] Der im Dezember 1865 in Pulaski, Tennessee, von ehemaligen Südstaatenoffizieren gegründete Geheimbund stand seit 1867 unter der Führung des konföderierten Generalleutnants Nathan Bedford Forrest, der sich bereits zu Zeiten des Bürgerkriegs einen gefürchteten Ruf erworben hatte, indem er im April 1864 nach der Einnahme von Fort Pillow, Tennessee, rund 300 entwaffnete, meist schwarze Unionssoldaten gnadenlos niedermetzeln ließ. WARD, 335. Der Ku-Klux-Klan, der für die Wiederherstellung der weißen Vorherrschaft im Süden eintrat, setzte sich mit Gewalt gegen die Umsetzung der administrativen Maßnahmen zur Gleichberechtigung der Schwarzen ein und versuchte, diese von jeglichen Wahlen fernzuhalten und mitsamt ihrer weißen Sympathisanten aus dem Norden einzuschüchtern. Ebenso wie etliche andere, überall im Süden aus dem Boden sprießende Geheimgesellschaften mit gleicher Zielsetzung erlangte der Klan von Jahr zu Jahr größere Macht und konnte sich der wohlwollenden und bisweilen auch aktiven Unterstützung weiter Teile der Bevölkerung erfreuen. Den Machenschaften des Ku-Klux-Klans fielen Tausende von Schwarzen und auch etliche Weiße zum Opfer. Vgl. hierzu ausführlicher FRANKLIN, 151ff. Dies hinderte den Obersten Gerichtshof der Vereinigten Staaten allerdings nicht, das Verbotsgesetz von 1871 ebenso wie das von Grant 1875 auf den Weg gebrachte Bürgerrechtsgesetz, welches die Diskriminierung Schwarzer aus rassischen Gründen untersagte, im Jahre 1883 für verfassungswidrig zu erklären und aufzuheben. BOYER, 525.

[29] FONER, 454f. Mit der mehrtägigen Aussetzung der Habeas-Corpus-Akte in neun Landkreisen South Carolinas reagierte Grant auf dort Anfang des Jahres eskalierte, nicht mehr unter Kontrolle zu bringende gewalttätige Unruhen. Tatsächlich gelang es der Unionsarmee dergestalt, hunderte von Verdächtigen festzunehmen, vor Gericht zu stellen und damit des Aufruhrs Herr zu werden.

[30] FRANKLIN, 163f.

[31] Vgl. SCATURRO, 85ff. So geschehen beispielsweise im September 1874 in Louisiana, als Grant 5.000 Soldaten und drei Kanonenboote nach New Orleans schickte, um den von einem regelrechten Staatsstreich bedrohten republikanischen Gouverneur William P. Kellogg an der Macht zu halten. Dabei ließ es sich der von Grant zum Jahreswechsel dorthin beorderte General Sheridan übrigens nicht nehmen, in alter Bürgerkriegsmanier die Erschießung aufgegriffener Angehöriger der am Aufstand beteiligten, der demokratische Partei nahestehenden "White League" anzudrohen, was in der öffentlichen Meinung einen Sturm der Entrüstung entfachte. In einem anderen Fall hatte das Zögern Grants hingegen fatale Folgen. Da der Präsident die Entsendung von Truppen in das seit dem Sommer 1874 von einem Kleinkrieg zwischen Anhängern der republikanischen und demokratischen Partei gebeutelte Vicksburg wiederholt ablehnte, endete der dortige Konflikt Anfang Dezember desselben Jahres in blutigen Krawallen und dem gewaltsamen Tod von rund 300 Schwarzen.

[32] Im Verlauf seiner quer durch Europa und Asien führenden Weltreise besuchte Grant unter anderem auch die europäischen Metropolen London, Paris und Berlin. Während seines Aufenthalts in Berlin im Frühsommer 1878 wurde Grant von Reichskanzler Otto von Bismarck - zu dieser Zeit Vorsitzender des in der Hauptstadt des Deutschen Reichs tagenden Berliner Kongresses - zu einem persönlichen Gespräch geladen, in dessen Verlauf sich die beiden Staatsmänner angeregt über Grundlagen der Staatskunst und Kriegführung unterhielten. Tags darauf zusammen mit Bismarck und Kronprinz Friedrich an der Abnahme einer Militärparade teilnehmend, offenbarte der in Sachen Kriegsvergangenheit ansonsten eher wenig auskunftsfreudige einstmalige Unionsoberbefehlshaber seinen beiden Gesprächspartnern einige die unerbittliche Vorgehensweise der Nordstaaten unterstreichende, in nachstehendem Satz gipfelnde Ansichten zum Sezessionskrieg: *"Then we were fighting an enemy with whom we could not make peace. We had to destroy him. No convention, no treaty was possible - only destruction"*. Zit. nach: MCFEELY, 470.

[33] LÄNGIN, Bernd: Der amerikanische Bürgerkrieg. Eine Chronik in Bildern Tag für Tag. Augsburg 1998, 15. Die letzten Monate seines Lebens verbrachte Grant mit dem Verfassen seiner in den Folgejahren zur Freude seiner Familie über eine halbe Million Mal verkauften Lebenserinnerungen, wobei er von dem bekannten Schriftsteller Mark Twain alias Samuel L. Clemens unterstützt wurde.

Schlußbetrachtung

Der amerikanische Bürgerkrieg als erster moderner Krieg der Menschheitsgeschichte beförderte eine Vielzahl von Individuen zu den verschiedensten Zeiten und an den unterschiedlichsten Orten in entscheidende Positionen, deren Lebensweg andernfalls sicherlich weitaus unspektakulärer verlaufen wäre. Zu diesen Individuen zählten vor allem Robert E. Lee und Ulysses S. Grant. Die Person des Südstaatenaristokrats Lee steht stellvertretend für das Dilemma der Konföderation. Aus Gewissensgründen gezwungen, sich auf die Seite seines Heimatstaates und damit des Südens zu schlagen, vermochte es der dem Primat der Politik vorbehaltlos ergebene Lee ungeachtet seiner sich mit zunehmender Kriegsdauer in immer höheren Führungsverwendungen herauskristallisierenden brillanten Fähigkeiten als Truppenführer nicht, die eigentlich zur Verfügung stehenden bescheidenen Mittel und Ressourcen in vollem Umfang zu mobilisieren und damit den Sieg der Konföderation gegen den numerisch überlegenen Norden herbeizuführen. Die Belange der Nord-Virginia-Armee über alles stellend, war der Südstaatengeneral in der Endphase des Krieges trotz des vorteilhaften Einsatzes neuartigster Elemente der Kriegführung im taktischen wie operativen Bereich nur wenig gewillt, über den Horizont seines eigenen Frontabschnitts hinwegzusehen, um eine strategische Gesamtplanung zugunsten des Südens zu erstellen. Dennoch kann man Lee wohl zu Recht als den fähigsten General des Sezessionskriegs bezeichnen, dem keiner seiner zahlreichen Gegenspieler vollends gewachsen war. Seine militärische Genialität brachte der Konföderation Sieg um Sieg, band starke Kräfte des Nordens und bewahrte die Hauptstadt des Südens mehrfach vor der Einnahme und das konföderierte Staatswesen damit mehr als einmal vor seinem vorzeitigen Ende. Sich voller Hingabe für die Sache des Südens einsetzend, scheiterte der charakterlich und moralisch integere, einer idealistischen und zugleich spartanischen Lebensführung huldigende Lee letztendlich wohl weniger an persönlichkeitsbedingten Unzulänglichkeiten, sondern vielmehr an den unvorteilhaften Rahmenbedingungen, die mit der Lage der Südstaaten von Anfang an einhergingen. Gleichwohl kann der im Süden der Vereinigten Staaten bis heute verehrte General sicherlich ohne Übertreibung als eine historische Ausnahmepersönlichkeit bezeichnet werden, der es vergönnt war, den Verlauf der amerikanischen Geschichte an maßgeblicher Stelle entscheidend mitzubestimmen.

Weitaus weniger außergewöhnlich, aber dafür in einer mindestens ebenso bedeutsamen Position war es dem durch die Gunst der Stunde nach oben gelangten Ulysses S. Grant beschieden, die Geschicke der Vereinigten Staaten in der Endphase des Sezessionskriegs und darüber hinaus auf ungleich einflußreichere Weise zu lenken. So sehr Robert E. Lee auf taktischem wie operativem Gebiet neue, exzellente Maßstäbe setzte, war es Grant, der als Oberbefehlshaber der Unionsarmee im strategischen Bereich brillierte. Dem Unionsgeneral gelang nicht nur die Erstellung einer umfassenden, frontübergreifenden Operationsplanung, sondern dank der ihm durch die politische Führung gewährten Handlungsspielräume auch die Bündelung und Koordination aller für die Nordstaaten erschließbaren Ressourcen, wodurch der Sieg des Nordens maßgeblich herbeigeführt wurde. Der nüchtern kalkulierende Grant, der es meisterhaft verstand, die ihm durch die industrielle Revolution an die Hand gegebenen Mittel der von ihm erstellten Zermürbungs- und Abnutzungsstrategie unterzuordnen, war damit der wohl erste Armeeführer der Neuzeit, der die Möglichkeiten und Auswirkungen einer totalen Kriegführung richtig einschätzte und sich diese zu seinen eigenen Gunsten nutzbar machte. Gleichwohl führte seine unerbittliche, charakterlich bedingte und mit einer gehörigen Portion Ignoranz gepaarte Starrheit zu vermeidbaren, auch in der Zielsetzung - nämlich der schnellstmöglichen Beendigung des Krieges - nur schwerlich vertretbaren Verlusten an Menschenleben, was nicht nur seinerzeit das Ansehen Grants schmälerte, sondern bis heute das Gesamtbild eines insgesamt fähigen Generals erheblich beeinträchtigt. Anders als bei seinem konföderierten Gegenspieler ist die Erinnerung an den siegreichen Feldherrn und zweifachen Staatspräsidenten aus dem öffentlichen Bewußtsein der amerikanischen Bevölkerung heutigentags offenbar weitestgehend verschwunden.

Zum Abschluß sei im übrigen noch auf eine durchaus nachdenkenswerte These der modernen Forschungsliteratur verwiesen. Bei der Bewertung des amerikanischen Bürgerkriegs wird immer wieder ein Vergleich mit dem Ersten Weltkrieg (1914-1918) bemüht. Richtig ist, daß der Sezessionskrieg als erster wirklich moderner Krieg der Menschheitsgeschichte - als Gesamtphänomen betrachtet - seiner Zeit ohne Frage um Jahrzehnte voraus war und neben der Mobilisierung und Organisation aller gesellschaftlichen Kräfte im Dienste der Kriegführung auch manch anderes Element des die erste Hälfte des 20. Jahrhunderts kennzeichnenden industriellen Volks- und Massenkriegs vorwegnahm. Weder die ausgiebige Verwendung moderner Transport- und Kommunikationsmittel, noch die rapide Weiterentwicklung der Waffentechnik oder auch der sich über Monate hinweg erschöpfende Grabenkrieg dürfen jedoch darüber hinwegtäuschen, daß es sich beim amerikanischen Bürgerkrieg letzten Endes um einen Konflikt handelte, der analog zu jedem der beiden in dieser Darstellung gewürdigten Protagonisten zuvorderst aus seiner Zeit heraus betrachtet werden muß.

Bibliographie

Quellen
CHAMBERLAIN, Joshua L.: The Passing of the Armies. An Account of the Final Campaign of the Army of the Potomac. Lincoln 1998 [Erstausgabe 1915].
DOWDEY, Clifford (Hg.): The Wartime Papers of R. E. Lee. New York [o.J.].
GORDON, John B.: Reminiscences of the Civil War. Baton Rouge, London 1993 [Erstausgabe 1903].
LONG, A[rmistead] L.: Memoirs of R. E. Lee. Secaucus 1983 [Erstausgabe 1886].
LONG, E[verette] B[each] (Hg.): Personal Memoirs of U.S. Grant. Cleveland, New York 1952 [Erstausgabe 1885].
LONGSTREET, James: From Manassas to Appomattox. Memoirs of the Civil War in America. Bloomington 1960 [Erstausgabe 1896].
PORTER, Horace: Campaigning with Grant. Lincoln, London 2000 [Erstausgabe 1897].
SCHEIBERT, Justus: General Robert E. Lee. Ober-Commandeur der ehemaligen Südstaatlichen Armee in Nord-Amerika. In: Jahrbücher für die Deutsche Armee und Marine. Bd. 16 (Juli bis September 1875), S. 98-116, 297-321.
SHERMAN, William T.: Memoirs of General W. T. Sherman. New York 1990 [Erstausgabe 1875].
TAYLOR, Walter H.: Four Years With General Lee. Bloomington 1962 [Erstausgabe 1877].

Literatur
ADAMS, George W.: Doctors in Blue. The Medical History of the Union Army in the Civil War. Baton Rouge, London 1996.
ANGLE, Paul M.: A Pictoral History of the Civil War Years. New York 1980.
AUSTIN, Victor (Hg.): Der Amerikanische Bürgerkrieg in Augenzeugenberichten. Berlin [u.a.] 1963.
BERINGER, Richard E. (Hg.): Why the South Lost the Civil War. Athens, London 1986.
BOGER, Jan: Der US-Bürgerkrieg 1861-1865. Soldaten, Waffen, Ausrüstung. Stuttgart ^{3}1991.
BOYER, Paul S. [u.a.]: The Enduring Vision. A History of the American People. Lexington ^{3}1996.
BURNE, Alfred H.: Lee, Grant and Sherman. A Study in Leadership in the 1864-65 Campaign. Lawrence 2000.
CAROCCI, Giampiero: Kurze Geschichte des amerikanischen Bürgerkriegs. Der Einbruch der Industrie in das Kriegshandwerk. Berlin 1997.
CATTON, Bruce: A Stillness at Appomattox. London [u.a.] 1953.
Ders.: Gettysburg. The Final Fury. New York [u.a.] 1990.
Ders.: Grant Takes Command. Boston, Toronto 1969.
CLAUSEWITZ, Carl von: Vom Kriege. Bonn ^{18}1973.
COMMAGER, Henry S.: The Blue and the Gray. Indianapolis, New York 1950.
CONNELLY, Thomas: The Marble Man. Lee and his Image in American Society. Baton Rouge, London 1977.
Ders. und JONES, Archer: The Politics of Command. Factions and Ideas in Confederate Strategy. Baton Rouge 1973.
CUNNINGHAM, H[ugh]: Doctors in Gray. The Confederate Medical Service. Baton Rouge 1958.
DAVIS, William C.: Death in the Trenches. Grant at Petersburg. Alexandria 1986.
DOWDEY, Clifford: Lee. Boston, Toronto 1965.
ENCYCLOPAEDIA JUDAICA. 16 Bände. Jerusalem 1971.
ENGERMAN, Stanley L. und GALLMAN, J. Matthew: The Civil War Economy: A Modern View. In:

Förster, Stig und Nagler, Jörg (Hg.): On the Road to Total War. The American Civil War and the German Wars of Unification, 1861-1871. Washington 1997, S. 217-247.
Fishwick, Marshall W.: Lee After the War. New York 1963.
Foner, Eric: Reconstruction. America's Unfinished Revolution 1863-1877. New York [u.a.] 1988.
Foote, Shelby: The Civil War. A Narrative. 3 Bände. New York 1974.
Franklin, John H.: Reconstruction After the Civil War. Chicago, London ²1994.
Freeman, Douglas S.: Lee. An Abridgment in One Volume by Richard Harwell of the Classic Four Volume R. E. Lee. New York 1961.
Ders.: Lee's Lieutenants. A Study in Command. 3 Bände. New York 1951.
Ders.: R. E. Lee. A Biography. 4 Bände. New York, London 1951.
Fuller, J[ohn] F[rederick] C[harles]: Grant and Lee. A Study in Personality and Generalship. Bloomington 1957.
Gallagher, Garry W.: The Confederate War. Cambridge, London 1997.
Gallman, J. Matthew: The North Fights the Civil War. The Home Front. Chicago 1994.
Goff, Richard: Confederate Supply. Durham 1969.
Hagerman, Edward: The American Civil War and the Origins of Modern Warfare. Ideas, Organisation and Field Command. Bloomington 1992.
Ders.: Union Generalship, Political Leadership, and Total War Strategy. In: Förster, Stig und Nagler, Jörg (Hg.): On the Road to Total War. The American Civil War and the German Wars of Unification, 1861-1871. Washington 1997, S. 141-169.
Hanna, Ronnie: Never Call Retreat. The Life and Times of Ulysses S. Grant, Ulster-American Hero. Lurgan 1991.
Hattaway, Herman M.: The Civil War Armies: Creation, Mobilization and Development. In: Förster, Stig und Nagler, Jörg (Hg.): On the Road to Total War. The American Civil War and the German Wars of Unification, 1861-1871. Washington 1997, S. 173-197.
Heidler, David S. und Heidler, Jeanne T. (Hg.): Encyclopedia of the American Civil War. A Political, Social, and Military History. 5 Bände. Santa Barbara [u.a.] 2000.
Heinz, Falko: Robert E. Lee und Ulysses S. Grant. In: Magazin für Amerikanistik. Zeitschrift für amerikanische Geschichte. Bd. 2 (2001), S. 50-56.
Hess, Earl J.: Tactics, Trenches, and Men in the Civil War. In: Förster, Stig und Nagler, Jörg (Hg.): On the Road to Total War. The American Civil War and the German Wars of Unification, 1861-1871. Washington 1997, S. 481-496.
Jones, Archer: Civil War Command and Strategy. The Process of Victory and Defeat. New York [u.a.] 1992.
Jordan, Ervin L.: Black Confederates and Afro-Yankees in Civil War Virginia. Charlottesville, London 1995.
Junkelmann, Markus: Der amerikanische Bürgerkrieg 1861-1865. Augsburg 1993.
Kaufmann, Wilhelm: Die Deutschen im amerikanischen Bürgerkrieg. München, Berlin 1911.
Korn, Bertram W.: American Jewry and the Civil War. Cleveland [u.a.] 1961.
Kuegler, Dietmar: Die Armee der Südstaaten im amerikanischen Bürgerkrieg. Wyk 1987.
Längin, Bernd: Der amerikanische Bürgerkrieg. Eine Chronik in Bildern Tag für Tag. Augsburg 1998.
Macartney, Clarence E.: Grant and His Generals. New York 1953.
Marshall-Cornwall, James: Grant as Military Commander. New York 1970.
McFeely, William S.: Grant. A Biography. New York, London 1981.
McPherson, James M.: Drawn with the Sword. Reflections on the American Civil War. New York [u.a.] ²1996.
Ders.: Für die Freiheit sterben. München ²1995.

NEELY, Mark E.: Was the Civil War a Total War? In: Förster, Stig und Nagler, Jörg (Hg.): On the Road to Total War. The American Civil War and the German Wars of Unification, 1861-1871. Washington 1997, S. 29-51.

OTT, Wilfried: Der zerbrochene Traum. Die Geschichte des amerikanischen Sezessionskrieges und seine Auswirkungen auf die Gegenwart. Puchheim 1987.

POWER, J. Tracy: Lee's Miserables. Life in the Army of Northern Virginia from the Wilderness to Appomattox. Chapel Hill, London 1998.

REID, Brian H.: The American Civil War and the Wars of the Industrial Revolution. London 1999.

ROBERTSON, James J.: Soldiers Blue and Gray. Columbia 1998.

SCATURRO, Frank J.: President Grant Reconsidered. Lamham [u.a.] 1998.

SIMPSON, Brooks D.: Ulysses S. Grant. Triumph Over Adversity. 1822-1865. Boston, New York 2000.

TAYLOR, John M.: Duty Faithfully Performed. Robert E. Lee and his Critics. Dulles 1999.

THOMAS, Emory M.: Robert E. Lee. A Biography. New York, London 1995.

Ders.: The Confederate Nation 1861-1865. New York [u.a.] 1979.

TRUDEAU, Noah A.: Bloody Roads South. The Wilderness to Cold Harbor. May-June 1864. Boston [u.a.] 1989.

WARD, Geoffrey C.: The Civil War. An Illustrated History. New York ^{3}1994.

WARNER, Ezra J.: Generals in Gray. Lives of the Confederate Commanders. Baton Rouge 1959.

WILEY, Bell I.: The Life of Johnny Reb. The Common Soldier of the Confederacy. Indianapolis, New York, 1943.

WILLIAMS, T. Harry: Lincoln and His Generals. New York 1963.

Ders.: McClellan, Sherman and Grant. [o.O.] 1962.

Ders.: The Military Leadership of North and South. In: Donald, David: Why the North Won the Civil War. [o.O.] 1960, S. 23-47.

WOODWARD, W[illiam] E.: Meet General Grant. New York 1928.

WOODWORTH, Steven E.: Davis and Lee at War. Lawrence 1995.

Eine militärhistorische Dokumentation der Extraklasse:

Michael Solka M. A.

Die Zuaven
des Amerikanischen Bürgerkrieges
Mit farbigen Uniformtafeln von
Darko Pavlovi_

Sie gehörten zu den seltsamsten und pittoresken Erscheinungen des Amerikanischen Bürgerkrieges. Die Zuaven waren Ausdruck einer militärischen Haltung, die im 19. Jh. weit verbreitet war, als noch niemand ahnte, dass der US-Bürgerkrieg zum *„ersten modernen Krieg"* der Weltgeschichte werden und militärisch das 20. Jh. einleiten würde.

Tatsächlich hielten viele Menschen in jener Zeit Krieg noch für ein romantisches Abenteuer. Nicht Blut und Tod in Schützengräben, sondern prächtige Paraden, in denen Ruhm und Heldentum dargestellt wurden, prägten das öffentliche Bild von Armeen. Diese Vorstellungen standen bei der Bildung von Zuave-Einheiten zu Beginn des Civil War Pate. Sie gingen auf französisch-afrikanisch-orientalische Traditionen zurück. Ihre farbenprächtige Erscheinung begeisterte selbst führende Offiziere der Zeit. Auf den Schlachtfeldern erlebten diese Truppen ein böses Erwachen. Ihre theatralischen Kriegsvorstellungen erwiesen sich als fatal.

In dieser konzentrierten, prägnanten Studie hat der Autor **sämtliche 24 Zuave-Einheiten von Nord- und Südstaaten** skizziert.

Eine packende militärhistorische Dokumentation über eines der interessantesten Kapitel des Amerikanischen Bürgerkrieges. 40 Seiten, 4 Farbtafeln mit 24 Uniformdarstellungen, sowie 24 s/w-Abb. Großformat. Geheftet.
ISBN 3-89510-089-7

_uro 18,--

Verlag für Amerikanistik
Postf. 1332 – 25931 Wyk – Tel. 04681 / 3112 – Fax 04681 / 3258
e-mail: amerikanistik@foni.net - Internet: www.amerikanistik-verlag.de

Fordern Sie unverbindlich und kostenlos unseren Katalog an!

Augenzeuge auf Seiten des Südens...

Major Justus Scheibert
Im Feldlager der Konföderierten
Hrsg. Brig. General a. D. **Horst Scheibert**

1863 reiste der preußische Major Scheibert auf einem Blockadebrecher für 7 Monate in die Südstaaten. In den Stäben von General Lee und Jeb Stuart nahm er an den Schlachten von Chancellorsville, Brandy Station und Gettysburg teil. Er beriet General Beauregard im belagerten Charleston und war Zeuge von Stonewall Jackons tödlicher Verwundung.

Dieses Buch war der interne Rapport für den preußischen Generalinspekteur. Das handgeschriebene Manuskript lag 130 Jahre im Scheibert-Familienarchiv, bis der VERLAG FÜR AMERIKANISTIK die exklusiven Veröffentlichungsrechte erhielt. 120 Seiten, 28 Abb. Gebunden.

ISBN 3-924696-66-7   _uro 17.--

Ein Zeitzeugnis von besonderer Qualität:

Dr. Martin Öfele
General August V. Kautz
Erinnerungen an den Bürgerkrieg

In der Kongreßbibliothek in Washington liegen die persönlichen Aufzeichnungen des US-Generals August V. Kautz, der 1828 mit seinen Eltern aus Baden in die Neue Welt gelangte, in West Point ausgebildet wurde und bei Ausbruch des Bürgerkrieges 1861 zur US-Kavallerie ging. Er stieg bis zum Generalmajor auf, war an den Kämpfen um Richmond und an der Jagd auf den CSA-General John Hunt Morgan beteiligt. Kautz gehörte dem Militärtribunal an, das das Attentat auf Präsident Lincoln untersuchte. Seine „*Erinnerungen an den Bürgerkrieg*" sind hier erstmals als Buch veröffentlicht. Wissenschaftlich kommentiert, mit Anmerkungen und erläuternden Texten.

Inhalt: *Deutsche Einwanderer im US-Bürgerkrieg - Lebensskizze - Erinnerungen: 6. US-Kavallerie 1861/62 - 2. Ohio-Kavallerie 1862/1864 - General Kautz 1864/1865.*

Ein kaum bekannter, packender Bericht von einem hochrangigen Augenzeugen. 190 Seiten, 28 Abb. Gebunden, Schutzumschlag.

ISBN 3-89510-049-8   _uro 25.50

Verlag für Amerikanistik
Postf. 1332 – 25931 Wyk – Tel. 04681 / 3112 – Fax 04681 / 3258
e-mail: amerikanistik@foni.net - Internet: www.amerikanistik-verlag.de